Franz Alt

Die Sonne schickt uns keine Rechnung

PIPER

Zu diesem Buch

Die Sonne ist der großzügigste Energiespender, den wir haben. Wissen Sie, wieviel Energie sie täglich zur Erde schickt? 15000-mal mehr, als die Menschen an einem Tag weltweit verbrauchen! Sonnenlicht, Wind, Wasser, Biomasse, Erdwärme und solarer Wasserstoff – das sind die umweltfreundlichen Energiequellen der Zukunft. Auf Atomkraft, Erdöl, Kohle und Erdgas können wir verzichten. Franz Alt zeigt, wie wir mit einer solaren Energiepolitik nicht nur das Weltklima retten und der Menschheit eine Überlebenschance geben, sondern zugleich viele neue Arbeitsplätze schaffen und für eine neue Art von Mobilität sorgen können. Die Wirtschaft wird lernen, mit der Sonne zu arbeiten. Für diese Neuausgabe hat der Autor sein inzwischen zum Klassiker und Weltbestseller gewordenes Buch vollständig überarbeitet.

Franz Alt, geboren 1938 in Untergrombach bei Bruchsal, ist seit 1968 als Fernsehjournalist tätig. Er war zwanzig Jahre Leiter und Moderator von »Report Baden-Baden« und bis 2003 Leiter der Zukunftsredaktion des Südwestrundfunks und Moderator der Magazine »Grenzenlos« und »Querdenker« bei 3sat. Für »Die Sonne schickt uns keine Rechnung« wurde Franz Alt von der Europäischen Kommission mit dem ersten »Europäischen Solarpreis für Publizistik« ausgezeichnet.
Brigitte Alt, geboren 1944 in Rastatt, ist Buchhändlerin und lebt und arbeitet mit Franz Alt in Baden-Baden. Für die Internetseite www.sonnenseite.com wurde sie mit dem Deutschen und Europäischen Solarpreis ausgezeichnet.

Franz Alt

Die Sonne schickt uns keine Rechnung

Neue Energie, neue Arbeit, neue Mobilität

Unter Mitarbeit von Brigitte Alt

Aktualisierte Neuausgabe

Piper München Zürich

Mehr über unsere Autoren und Bücher:
www.piper.de

Für Caren und Chris
und für die Zukunft aller Kinder

FSC
Mix
Produktgruppe aus vorbildlich bewirtschafteten
Wäldern und anderen kontrollierten Herkünften
www.fsc.org Zert.-Nr. GFA-COC-001223
© 1996 Forest Stewardship Council

Aktualisierte Taschenbuchneuausgabe
April 1994 (TB 1951)
Oktober 2009

Umschlaggestaltung: semper smile, München
Umschlagfoto: ullstein bild
Autorenfoto: Brigitte Alt
Papier: Munken Print von Arctic Paper Munkedals AB, Schweden
Satz: Filmsatz Schröter, München
Druck und Bindung: CPI – Clausen & Bosse, Leck
Printed in Germany ISBN 978-3-492-25498-4

INHALT

VII. ENERGIE AUS DER LUFT

VIII. ENERGIE VOM ACKER UND WALD

XI. DAS JAHRHUNDERT DER UMWELT

Ich kann freilich nicht sagen,
ob es besser werden wird,
wenn es anders wäre,
aber so viel kann ich sagen,
es muss anders werden,
wenn es gut werden soll.

Georg Christoph Lichtenberg

VORWORT ZUR AKTUALISIERTEN NEUAUSGABE 2009

Deutschland ist erneuerbar – die Welt ist erneuerbar

In der Woche, in der ich die letzten Zeilen für dieses Buch schreibe (Ende Mai 2009), veröffentlicht die Landesbank Baden-Württemberg eine Studie, die vorhersagt, dass Solarstrom bald die preiswerteste Stromquelle sein wird. Noch vor wenigen Jahren haben uns dieselben Banker erzählt, Ökostrom sei unbezahlbar. Doch die Massenproduktion von Solarzellen schafft den Durchbruch beim Preis. 2008 war der Solarstromanteil beinahe um 100 Prozent gewachsen, 2009 werde es noch mehr Wachstum geben. Schon 2012 kann der Solarstrom vom Dach in Deutschland billiger sein als der Strom aus der Steckdose. Als 1994 die erste Auflage dieses Buches erschien, hatte auch ich diese rasante Entwicklung nicht zu träumen gewagt. Wir leben im Zeitalter des bisher Undenkbaren. Zukunft entsteht immer aus Krise.

Ist auch die 100 Prozent solare Energiewende möglich? Und bis wann? Barack Obama hat diese Frage bei seiner Inaugurationsrede im Februar 2009 so beantwortet:

»Wir werden die Sonne, den Wind und die Erde nutzbar machen, um unsere Autos zu betanken und unsere Fabriken zu betreiben … Nun gibt es auch solche, die das Ausmaß unserer Ambitionen infrage stellen – die behaupten, dass unser System nicht zu viele große Pläne verträgt. Ihr Erinnerungsvermögen ist kurz. Denn sie haben vergessen, was dieses Land bereits vollbracht hat, was alle Männer und Frauen erreichen können, wenn Vorstellungskraft und der gemeinsame Zweck sich einen und sich Erfordernisse und Courage gesellen. Was die Zyniker nicht verstehen, ist, dass die abgestandenen politischen Argumente, die uns so lange ausgezehrt haben, heute nicht mehr wirksam sind.«

Kurz vor dieser Rede hat der frühere US-Vizepräsident Al Gore einen Plan vorgelegt, wonach die USA ihren gesamten Stromverbrauch bis 2020 aus erneuerbaren Energiequellen produzieren können. Im Wahlkampf 2008 haben sowohl Obama, aber auch sein Gegenspieler McCain dem Plan von Al Gore zugestimmt und gesagt, dass bei entsprechendem politischen Willen dieses ehrgeizige Ziel erreichbar sei.

Kaum war Barack Obama im Amt, hat er bereits die Weichen für ein gerechteres und grünes Amerika gestellt: Die Reichen sollen mehr Steuern bezahlen, und Klimaschutz erklärte er zur Chefsache. Bis 2020 sollen die USA ihren CO_2-Ausstoß um 14 Prozent und bis 2050 gar um 85 Prozent senken.

Und die Wirtschaftskrise? Muss jetzt nicht die Wirtschaft Priorität haben und der Klimaschutz auf bessere Zeiten warten, wie viele deutsche Bedenkenträger es fordern? Ganz anders das neue Obama-Team im Weißen Haus: »Es wäre eine Schande, eine solche Krise nicht zu nutzen«, erklärte Obamas Stabschef Rahm Emanuel. Obama spricht von einer Chance für ein grünes Amerika, die sich nur einmal in einer Generation biete. Ähnlich wie in der EU sollen künftig auch in den USA die Emissionsrechte versteigert werden. Die neue US-Regierung will damit 650 Milliarden Dollar einnehmen und damit vor allem in die Entwicklung erneuerbarer Energien investieren.

Nach den ersten Monaten Amtszeit des neuen US-Präsidenten drängt sich der Eindruck geradezu auf: Yes, he can! Er wird der Architekt eines neuen Amerika werden.

Gerade die Krise ist seine Chance. Ohne Krise wäre er kaum Präsident geworden. Vielleicht ist es George W. Bushs größte Leistung, Obama als Präsident ermöglicht zu haben.

Ich zeige in diesem Buch, dass in Deutschland und Europa in den nächsten 30 Jahren der hundertprozentige Umstieg des Gesamtenergieverbrauchs auf Energie aus Sonne, Wind, Wasserkraft, Bioenergie, Erdwärme und Wellenenergie möglich ist – ebenfalls bei entsprechendem politischen Willen.

Die deutschen Zyniker und Bedenkenträger, die das alles für

unmöglich halten, seien an den Bau der Eisenbahnen im 19. Jahrhundert erinnert. Auch damals hatten die Bedenkenträger ähnliche Einwände wie heute die Vertreter und Anhänger der alten Energiewirtschaft. Sie wurden widerlegt. Auch diejenigen, die heute noch meinen, zu 100 Prozent Erneuerbare Energie in einer Generation sei unmöglich, können widerlegt werden. Zwei Jahrzehnte lang hat die alte Energiewirtschaft die Ökoenergien verhöhnt und mit unsäglichen Argumenten bekämpft. Vor 15 Jahren noch las ich in ganzseitigen Zeitungsanzeigen: »Die fangen den Wind ein und melken die Sonne? Wer solchen Beschäftigungen nachgeht, der fängt sich auch Witze ein.« Jeder blamiert sich, so gut er kann. Die Geschichte der Erneuerbaren Energien ist eine Geschichte der Fehleinschätzungen der Erneuerbaren durch die fossil-atomare Energiewirtschaft. Inzwischen ist den Vertretern der alten Energieträger das Lachen über die Erneuerbaren vergangen.

Dieses Buch will zeigen, dass und wie wir das solare Zeitalter organisieren und wie wir uns von den immer größer werdenden Lasten des atomar-fossilen Zeitalters verabschieden können.

Angela Merkel sagt zu Recht: »Energie- und Klimapolitik – das ist die Überlebensfrage der Menschheit im 21. Jahrhundert.« Und Horst Köhler meinte bei der Eröffnung der Hannover-Industriemesse 2009: »Klimaschutz, Energieeffizienz und Energiesparen sind die wichtigsten Aufgaben der modernen Industriegesellschaften.« Nur wenige Tage später sagte Englands Prinz Charles: »Wir haben keine Zeit mehr zu verlieren, wenn wir unseren Kindern eine Welt hinterlassen wollen, die für sie zum Leben taugt.« Und entschieden wandte sich der Prinz dagegen, wegen der Wirtschaftskrise den Klimawandel zu vernachlässigen: »Unseren Enkeln wird es gleichgültig sein, ob wir am Anfang des 21. Jahrhunderts einige Prozent weniger Wachstum hatten. Was sie viel mehr interessieren wird, ist der Zustand des Klimas unserer Erde.«

Ich füge hinzu: Nur mit neuen solaren, preiswerten und umweltverträglichen Technologien können wir die aktuelle Wirtschaftskrise überwinden.

Was ist der Unterschied zwischen der jetzigen Wirtschaftskrise und der Klimakrise? Die Finanzkrise wird in zwei bis drei Jahren überwunden sein. Aber die Klimakrise ist ein Problem für Tausende Jahre – sagen die Klimaforscher –, und sie kann die Erde sogar unbewohnbar machen, wenn wir sie nicht endlich mit größerem Ernst und mit mehr politischer, technologischer, ökonomischer und persönlicher Energie angehen als bisher.

Während ich diese Zeilen schreibe, gibt die Industrie- und Handelskammer Oldenburg bekannt, dass im Frühjahr 2009 die 500 000 Menschen in Ostfriesland ihren Strom bereits zu 96 Prozent ökologisch produzieren. Mehrere deutsche Stadtwerke – zum Beispiel Kassel, Tübingen und Nürnberg – versorgen ihre Privatkunden schon heute zu 100 Prozent mit Strom aus erneuerbaren Quellen. Das Bundesland Sachsen-Anhalt gewinnt 2009 bereits 36 Prozent seines Stroms aus Windkraft, und Dutzende Kommunen sind in Deutschland bereits zu 100 Prozent auf Erneuerbare Energien umgestiegen. Sechs bayerische Landkreise haben beschlossen, dieses Ziel bis 2030 erreichen zu wollen. Deutschland ist bereits auf einem guten Weg. Allein 2008 hat die Solarbranche weltweit ihre Produktion verdoppeln können – und hat für 2009 das Gleiche geplant. Und dank Obama läuft die Entwicklung in den USA ähnlich, aber auch in Südkorea, Japan, China, Indien, Italien, Portugal und Griechenland boomt die Solarbranche. Das Gleiche gilt für die Windenergie in Indien, China, Dänemark, Deutschland und in den USA.

Deutschland ist erneuerbar – so wie jedes Land der Welt zu 100 Prozent seine eigene Energie produzieren kann – Europa ist erneuerbar, die Welt ist erneuerbar! Eigentlich gibt es gar keine Energiekrise – es gibt nur falsches Energieverhalten – und das können wir ändern. Die Sonne schickt uns jeden Augenblick 10 000-mal mehr Energie, als zurzeit alle Menschen verbrauchen. Der Klimawandel kann noch gestoppt werden.

Aber auch ohne Klimawandel müssten wir den Umstieg auf Erneuerbare Energien organisieren, denn sämtliche heutigen Energieträger – Kohle, Gas, Öl und Uran – gehen in den nächsten Jahrzehnten zu Ende. Im November 2008 schätzte die Internationale

Energieagentur, dass die Förderung auf den bekannten Ölfeldern jährlich und weltweit um 6,7 Prozent zurückgehen wird, und das wirtschaftsnahe Ludwig-Bölkow-Institut schätzt, dass die Ölförderung 2009 global ihren Höhepunkt überschreitet und danach Jahr um Jahr zurückgehen wird.

Grafik 1 zeigt aber zugleich, dass die Nachfrage nach Öl – hauptsächlich durch die wirtschaftliche Dynamik Indiens und Chinas – steigen wird. Das heißt: Öl wird knapper und deshalb immer teurer. Die steigenden Öl-, Benzin- und Gaspreise könnten die entscheidende Ursache für die nächste Weltwirtschaftskrise sein. Schon in wenigen Jahren könnte der Ölpreis pro Barrel bei 200 US-Dollar und mehr liegen, im Frühsommer 2009 liegt er bei etwa 60 Dollar. Doch zum Glück haben wir preiswerte, umweltfreundliche und unerschöpfliche Alternativen.

Deutschland kann sich zu 100 Prozent mit Erneuerbaren Energien aus dem eigenen Land versorgen. Dazu müssen lediglich Techniken weiter ausgebaut werden, die bereits bekannt sind und sich weltweit tausendfach bewährt haben. Wir müssen allerdings Änderungen in der Organisation der Energieversorgung vornehmen und noch lernen, Sonnenstrom und Windstrom zu speichern. Aber auch dafür sind bereits Technologien bekannt. Ich werde sie aufzeigen.

Außerdem müssen die politischen Rahmenbedingungen Anreize dafür liefern, dass Menschen in Erneuerbare-Energie-Technologien investieren. Die heute noch zentralisierte Energieversorgung über Großkraftwerke kann auf klimafreundliche und sichere dezentrale Energieversorgung umgestellt werden. Im Jahr 2007 wurden weltweit bereits 100 Milliarden Dollar in Erneuerbare Energien investiert. 2012 werden es wahrscheinlich bereits 800 Milliarden sein. Im Zusammenwirken vieler Maßnahmen könnte die Energieversorgung in Deutschland 2030 oder 2040 so aussehen:

- Millionen Dach- und Fassadenflächen sowie Lärmschutzwände werden für Solarenergie genutzt.
- Verkehrswege werden teilweise überdacht und mit Solarzellen bestückt.

- In ganz Deutschland, nicht nur an der Küste oder im Gebirge, werden moderne Windräder aufgestellt. Vor der Küste werden Offshore-Windparks errichtet. Ein Teil des Speicherproblems ist dann gelöst, weil immer irgendwo Wind weht.
- Stillgelegte Wasserkraftwerke werden reaktiviert und neue Kleinwasserkraftwerke gebaut.
- In Großstädten und am Rhein wird Geothermie in Kraft-Wärme-Kopplung genutzt.
- In ländlichen Räumen liefern Millionen Wärmepumpen dezentral Wärme.
- Biologische Reststoffe wie Jauche, Mist, Garten-, Küchen- und Schlachtabfälle, Stroh und Resthölzer produzieren Biogas.
- Auf stillgelegten Flächen werden Energiepflanzen angebaut. Ein Teil der Landwirte werden Energiewirte.
- Alle Häuser werden wärmegedämmt.
- Autos verbrauchen im Durchschnitt nur noch zwei Liter Benzin oder fahren elektrisch beziehungsweise mit Wasserstoff.
- Zwei Drittel des Güterfernverkehrs werden auf die Bahn verlagert.
- Eon, RWE, EnBW und Vattenfall betreiben keine Atomkraftwerke mehr, sondern gewinnen Energie aus Wellen und Meeresströmungen und aus großen Windparks.
- Sonnen- und Windstrom können in großem Ausmaß in Pumpspeicher- und Druckluftspeicher-Kraftwerken gespeichert werden.
- Wasserkraft, Biogas, Geothermie sowie ein regional ausgewogener Energiemix von Sonnen- und Windenergie und Energiespeichern stellen die Grundversorgung sicher.
- Höhere Energiepreise bieten einen Anreiz zu besserer Energieeffizienz.

In diesem Buch beschreibe ich, dass und wie die solare Energiewende in den nächsten Jahrzehnten möglich ist.

I. IST DIE ENERGIEWENDE MÖGLICH?

Das verlorene Gleichgewicht

Alexander der Große gewährte im 4. vorchristlichen Jahrhundert dem griechischen Philosophen Diogenes einen Wunsch. Dieser wünschte sich daraufhin von seinem König lediglich: »Geh mir aus der Sonne.«

Auch die heute Regierenden stehen uns noch direkt vor der Sonne. Sie sind abhängig von Kohle-, Atom- und Ölinteressen. George W. Bush war so abhängig von der Ölindustrie wie die meisten Politiker in Frankreich von der Atomlobby oder in Deutschland SPD-Politiker von der Kohlelobby und konservative Politiker von der Atomlobby. Verfilzt und zugenäht! Nicht nur die US-Energiepolitik ist unverantwortlich. Auch wir Deutsche und alle Westeuropäer verbrauchen noch überwiegend Energie aus den alten atomarfossilen Quellen. Wir führen zwar selbst keine Kriege um Öl, aber wir lassen sie für uns führen, solange wir Zehn-Liter-Autos fahren und Erdöl zum Heizen verbrennen. Würden im Irak nur Bananen wachsen, wäre dort kein einziger amerikanischer Soldat. Dabei haben die USA, aber auch Europa unendlich viel eigene, heimische, erneuerbare Energie.

Die Hauptprobleme für die solare Energiewende sind:

- die Abhängigkeit vieler Politiker von der alten Energiewirtschaft,
- die politischen und steuerlichen Privilegien für Atom- und Kohleenergie und
- die Unwissenheit fast aller Energieverbraucher über die Erneuerbaren Energien.

Die Energiefrage wird zur Schlüsselfrage der Zukunftsfähigkeit moderner Industriestaaten mit ihrem beinahe unendlichen Energiehunger. Ohne erneuerbare Energiequellen gibt es keinen wirklichen ökonomischen Fortschritt, keine gesunde Umwelt, kein menschenverträgliches Klima, keine Vollbeschäftigung und keine größere Gerechtigkeit zwischen Entwicklungsländern und Industriestaaten – und niemals Frieden. Denn die Kriege des 21. Jahrhunderts werden primär Kriege um die zur Neige gehenden Energieressourcen sein. Der Golfkrieg von Präsident Bush senior und der Irakkrieg von Präsident Bush junior waren lediglich harmlose Vorboten künftiger Ressourcenkriege.

Der Weltenergierat in Paris schätzt, dass in etwa 35 Jahren das Erdöl weltweit verbraucht sein wird, in etwa 40 Jahren das Erdgas, in 50 Jahren das Uran, mit dessen Hilfe heute noch über 400 Atomkraftwerke betrieben werden, und in etwa 120 Jahren die Kohle.

Sonne, Wind, Wasserkraft, Bioenergie, Erdwärme und solarer Wasserstoff dagegen stehen uns »ewig« zur Verfügung. Die Sonne scheint noch etwa 4,5 Milliarden Jahre. Das Solarzeitalter wird kommen. Je früher, desto besser.

Im Frühjahr 1992 haben wir zwei Solaranlagen auf unserem Hausdach in Baden-Baden installiert: eine thermische, die unser Brauchwasser wärmt, und eine photovoltaische, die mithilfe des Sonnenlichts Strom produziert. Ich kann allen Leserinnen und Lesern dieses Buches versichern: Wir haben von der Sonne noch nie eine Rechnung bekommen. Ganz im Gegenteil: Wir schreiben selbst Rechnungen an den alten Energieversorger, der gesetzlich verpflichtet ist, uns unseren Solarstrom abzukaufen. Das ist meine späte Rache an der deutschen Atomwirtschaft.

Der große ökonomische Vorteil der ökologischen Energieversorgung ist, dass es den Stoff aus Sonne, Wind, Wasser und Erdwärme umsonst gibt. Die permanenten Benzinpreis- und Erdölpreiserhöhungen jucken mich nicht mehr. Die Sonne schickt uns keine Rechnung.

Heute verbrauchen 6,7 Milliarden Menschen an *einem* Tag so viel Kohle, Gas und Öl, wie die Natur in 500 000 Tagen Kohle, Gas und Öl angesammelt hat. Wir verhalten uns ganz eindeutig gegen die Gesetze nachhaltigen Wirtschaftens. So verbrennen wir die Zukunft unserer Kinder. Mit diesem Energieverhalten haben wir jeden Brutinstinkt verloren.

Ist die Energiewende möglich? Auf diese Frage suche ich mit diesem Buch eine Antwort. Von ihrer Antwort hängt das Überleben der Menschheit ab. Viele Anregungen verdanke ich Hermann Scheer, dem Präsidenten der gemeinnützigen Europäischen Vereinigung für Erneuerbare Energien Eurosolar. Seine Bücher »Sonnenstrategie – Politik ohne Alternative«, »Solare Weltwirtschaft – Strategie für die ökologische Moderne« und »Energieautonomie« waren für mich die wichtigsten politischen Bücher der letzten Jahre. Mit diesem Buch möchte ich den Versuch machen, die Energiefrage ins Zentrum der politischen Auseinandersetzungen zu hieven.

Die Klimakatastrophe ist da

Allein der heiße Sommer 2003 hat eine ähnlich schreckliche Spur der Verwüstung hinterlassen wie das Hochwasser einen Sommer zuvor in Ostdeutschland: verdorrte Felder, verbrannte Wälder, verdurstetes Vieh. In Frankreich erlagen über 18 000 Menschen dem Hitzetod, in ganz Westeuropa waren es etwa 60 000. Nach allem, was wir heute über die Zukunft wissen, sind die heutigen Schreckensmeldungen nur die Vorboten künftiger Katastrophen. Die Klimaveränderung ist bereits Realität. Hitzesommer werden in der zweiten Hälfte unseres Jahrhunderts zur Normalität gehören.

100 000 Generationen haben vor uns gelebt. Doch die heute lebenden Menschen sind die ersten in der Geschichte, die wissen, dass sie zu den letzten gehören können. Die Frage aller Fragen – und die Frage dieses Buches – lautet: Wie finden wir das verloren gegangene Gleichgewicht wieder?

Wahrscheinlich sind die Dinosaurier vor 65 Millionen Jahren wegen einer kleinen Klimaveränderung nach einem Kometeneinschlag ausgestorben. Auch für die Menschheit hat das Dinosaurier-Zeitalter begonnen: Wir heizen unseren Planeten auf wie ein Treibhaus. Es ist kein Zufall, dass ausgerechnet jetzt unser Interesse an den ausgestorbenen Dinosauriern weltweit eine Renaissance erfährt.

Grafik 2 zeigt, dass in den letzten 450 000 Jahren die chemische Zusammensetzung der Atmosphäre relativ stabil blieb. Sie betrug immer zwischen 170 und 290 Teilen Kohlenstoff pro Million Teilen Luft. Nur in den letzten 200 Jahren, also seit wir fossile Rohstoffe in immer größerem Ausmaß verbrennen, ist der Kohlenstoffgehalt der Atmosphäre auf über 370 Teile pro Million gestiegen und wird sich ohne Energiewende noch weiter erhöhen. Die wärmsten 24 Jahre seit den 1866 begonnenen Temperaturaufzeichnungen lagen alle in der Zeit nach 1975. Die Fieberkurve der Erde steigt.

Der bekannte Klimaforscher Mojib Latif, Professor am Leibniz-Institut für Meereswissenschaften in Kiel, fasst die Erkenntnisse aus der Kurve so zusammen: »In den letzten 450 000 Jahren war der CO_2-Gehalt der Atmosphäre nie höher als 300 ppm (parts per million). Derzeit haben wir aber 380 ppm. Die letzten Werte vor der Industrialisierung lagen bei 280 ppm. Für die Differenz gibt es keine andere Erklärung als den menschlichen Einfluss.«

Am Tag, an dem Sie dieses Buch lesen, produzieren wir weltweit 100 Millionen Tonnen Treibhausgase durch das Verbrennen fossiler Rohstoffe. Das ist mindestens das Fünffache dessen, was der Planet aushalten kann. Doch wohin wollen wir gehen, wenn wir unseren Heimatplaneten ruiniert haben? Wir haben nur diesen einen Planeten.

Die Zerstörung geht so lange weiter, bis wir eine grundsätzlich andere Energiepolitik betreiben. Die Verlierer unserer heutigen Energiepolitik sind hauptsächlich unsere Kinder und Kindeskinder, denn ihre Umwelt, aber auch ihre Innenwelt, wird zerstört. Wenn wir nicht umkehren, verlieren sie die wichtigste Zukunftsressource überhaupt: die Hoffnung.

Was stellen wir mit unserer falschen Energiepolitik an?

- Jede Sekunde verhungert ein Mensch.
- Jede Minute zerstören wir 30 Hektar Regenwald.
- Jede Stunde stirbt eine Tierart aus.
- Jeden Tag sterben 80 Pflanzenarten aus.
- Jede Woche blasen wir mehr als eine halbe Milliarde Tonnen Treibhausgase in die Luft.
- Jeden Monat dehnen wir die Wüsten um eine halbe Million Hektar aus.
- Jedes Jahr wird die Ozonschicht um ein Prozent dünner.

Wie lange kann dies noch gutgehen?

Meine negative Vision: Wir sägen selbst den Ast ab, auf dem wir sitzen. In dieser Situation ist sicher eine gewisse Angst angebracht. Nicht angebracht ist es allerdings, aus lauter Angst die möglichen Rettungschancen zu ignorieren.

Meine positive Vision: Mit einem Bruchteil des Aufwandes, den es beispielsweise gekostet hat, einen Menschen auf den Mond zu schicken, wird einem Industrieland wie Deutschland, Japan oder Taiwan auch der Durchbruch zur Sonnenenergiewirtschaft gelingen. Damit haben wir endlich eine Basis zur Lösung der Umwelt- und Klimakatastrophe. Wenn Deutschland als erstes Industrieland in großem Umfang die Sonne anzapft, wird dieses Vorbild weltweit Nachahmer finden. Das heißt: Die deutsche Wirtschaft und die deutschen Arbeitnehmer brauchen sich um das 21. Jahrhundert nicht zu sorgen.

Aber noch ist alles anders. In Australien, Südchile und Südargentinien werden die Eltern aufgefordert, ihre Kinder nicht länger als 13 Minuten am Tag ins Freie zu lassen – die ausgedünnte Ozonschicht über der südlichen Erdhälfte führt schon heute zu Krebs, Augen-, Haut- und Atemwegserkrankungen. Man kann sich ausrechnen, was das »Ozonloch« in wenigen Jahren auch über der nördlichen Erdhalbkugel anrichten wird. Einige Wissenschaftler prognostizieren zwar, dass das »Ozonloch« langsamer wächst, seit 1987 durch die Konvention von Montreal die FCKW-Produktion verboten wurde. Aber trotzdem werden uns die UV-Strahlen der

Sonne noch mindestens 20 bis 40 Jahre lang große gesundheitliche Probleme bereiten. Millionen Menschen werden jedes Jahr an Hautkrebs erkranken. Kürzlich erfuhr ich bei einer Vortragsreise durch Australien, dass allein dort jedes Jahr 140 000 Menschen neu Hautkrebs bekommen.

Weltweit sterben die Korallen

Im Korallendreieck Australien, Indonesien, Papua-Neuguinea werden durch das Korallensterben 100 Millionen Menschen ihre Lebensgrundlage, den Reichtum des Meeres, verlieren. »Das dramatische Korallensterben ist der deutlichste Indikator für den von Menschen gemachten Klimawandel«, sagte Klaus Töpfer schon 1997 in meiner Fernsehsendung »Querdenker«. Im Mai 2009 publizierten der WWF und die University of Queensland eine Studie, wonach Ende des 21. Jahrhunderts weltweit sämtliche Korallen abgestorben sein werden. In den vergangenen 40 Jahren sind durch den Klimawandel bereits 40 Prozent der Korallen verschwunden.

Wenn die Riffe verschwinden, gehen nicht nur die faszinierende Unterwasserwelt und das älteste und größte Ökosystem auf unserer Erde verloren. Millionen Menschen werden dann keine Nahrungsmittel mehr aus dem Meer entnehmen können. Denn für viele Fische sind die Algen, die auf der Oberfläche der Kalkskelette wachsen, die wichtigste Nahrungsquelle. Massenhaftes Algensterben heißt massenhaftes Fischsterben und Hunger für viele Menschen an den Küsten.

»Millionen Menschen werden die Küstengebiete verlassen müssen«, schreiben die Autoren der Studie. »Wer bleibt, hat mit Nahrungsmangel und Versalzung des Trinkwassers zu kämpfen … Die Kindersterblichkeit wird steigen.« Auf der Suche nach Nahrung und Einkommen werden die Menschen in die Städte fliehen und verelenden. Soziale Unruhen können die Folgen sein. Die UNO schätzt, dass bis 2020 über 200 Millionen Umweltflüchtlinge über unseren Globus irren werden. Wenn wir aber die Energiewende schaffen, so die Wissenschaftler, könnten sich die Korallenriffe bis 2050 wieder erholt haben. Voraussetzung ist freilich, dass die Treibhausgase bis zur Mitte des Jahrhunderts – gemessen an 1990 – um 80 Prozent gesenkt werden.

Die Tier- und Pflanzenarten sterben zurzeit etwa 1000-mal schneller aus als noch vor 200 Jahren. Und jede Minute holzen wir Wald von der Größe zweier Fußballfelder ab. Wie wollen wir das je verantworten? Jammern hilft überhaupt nicht. Wir müssen anders handeln. Es ist einfach nicht wahr, dass wir keine Alternativen zu den heutigen umweltzerstörenden Energiequellen haben. Wahr ist nur, dass es Widerstand gegen die Alternativen gibt, und zwar hauptsächlich aus kurzfristigen ökonomischen Gründen. Wieder einmal geht es um einen Ausweg aus unserer »selbstverschuldeten Unmündigkeit«, wie Immanuel Kant vor 200 Jahren die Aufklärung definierte. Die drohenden Ökokatastrophen sind nicht gottgewollt, sondern menschengemacht. Und Gott gab uns den Verstand, die selbstgemachten Probleme auch zu lösen.

Die selbst verschuldete Unmündigkeit

Herbert Gruhl, der frühere CDU-Bundestagsabgeordnete und spätere Gründer der Ökologisch-Demokratischen Partei, kam kurz vor seinem Tod zu dem Schluss: »Ende der Menschheit«. Der Psychiater und Wissenschaftspublizist Hoimar von Ditfurth gab der Menschheit noch eine Überlebenschance von etwa fünf Generationen. Der Ökologe Carl Amery meinte, das Überleben der Menschheit erfordere »die raschestmögliche Zerstörung des Industriesystems, und zwar um jeden Preis«. Ich halte es für eine zusätzliche Katastrophe, dass nur wenige scharfsinnige Analytiker über das Beschreiben der Krise hinausgehen.

Auch ich habe in den 20 Jahren, in denen ich das politische Fernsehmagazin »Report« leitete, hauptsächlich auf Katastrophen und Skandale hingewiesen und nur selten Alternativen aufgezeigt.

Heute allerdings weiß ich: Es reicht nicht, Nein zu sagen. »Atomkraft – nein danke« ist noch keine konstruktive Politik. Es ist an der Zeit, nicht nur die katastrophalen Auswirkungen der alten Zerstörungsenergien Atom, Kohle, Gas und Öl aufzuzeigen, sondern zugleich Wege aus der Krise zu suchen und zu weisen. Eine moderne und politisch effektive Umweltbewegung kann und muss im 21. Jahrhundert mit eigenen programmatischen Vorschlägen die Energiewende zum wichtigsten politischen Wahlkampfthema machen. So steigt der politische Einfluss der Umweltbewegung, denn 70 bis 90 Prozent aller Umweltprobleme sind Energieprobleme.

Mit diesem Buch lesen Sie gegen die zweitstärkste Macht der Welt an: gegen die weltweiten Interessen der heutigen Energiewirtschaft. Dazu gehören die Ölscheichs, die Atomlobby, die Kohlepolitiker, die Gasinteressen ebenso wie die globale Autoindustrie und die Politiker in den Aufsichtsräten der Energieversorgungsunternehmen.

Der Golfkrieg 1991 und der Irakkrieg ab 2003 haben gezeigt, welche Macht und Gewalt hinter diesem Energiekomplex stehen. Er beherrscht die Welt, kann militärische Konflikte wie den Golfkrieg inszenieren, Milliardensubventionen organisieren und eine Expertenelite großziehen. Die oft gestellte Frage, warum die Zerstörung der Umwelt nicht gestoppt wird, ist leicht zu beantworten: An der Zerstörung unserer Umwelt wird sehr viel Geld verdient. Die in diesem Buch geforderte und aufgezeigte Energiewende meint mehr als herkömmlichen Umweltschutz, sie bedeutet eine andere Außen-, Sozial-, Wirtschafts-, Finanz-, Steuer- und Entwicklungspolitik. Die Energiewende erfordert eine Reformpolitik, die künftig auch von unten mit Volksbegehren und Volksentscheiden durchgesetzt werden kann.

Die geballte Macht des Energiekomplexes schien unbesiegbar, seit es der US-Energiewirtschaft gelungen ist, George W. Bush zum Präsidenten zu machen. Es gibt nur eine Kraft, die stärker wäre: der Überlebenswille der Menschheit im Angesicht des Abgrunds. Unsere eigentliche Ohnmacht ist, dass wir uns die Macht des Volkes nicht zutrauen. Ganz anders Barack Obama und seine zwei Millionen jugendlichen Wahlhelfer. Wir in Europa sind noch keine aktiven Demokraten, sondern verstehen uns eher als Mitglieder einer passiven Zuschauerdemokratie. Immer wieder höre ich bei meinen vielen Vorträgen weltweit das hilflose Argument: »Was kann ich kleiner Mann oder ich kleine Frau denn schon ändern? Allein bin ich doch viel zu schwach!« Mich machen solche Argumente wütend. Es gibt keine »kleinen« Menschen, sondern nur Menschen, die sich kleinmachen oder kleinmachen lassen. Als Kinder Gottes sind wir alle zu Großem berufen, auch dazu, die Welt zu verändern und zu verbessern, indem wir uns verändern und verbessern. Wir alle sind von Natur aus lernfähig – bis zum letzten Atemzug.

Das Kraftwerk Sonne

Am Tag, an dem Sie dieses Buch lesen,

- schickt die Sonne 10 000- bis 15 000-mal so viel Energie zur Erde, wie wir heute weltweit verbrauchen;
- enthalten die Windströme 80-mal so viel Energie, wie verbraucht wird;
- wächst 10-mal mehr Biomasse, als zur Gewinnung der gesamten Weltenergie nötig wäre,
- allein die Wasserkraft enthält etwa so viel Energie, wie wir an diesem Tag auf der ganzen Welt produzieren.

Theoretisch würde also die direkte Sonnenenergie oder die indirekte über Wind, Wasser und Biomasse bei Weitem ausreichen, um den Energiehunger von bald 6,5 Milliarden Menschen zu stillen. Die Arbeitsgruppe »Sonnenenergie für Umwelt und Entwicklung« der Vereinten Nationen hat festgestellt: »Es gilt als gesichert, dass das Gesamtpotenzial Erneuerbarer Energien in der Größenordnung des Zehntausendfachen des gegenwärtigen gesamten Weltenergieverbrauchs liegt.«

Die Sonne ist der Motor allen Geschehens auf unserem Planeten. Sie ist über fünf Milliarden Jahre alt und wird uns mindestens noch weitere 4,5 Milliarden Jahre scheinen. Jedes Jahr schickt sie 350 Millionen Milliarden (350 000 000 000 000 000) Kilowattstunden Strahlungsenergie auf unseren Planeten. Alle irdischen Energiequellen verdanken wir der Sonne: das Holz der Wälder und die Pflanzen der Felder, aber auch die Kohle-, Erdöl- und Erdgaslager, in denen Sonnenenergie von Millionen Jahren gespeichert ist. Ebenso sorgt die Sonne für die Kreisläufe des Wassers in den Seen und Flüssen.

Die Sonne ist der Quell des Lebens. Sie erwärmt unseren Planeten, schenkt uns Licht und liefert den Pflanzen die Energie für die Photosynthese. Dieser bedeutendste chemische Vorgang auf der Erde erhält Pflanzen, Tiere und Menschen am Leben. Und selbst während der Nacht reflektieren Mond und Planeten das Licht der Sonne zur Erde.

Der Kernreaktor Sonne unterscheidet sich von irdischen Kernkraftwerken dadurch, dass er unfall- und strahlensicher ist, keine Atommüllbeseitigung erfordert und alle Menschen kostenlos mit Energie versorgt.

Allein die Sonnenstrahlen, die am heutigen Tag die Erde erreichen, können unseren Energiebedarf für 180 Jahre decken. Die Sonne ist unsere einzige unerschöpfliche Energiequelle. Wenn wir Obst fast nur noch im Supermarkt, warmes Essen in der Kantine und Milch nur noch plastikverpackt kaufen, dann vergessen wir allzu leicht, woher das alles kommt. Die Kuh und den Obstbaum, das Getreide und den Strom aus der Steckdose verdanken wir – wie auch unser eigenes Leben – der Energie der Sonne. Ohne Sonne kein Leben! Die Sonne ist das Betriebsgeheimnis unseres Hierseins.

Die Sonnenstrahlen sind *das* große Geschenk des Kosmos an uns. Die Sonne war, ist und bleibt die einzige Einnahmequelle unseres Planeten. Seit Jahrtausenden leben wir von diesen Gewinnen. Und trotzdem wird die Sonne auf tragische und sträfliche Weise unterschätzt.

Der Astrophysiker Klaus Fuhrmann hat an der Universität München dieses negative Sonnenszenario errechnet:

- Die globale Durchschnittstemperatur auf der Erde beträgt heute 15,9 Grad Celsius.
- Wenn morgen die Sonne ausfiele, hätten wir global minus 15 Grad Celsius.
- Schon nach drei Tagen ohne Sonne würde die Temperatur minus 40 Grad betragen, alle Schulen hätten kältefrei.
- Nach vier Tagen ohne Sonne hätten wir minus 80 Grad – kein Auto würde anspringen.
- Nach einer Woche wäre die Temperatur weltweit auf minus 173 Grad abgestürzt. Der Sauerstoff würde flüssig. Alles Leben wäre erstarrt.
- Nach etwa vier Wochen gäbe es keine Pflanzen, keine Tiere und keine Menschen mehr. Unsere Erde wäre ein einziger großer Friedhof. Und es gäbe auch niemand mehr, der darüber trauern könnte. Das heißt: es gäbe keinen mehr, der wüsste, dass es jemals Menschen gegeben hat.

Wenn wir in unseren mitteleuropäischen Breitengraden mithilfe der Sonne im Winter null Grad Celsius haben und im Sommer 20 Grad plus, dann verdanken wir dies der Sonne. Unsere Aufgabe ist es lediglich, die Differenz zwischen null Grad im Winter und 20 Grad im Sommer auszugleichen. Da wir aber im Sommer nicht heizen, müssen wir im Jahresschnitt nur sieben Grad ausgleichen. Und auch den Ausgleich zwischen Sommer und Winter können wir mithilfe der Sonne erledigen – bei nahezu grenzenlosem Angebot. Um diese geringe Differenz geht es in diesem Buch. Um den Ausgleich von sieben Grad.

In früheren Kulturen wussten die Menschen noch von der Abhängigkeit allen Lebens von der Sonne. Deshalb wurde sie zum Grundelement von Religionen und Opferkulten. Aussaat und Wachstum, Ernte und Feste waren abhängig von ihrem Licht und ihrer Wärme. Erst die Aufklärung und die »modernen« Kirchen haben das Bewusstsein von der Sonne als allumfassender Lebensspenderin getrübt. Ganz anders noch Jesus: Er sprach davon, dass sein himmlischer Vater die Sonne über Gerechte und Ungerechte scheinen lasse. Die Bergpredigt ist noch prallvoll von naturnahen Gottesbildern. Doch die Kirchen haben an ihre Stelle saft- und kraftlose abstrakte Gottesbilder gesetzt.

Hoffnungsvoll ist allerdings, dass im Jahr 2003 in Deutschland bereits 800 christliche Kirchengemeinden beider großer Konfessionen Solaranlagen auf ihren Kirchendächern installiert haben. Sie bieten dem Heiligen Geist endlich Landeflächen. So wird Religion konkret und praktisch. Seit Ende 2008 hat auch der Vatikan die erste große Photovoltaikanlage direkt neben dem Petersdom. Himmlische Energie für den deutschen Papst in Rom.

Der Schöpfergott ist kein Asket, sondern ein von ernstem Frohsinn inspirierter Künstler, der allein mit Erde und Sonne ein großartiges Gesamtkunstwerk schuf. Keinen Duft und keinen Klang, keine Farbe und keine Form hat Gott oder haben die Götter vergessen, und auch nicht das Licht und die Wärme.

Die Industrialisierung hat die großen Zusammenhänge der Natur verdrängt. Doch die moderne Naturwissenschaft lehrt uns wieder, wie sehr wir von der Sonne abhängig sind. Vor uns liegt das Zeitalter der Sonnenenergie. Wenn es in den nächsten Jahrzehnten gelingt, nur einen Bruchteil der Sonnenenergie zu nutzen, dann ist das Energieproblem ohne Umweltbelastung für alle Zeiten gelöst. Diese unerschöpfliche und urschöpferische Quelle kann Reichtum und Wohlstand für alle Menschen bedeuten. Wir können mit Solarenergie in eine nie dagewesene solare Kulturepoche starten.

Die größte Gefahr für die Zukunft der Menschheit ist unsere falsche Energiepolitik. Statt Energie umweltfreundlich aus Sonne, Wind, Wasser und Biomasse, solarem Wasserstoff und Erdwärme zu gewinnen, verbrauchen wir in viel zu kurzer Zeit die Energiequellen Öl, Gas, Kohle und Uran. Mit Öl, Gas und Kohle heizen wir durch die CO_2-Abgase den Planeten auf und schaffen ein lebensfeindliches Treibhausklima. Und Atomkraftwerke sind allein durch ihre Existenz lebensgefährlich. Und noch lange, wenn sie nicht mehr stehen, sendet ihr Müll tödliche Strahlen aus, weit über 100 000 Jahre.

Das Superwahljahr 2009 ist ein Entscheidungsjahr für die Umgestaltung unserer Energieversorgung. Es geht im Wesentlichen darum, Deutschland künftig sicher und umweltverträglich aus heimischen Energiequellen zu versorgen. Schon 2020 – so berechneten die Verbände der Erneuerbaren Energien – kann die Hälfte des Stroms aus regenerativen Quellen erzeugt werden. Um dieses Ziel zu erreichen, müssten lediglich die Zuwächse des Ökostroms 2007 und 2008 elf Jahre fortgesetzt werden. Das Tempo kann freilich auch noch beschleunigt werden.

Dafür muss die Bundespolitik allerdings die Weichen stellen: Der Kraftwerkspark von morgen braucht nämlich neben dem zügigen Ausbau der Erneuerbaren Energien auch flexible Kraftwerke, welche die Schwankungen bei Stromnachfrage und -einspeisung ausgleichen können. Oder wollen wir durch längere Laufzeiten von Atomkraftwerken und durch neue Kohlekraftwerke um Jahrzehnte zurückfallen? AKWs zementieren den alten Kraftwerkspark durch ihre unflexible Betriebsweise: Neue Netze und Speicher – unentbehrliche Ergänzung der erneuerbaren, dezentralen Energieversorgung von morgen – werden durch die trägen atomaren Riesen blockiert. Der dringend notwendige Netzausbau kommt dann nicht den dezentralen Zukunftsenergien zugute, sondern transportiert nur den Strom der fossil-atomaren Großkraftwerke. Der neue Bundestag hat die Chance, mit einem Bonus für Kombikraftwerke Investitionen in Biogasspeicher, Batterien und Elektroautos zu fördern und so die entscheidenden Schritte in die erneuerbare Vollversorgung vorzubereiten. Allein 2008 sind durch den Ausbau von Erneuerbaren Energien über 30 000 neue Arbeitsplätze entstanden. Der 100 Prozent-Umstieg auf Erneuerbare Energien in Deutschland und in der EU könnte nach den Berechnungen der Europäischen Kommission in Europa fünf Millionen neue Arbeitsplätze schaffen, davon über eine Million in Deutschland.

Solarpolitik ist Sozialpolitik

Der große Philosoph des Atomzeitalters, Günther Anders, sagte einmal: »Unser größtes Problem ist, dass wir uns nicht mehr vorstellen, was wir anstellen.« Da ich in den letzten 20 Jahren politisch und persönlich viel Grund hatte umzudenken, weiß ich, wovon Günther Anders sprach. Erst als ich mir konkret und praktisch vorzustellen begann, was Atomkraftwerke und das atomare Wettrüsten anstellen können, war ich fähig umzudenken. Neues Bewusstsein ist Voraussetzung für neues Denken und neues Handeln. Solange mir nicht bewusst war, dass ich mit einem Liter Benzin 10 000 Liter Luft verpeste, bin ich etwa 15-mal so viel Autokilometer gefahren wie heute. Solange mir nicht bewusst war, dass wir mit unserem ganz gewöhnlichen Energieverhalten in einem Jahr so viel Öl, Kohle und Gas verbrennen, wie in einer Million Jahren gewachsen ist, so lange habe auch ich keinen Grund gesehen, mir ernsthaft über Alternativen zur heutigen Energiepolitik Gedanken zu machen. Vor Tschernobyl war mir nicht bewusst, was ein atomarer Unfall bedeutet – also war ich auch nicht gegen Atomkraftwerke. Vor der Zeit der großen Friedensbewegung Anfang der 1980er-Jahre habe ich mir nicht vorstellen wollen, dass atomares Wettrüsten ganz rasch zu einem Atomkrieg führen kann – und ich war nicht gegen Atomwaffen.

Günther Anders' Philosophie gilt nicht nur im Negativen, sondern auch im Positiven. Erst wenn wir Erfahrung mit Alternativen sammeln, stärken wir die positiven Kräfte der Umkehr. Erst wenn wir alternative Energiequellen kennengelernt haben und an ihrer Durchsetzbarkeit arbeiten, haben sie eine Chance. Besonders töricht ist die Behauptung: »Ich kann ja doch nichts ändern.« Wer das glaubt, darf sich nicht wundern, wenn sich tatsächlich nichts ändert.

Die Voraussetzung für alle wirklichen Veränderungen ist die tiefe Überzeugung: »Ich kann, wenn ich wirklich will.« Wir müssen uns auch im Positiven vorstellen, was wir – zum Beispiel mit alternativen Energien – »anstellen« können. Yes, we can!

72 Prozent der Deutschen und 52 Prozent der Franzosen sind heute zwar gegen Atomkraftwerke, aber sie glauben nicht wirklich an die Möglichkeit von Alternativen. Sie lassen sich von der Energiewirtschaft und der von ihr abhängigen Politik verunsichern und geistig, aber auch finanziell erpressen. Wenn wir mithelfen wollen, die Menschheit zu retten, müssen wir uns für eine andere Energiepolitik engagieren. Sie ist nötig und möglich. Die Energiefrage ist der Schlüssel für eine bessere oder schlechtere Welt. Solarenergie ist die einzige Chance, die globale Umweltkatastrophe zu verhindern. Ihre Durchsetzung erfordert eine Sonnenpolitik. Und dazu gehört künftig in jeder Regierung ein eigenes Solarministerium, so wie es früher ein Atomministerium gab. Der Erfolg der Solarpolitik hängt wesentlich davon ab, ob es gelingt, die politischen Schwerpunkte zu ändern: von der Kommunalpolitik über die Länder, den Bund und die EU bis zur Weltpolitik. Die Milliardenfinanzströme für Energie müssen ins Solarzeitalter umgelenkt werden, wenn wir nicht in der fossilen Öl-, Gas- und Kohleära versumpfen wollen.

Die Sonnenpolitik bestimmt die klassische Energiepolitik und die Forschungspolitik, die Landwirtschafts- und Verkehrspolitik, die Steuer- und die Baupolitik, die Entwicklungs- und die Wirtschaftspolitik. Sie erfordert den größten Paradigmenwechsel seit Beginn der industriellen Revolution. Wir müssen die Irrwege des Atom- und Ölzeitalters verlassen und Wege ins Jahrhundert der Umwelt finden. Solarpolitik ist die Sozialpolitik der Zukunft: Die Rente allein nützt alten Menschen so wenig wie ein hohes Kindergeld den jungen oder ein Arbeitsplatz den Arbeitnehmern, wenn wir keine Luft mehr haben zum Atmen, kein Wasser zum Trinken und keine Böden, auf denen noch etwas wächst. Lebensplätze sind so wichtig wie Arbeitsplätze.

In diesem Buch zeige ich, dass eine umweltfreundliche Solarwirtschaft technisch, ökonomisch und finanziell machbar ist. Das Hauptproblem ist die Politik, die zu sehr an die Interessen der alten Energieträger Kohle, Öl und Atom gekettet ist. Politiker handeln in aller Regel erst, wenn ein entsprechendes Bewusstsein »von unten« sie dazu zwingt. Voraussetzung für ein breites solares

Bewusstsein ist Information. Erst wenn wir wissen, was möglich ist, wird es auch geschehen.

Die Wirtschafts- und Arbeitsplatzkrisen in der nördlichen Erdhälfte sind ebenso wie das Hungerproblem der südlichen Erdhälfte nur mit erneuerbaren Energiequellen zu lösen. Die Zerstörungsenergien, die wir heute benutzen, müssen durch die Erneuerungsenergien aus der Sonnenkraft ersetzt werden. Unsere Abnabelung von der Sonnenenergienutzung früherer Jahrhunderte hat uns auf die »schiefe Bahn« gebracht. Nur eine Rückkoppelung an die Sonne garantiert Fortschritt und Überleben. Die Sonne ist unser Rettungsanker: Politik und Wirtschaft werden dieses Grundgesetz des Seins mühsam lernen müssen.

Die bisherigen Revolutionen haben soziale, politische oder wirtschaftliche Fortschritte oder Rückschritte für bestimmte Regionen gebracht. Die Solarrevolution dagegen impliziert eine völlig neue Perspektive für die Menschheit. Die Rückkehr zur Sonne bedeutet eine Humanisierung der industriellen Revolution auf dem ganzen Planeten. Globale Sonnenpolitik führt zu einer solaren Weltwirtschaft, zur ersten globalen Revolution.

Bevor ich zeige, was Solarpolitik am Beispiel Deutschlands bis zum Jahr 2030 konkret und praktisch heißt, ein kurzer Blick auf die Frage: Wohin gehen wir bis zum Jahr 2030, wenn alles so weiterläuft wie heute?

II. DIE KLIMAKATASTROPHE 2030

Es ist wärmer als je zuvor

Im Jahr 2030 wird es auf der Erde wärmer sein als je zuvor in der Menschheitsgeschichte, wenn wir weiterhin wie bisher Öl, Benzin, Kohle und Gas verbrennen. Die CO_2-Mengen, die die westlichen Industrieländer heute und in Zukunft vor allem die Dritte Welt aus fossilen Brennstoffen freisetzen, werden viel größer sein, als die Natur verkraften kann. Wenn wir nicht Wege zu einer anderen Energiepolitik finden, wird sich der CO_2-Ausstoß weltweit bis 2030 nochmals verdoppeln. Das aber heißt: Es wird in diesem Jahrhundert global 1,8 bis 6,4 Grad Celsius wärmer als heute, so schätzt der Weltklimarat im Auftrag der UNO, wenn wir mit Kohle, Gas und Öl so weitermachen wie bisher.

Dieter Teufel, Leiter des renommierten Umwelt- und Prognose-Instituts in Heidelberg: »In einzelnen Regionen, zum Beispiel an den Polen, werden sich die durchschnittlichen Temperaturen um 8 bis 12 Grad Celsius erhöhen. Bereits in den Jahren 2015 bis 2020 werden die tropischen Regenwälder weitgehend vernichtet sein.«

Eine Katastrophe unvorstellbaren Ausmaßes, denn die Regenwälder waren einst riesige CO_2-Speicher. Schon in den letzten 40 Jahren haben wir die Hälfte des Regenwaldes vernichtet. Da sich das Tempo der Zerstörung eher beschleunigt, werden wir es noch vor dem Jahr 2050 geschafft haben, die Erde vom Regenwald zu »befreien«.

Durch die zunehmende UV-Strahlung als Folge des Ozonlochs wird die Biomasse des Planktons in den Weltmeeren beschädigt, wodurch immer mehr CO_2 freigesetzt und einer der wichtigsten Kohlendioxidspeicher verringert wird. Gleichzeitig wird durch die Zerstörung des Planktons die erste und wichtigste Stufe der Nahrungskreisläufe der Meere geschädigt, was furchtbare Auswirkungen auf die Fischereiwirtschaft der ganzen Welt haben wird.

Die Abgase aus Kohle, Öl, Benzin und Gas wirken im Prinzip ähnlich wie die Scheiben eines Treibhauses: Sie lassen das Sonnenlicht zunächst hindurch, bilden aber eine Barriere für die von der Erdoberfläche zurückgestrahlte Wärme. Und deshalb wird es durch immer mehr Treibhausgase immer wärmer. Wir produzieren heute pro Jahr etwa 28 Milliarden Tonnen Treibhausgase und erleben bereits Jahr für Jahr die Folgen des wachsenden Treibhauseffektes. Bis 2030 werden wir etwa 50 Milliarden Tonnen Treibhausgase jährlich produzieren, wenn die Wende zur Solarenergie ohne Treibhausgase nicht gelingt.

Der letzte Tanz auf der Titanic?

Michail Gorbatschow sagte mir einmal in einem Interview: »Die Menschen in den Industriestaaten ähneln den Passagieren der Titanic, welche die Stühle von einem Unter- auf ein Oberdeck brachten, während das Schiff schon sank.« Viele Menschen spüren es am eigenen Leib: Der Treibhauseffekt ist keine Theorie mehr, wir sind schon mittendrin! Der Dalai Lama meint sogar: »Ohne Menschen ginge es der Erde besser.«

Im ewigen Eis der Erde sind Massen von Methangas versiegelt, das beim Verfaulen von Sumpfgras in der Urzeit entstanden ist. Wenn die 30 000 Quadratkilometer Dauerfrostboden in Kanada und Sibirien durch den Treibhauseffekt auftauen, wird das Methangas frei. Danach wird unser Klima vollends kollabieren, denn ein Methanmolekül zerstört das Klima 32-mal mehr als ein CO_2-Molekül.

Durch den Temperaturanstieg schmilzt mehr Eis ab, und noch mehr Gas wird frei. Die Erde wird in kurzer Zeit so heiß, dass das Polareis schmilzt, ganze Länder wie Bangladesch und große Teile von Küstenländern wie Holland, Norddeutschland oder Ägypten versinken im Meer. Der Klimatologe Arnett Raval von der Universität Chicago: »Ist der Methangaseffekt erst eingetreten, haben wir Menschen keine Chance mehr, die Katastrophe zu stoppen.«

Durch den Temperaturanstieg kommt es zu verheerenden Wirbelstürmen, zu ungewohnt starken Regenfällen und zu katastrophalen Überschwemmungen. Ein Drittel der Menschheit lebt in Küstennähe. Im Jahr 2050 wird es etwa zehn Milliarden Menschen geben. Ganze Völker müssen sich dann auf die Suche nach neuen Nahrungs- und Lebensgrundlagen machen. Städte wie Amsterdam und Kairo, Athen und Hongkong, Tokio und Shanghai, Singapur und New York, Venedig und Rio de Janeiro werden in einigen Hundert Jahren vielleicht versunken sein.

Was wir heute erleben, sind nur harmlose Vorboten. Noch ist der Großteil unserer Wälder grün. Doch in einigen Jahrzehnten kann es auch im Schwarzwald und im Taunus, in bayerischen und thüringischen Mittellagen so aussehen wie heute in Nordafrika.

Es gibt immer noch einige Wissenschaftler, die uns weismachen wollen, dass der Treibhauseffekt ein Hirngespinst sei. Dann wären alle Staatschefs der Welt bei ihrem Umweltgipfel in Rio 1992 und 15 Jahre später beim Baligipfel und Tausende von beratenden Wissenschaftler einem Hirngespinst aufgesessen. Nicht nur die Berechnungen fast aller Wissenschaftler, sondern auch die Zahlen der Versicherungen sprechen eine eindeutige Sprache.

Die Umweltschäden sind nicht mehr bezahlbar

Die Münchner Rückversicherung warnt davor, dass die Schäden der Klimakatastrophe bald nicht mehr zu bezahlen seien. In den Sechzigerjahren gab es weltweit 14 ökologische Großkatastrophen, in den Achtzigerjahren schon 70. Der frühere Chefökonom der Weltbank, Sir Niclas Stern, errechnete, dass die weitere Zerstörung des Weltklimas die Weltwirtschaft entschieden mehr Geld kosten werde als die beiden Weltkriege zusammen. Investitionen in die Rettung des Weltklimas würden hingegen nur ein Zehntel kosten. Die Mehrkosten für Erneuerbare Energien und Energieeffizienz, die wir heute bezahlen, sind vermiedene Umweltkosten und niedrigere Energiekosten von morgen. Die alte Ökonomie ist am Ende.

Umso erstaunlicher ist, dass die Politik – die ja weltweit das Problem erkannt hat – mit der falschen Energiepolitik fortfährt und so wenig für eine Energie- und Verkehrswende unternimmt.

Was der Treibhauseffekt bewirkt, zeigt unser strahlender Nachbarplanet Venus. Dort herrschen Temperaturen von 480 Grad Hitze. Die dichte Gashülle um die Venus besteht zu 97 Prozent aus Kohlendioxid. Das Sonnenlicht durchdringt den Wolkenmantel der Venus und erzeugt auf dem Planeten Wärme. Doch das Kohlendioxid verhindert die Abstrahlung der Wärme in den Weltraum. Das Ergebnis ist eine mörderische, lebensfeindliche Temperatur. Trotz ihres verheißungsvollen Namens: Die Venus ist ein abschreckendes Beispiel, das uns zeigt, wohin die Reise geht, wenn wir weiterhin ungehemmt CO_2 aus fossilen Brennstoffen freisetzen.

Im Altertum der Erde war es auf unserem Heimatplaneten viel heißer, denn der Kohlendioxidgehalt der Erdatmosphäre war weit höher als heute. Aber die Pflanzen haben in Jahrmillionen ungeheure Mengen Kohlenstoff gebunden, sodass sich menschliches Leben durchsetzen konnte und die Luft von CO_2 weitgehend gereinigt wurde. Doch heute sind wir dabei, diesen lebensfördernden Prozess wieder rückgängig zu machen: indem wir etwa in einem Jahr an Kohle, Gas und Öl verbrauchen, was in einer Million Jahre gewachsen ist. Das heißt: Wir heben das lebensnotwendige Gleichgewicht, das sich in Jahrmillionen auf der Erde eingestellt hat, in wenigen Jahrzehnten aus den Angeln.

Wegen der Klimakatastrophe wird es bald täglich Meldungen geben über Sturmfluten und Wirbelstürme, über Dürren und Missernten in der Landwirtschaft, über Länder, die im Meer versinken, über tote Wälder und Erdrutsche und über viele Millionen Umweltflüchtlinge, die vor der Klimakatastrophe fliehen müssen, weil ihre Lebensgrundlagen zerstört sind. Welche Diskussionen lösen schon die etwa 150000 Menschen aus, die jährlich nach Deutschland einwandern wollen!

Zur Erinnerung: Es ist hauptsächlich unsere falsche Energiepolitik, welche die Armen der Dritten Welt zur Flucht zwingt. Wer verlässt schon freiwillig seine Heimat? Aber wenn wir mit erhobenem moralischem Zeigefinger, mit Waffen und Soldaten die Menschen zurückzuschicken versuchen, werden sie sich nicht zurückschicken lassen. Denn im Süden haben sie weit weniger Lebenschancen als hier. Die UNO schätzt, dass bis zum Jahr 2020 über 200 Millionen Klima- und Umweltflüchtlinge über unseren Globus irren werden, hauptsächlich aus Afrika und aus Südostasien.

Zusammenbruch oder Durchbruch?

Jede Minute verlieren wir zurzeit 21 Hektar Tropenwald, jede Minute werden 50 Tonnen fruchtbarer Mutterboden weggeblasen, jede Minute werden 12 000 Tonnen Kohlendioxid durch das Verbrennen von Kohle, Gas und Öl in die Atmosphäre entlassen, und jeden Tag fallen 250 000 Tonnen Schwefelsäure als saurer Regen in der nördlichen Erdhälfte. Unser Raubbau an Wasser, Luft und Boden gefährdet alles Leben und erst recht die Zukunft aller Lebewesen.

Mit dem Beginn des dritten Jahrtausends stellt sich die Frage, ob wir einen Zusammenbruch der bisherigen ökologischen, politischen und sozialen Systeme erleben oder ob wir einen Durchbruch zu einer ökologischeren, sozialeren und friedlicheren Welt schaffen. Die reichsten 20 Prozent der Menschheit verfügen über ein 90-mal höheres Einkommen als die ärmsten 20 Prozent, sie verbrauchen etwa 10-mal mehr Energie, essen 10-mal mehr Fleisch, haben 40-mal mehr Telefone und 140-mal mehr Autos. Das sind keine guten Voraussetzungen für eine friedliche Welt.

Die vier reichsten US-Bürger haben mehr Geld als die eine Milliarde der Ärmsten. Wir werden lernen müssen, dass es auf Dauer den Reichen nicht gutgehen kann, wenn es den Ärmsten nicht bald besser geht. Hier liegen die eigentlichen Ursachen für den zunehmenden Terrorismus. Diesen Terrorismus mit Gewalt besiegen zu wollen, ist naiv und politisch kurzsichtig. Es kann auf Dauer einfach nicht gutgehen, wenn ein Durchschnitts-US-Bürger die 280-fache Umweltbelastung eines Menschen in Haiti produziert.

Wie Grafik 3 zeigt, war der durchschnittliche Stromverbrauch pro Kopf im Jahr 2001 in den USA deutlich höher als in ausgewählten anderen Ländern. 1949 haben die USA insgesamt noch 255 Milliarden Kilowattstunden Strom verbraucht, 1960 waren es bereits 688 Milliarden, 1980 schon 2094 Milliarden und im Jahr 2000 schließlich 2605 Milliarden Kilowattstunden Strom und 2008 über 3000 Milliarden. Sollte die ganze Welt weiterhin erfolgreich dem US-Beispiel nacheifern, können wir den Planeten als Paradies bald vergessen. Die USA haben seit 1949 ihren Stromverbrauch mehr als versiebzigfacht!

Zusammenbruch oder Durchbruch? Viele Zukunftsforscher sind der Meinung, dass diese zentrale Frage durch unser Verhalten in den nächsten zehn Jahren entschieden wird.

Treibhaus oder Paradies?

Wir wohnen im Schwarzwald. Zehn Weihnachtsfeste in Folge hatten wir in den Neunzigern fast keinen Schnee. Wenn ich alte Menschen frage, ob sie so etwas schon einmal erlebt haben, sagen sie traurig Nein.

Seit etwa zweihundert Jahren – seit Beginn des Industriezeitalters – ist der Mensch zu einer Kraft geworden, die das »System Erde« wesentlich mitbestimmt. Seit 1800 hat sich die Zahl der Menschen auf über 6,7 Milliarden verachtfacht – im Jahr 2050 werden wir etwa zehn Milliarden Menschen sein. 30 bis 50 Prozent der Erdoberfläche sind von Menschen durch Entwaldung, Siedlungsanbau, Erosion auf Ackerböden und Rohstoffabbau verändert worden. In wenigen Generationen haben wir über Autos, Industrieanlagen und Heizungen die fossilen Brennstoffe verbrannt, für deren Entstehen viele hundert Millionen Jahre notwendig waren. Wir haben die Zusammensetzung der Atmosphäre verändert – ihren Sauerstoffgehalt haben wir verringert und ihren Kohlenstoffgehalt erhöht.

In prähistorischer Zeit betrug der Sauerstoffanteil der Erdatmosphäre 21 Prozent – heute nur noch 19 Prozent, in vielen Großstädten ist er auf 12 bis 17 Prozent gesunken. Dazu Professor Erwin Laszlo, Systemwissenschaftler und Präsident des Club of Budapest: »Das bietet nicht genügend Sauerstoff, um Körperzellen und -organe und das gesamte Immunsystem in voller Leistungsfähigkeit zu erhalten. Bei dem heute erreichten Niveau entwickeln sich wahrscheinlich Krebserkrankungen und andere Degenerationskrankheiten, und bei einem Niveau von sechs bis sieben Prozent könnte das Leben nicht mehr aufrechterhalten werden.«

Menschen haben schon immer in Naturkreisläufe eingegriffen. Die mesopotamische Hochkultur an Euphrat und Tigris brach im dritten vorchristlichen Jahrtausend wegen naturfeindlicher Landwirtschaft zusammen. Bei der Expansion des römischen Weltreiches wurden vor 2000 Jahren die einst waldreichen Mittelmeerländer kahlgeschlagen – mit ökologischen Folgen bis in die Gegenwart. Und seit etwa hundert Jahren treiben wir die globalen Temperaturen nach oben. Also kein Grund zur Aufregung?

Im Frühsommer 2003 tagte die Dahlem-Konferenz der Freien Universität Berlin zum Thema »Die Erde als System«. 40 interdisziplinäre Forscher – Politologen, Anthropologen, Klimaforscher und Astrobiologen, unter ihnen Nobelpreisträger – diskutierten darüber, ob die heutigen Eingriffe in die Natur das System Erde grundsätzlich verändern könnten und ob die Schäden irreversibel, ja sogar lebensbedrohend für die gesamte Menschheit seien. Und ob die zu erwartenden Meeresspiegelerhöhungen nicht nur wenige Zentimeter, sondern in Jahrhunderten schon Hunderte von Metern betragen könnten.

Die Fakten für die drohende Klimaerwärmung sind dramatisch. In den letzten 120 Jahren hatten wir eine globale Erwärmung von knapp einem Grad Celsius. Für die nächsten 100 Jahre ist eine

Erwärmung bis zum Sechsfachen zu befürchten. In den letzten 500 000 Jahren – so die Forscher mithilfe von Eisbohrkerze-Analysen – hat sich das Erdsystem offenbar immer wieder selbst reguliert. In den letzten 100 Jahren ist die CO_2-Konzentration durch das Verbrennen von Kohle, Gas und Öl um 30 Prozent auf 370 ppm angestiegen und wird bis zum Jahr 2100 auf Werte zwischen 600 und 700 ppm ansteigen. Solche Werte herrschten in der Erdgeschichte zuletzt vor 20 Millionen Jahren.

Der heutige Mensch, so die Forscher der Dahlem-Konferenz, verursacht einen »Kurzschluss« in der Kohlenstoffbilanz der Erde. Die Folgen seien unabsehbar. Es könne sein, dass über Jahrtausende alles Eis der Erde schmelze und der Meeresspiegel im Hundert-Meter-Bereich ansteige, sagte der Potsdamer Klimaforscher Professor Martin Claußen.

Professor Carl Crutzen, Nobelpreisträger für Chemie, sieht die Gefahr, dass in Sibirien Permafrostgebiete auftauen und große Mengen Methan freisetzen, ein besonders starkes Treibhausgas.

Der damalige Chef der Dahlem-Konferenz und heutige Vorsitzende des Potsdam-Instituts, Professor Hans Joachim Schellnhuber, hat die Frage aufgeworfen, ob wir lieber eine neue Heimat auf einem anderen Planeten suchen sollten. Zumindest wäre es preiswerter, »diese Erde in ein Paradies für alle« zu verwandeln. Eine Situation wie heute hat es noch nie gegeben. Sind wir noch zu retten?

Die Weltklimakonferenz von Bali hat im Dezember 2007 festgestellt, dass es keinen Zweifel mehr daran gibt, dass der Klimawandel menschengemacht ist. Aber noch immer schotten sich Teile der politischen Klasse und der Eliten von den wissenschaftlichen Erkenntnissen ab und verdrängen die Zukunft ihrer und unserer Kinder und Enkel. Wir brauchen aber eine neue Klima- und Energiekultur.

Es liegt ausschließlich an uns, uns anders zu verhalten – auch bei unseren Wahlentscheidungen. Wir müssen wieder lernen, wie kostbar Luft, Wasser und Boden sind. Alle Lebewesen – Menschen, Tiere und Pflanzen – leben vom selben Wasser, vom selben Boden, von derselben Luft. Was wir der Erde, dem Wasser und der Luft antun, das tun wir uns selbst an, denn wir sind ein Teil der Erde, ein Teil des Wassers und ein Teil der Luft.

Selbst bei einem Klima-GAU würde die Erde wahrscheinlich nicht völlig unbewohnbar, so die Dahlem-Konferenz, aber schön wäre das Leben danach nicht mehr. Noch haben wir die Chance, zumindest das Schlimmste zu verhindern.

Dies erfordert nicht nur unsere ökologische, sondern auch unsere ökonomische Vernunft. Im März 2008 hat das Institut für Wirtschaftsforschung in Berlin errechnet, dass der Klimawandel allein in Deutschland bis 2050 über 800 Milliarden Euro Kosten verursachen werde. Klimaschutz ist preiswerter und vernünftiger.

Klimaschutz kostet – das ist wahr. Aber kein Klimaschutz kostet die Zukunft.

III. MEHR WOHLSTAND MIT WENIGER ENERGIE

Energiesparen auf intelligente Weise

Jeder Mensch hat das Recht auf ein kühles Bier und eine warme Dusche – oder? Carl Friedrich von Weizsäcker hat einmal eine »asketische Weltkultur« gefordert. Dieser protestantische Rigorismus ist politisch eine sinnlose Forderung. Sie bewirkt nichts. Politiker sollten uns keine Askese und keine Opfer, keinen Verzicht und keine Einschränkungen abverlangen – sie sollten eine intelligente und eine weniger zerstörerische Politik machen. Das heißt: Sie müssen politische Strukturen schaffen, in denen das Wohl *aller* Menschen wichtiger ist als zum Beispiel das Wohl der Chemie-, der Auto- oder der Atomindustrie.

Wenn ich zu einem Vortrag am Bodensee von Baden-Baden aus heute nicht mehr wie früher mit dem Auto, sondern bequem, billig und sicher mit der Bahn fahre, dann ist das kein Verzicht, kein Opfer und keine Askese, sondern lediglich etwas intelligenter als früher und umweltschonender dazu. Wenn ich unsere Tochter Christiane in Hamburg mit der Bahn statt mit dem Auto besuche, dann spare ich Zeit, Geld und Nerven, gehe vernünftiger mit meinem Geist und Körper um – und mit der Umwelt. Wenn viele Deutsche heute weniger Fleisch essen als noch vor zehn Jahren, dann ist das keine Askese, sondern gesunde Vorsorge, umweltschonend und energiesparend. Das Viehfutter in Deutschland wird beinahe zur Hälfte unvorstellbar energieaufwendig und damit umweltzerstörend aus Übersee hierher gebracht.

Dass der Umweg Fleisch schlicht unnötig ist, beweist täglich der größere Teil der Menschheit – die Vegetarier. Ich esse heute nicht aus Gründen des Verzichts fast kein Fleisch, sondern weil ich gern und gut esse und meinen Körper liebevoll behandeln möchte.

Vegetarier werden durchschnittlich vier Jahre älter als Tieresser. Präsident Clinton hat den erstaunten US-Bürgern gesagt: »Wenn wir Amerikaner zehn Prozent weniger Fleisch essen, dann müssen 60 Millionen Menschen weniger hungern.«

Wenn wir künftig Häuser bauen, die nur noch ein Viertel der bisherigen Energie verbrauchen, dann ist das kein Verzicht, sondern – bei gleichem Wärmekomfort – lediglich etwas intelligenter als heute und preiswerter.

Wenn unsere elektrischen Geräte – wie schon heute die Energiesparlampen – künftig noch ein Viertel der Energie von 1990 verbrauchen, dann ist das kein Opfer, sondern endlich Stand der Technik und Voraussetzung für ökologischen Wohlstand.

Ist es wirklich intelligent, Autos zu produzieren und zu kaufen, die anderthalb Tonnen wiegen, um schließlich 70 Kilogramm Mensch zu transportieren? Schon 1984 haben wir in der ARD Autos vorgestellt, die 100 Kilometer weit mit 1,6 Liter Benzin fahren. Aber 2009 verbraucht ein deutsches Auto im Durchschnitt noch immer über acht Liter für 100 Kilometer.

Der Abschied von unserer heutigen Dinosauriertechnologie hat nichts mit Opfer und Askese, wohl aber mit Nachdenken und Umdenken, mit Intelligenz und ökologischer Verantwortung und sehr viel mit ökonomischer Effizienz zu tun.

»Mehr Wohlstand« versprachen uns die großen Parteien und meinten wirtschaftliches Wachstum, kombiniert mit der Zerstörung der Umwelt. Die Basis eines wirklichen Wohlstandes sind aber sauberes Wasser, gesunde Böden, reine Luft und schöne Landschaften. Der Abschied von luxuriösem Schnickschnack ist vernünftig, aber kein Zeichen für Verzicht oder Opfer. Wir reden allzu rasch von Askese, wenn wir uns selbst bemitleiden wollen.

Mahatma Gandhi hat seinerzeit zusammengefasst: »Lebt einfacher, damit andere einfach leben können.« Ein einfaches Leben ist kein Verzicht, es ist eher ein Gewinn.

20 Prozent der Menschheit in den reichen Industrieländern verbrauchen etwa 80 Prozent der heutigen Energieproduktion. Wir Deutschen verbrauchen pro Kopf etwa 20-mal so viel Energie wie

ein Mensch in der Dritten Welt. Wissenschaftler haben errechnet: Wenn alle Menschen so energieaufwendig leben würden wie wir, dann würde der Planet schon nach kurzer Zeit kollabieren. Deshalb gibt es nur einen realistischen Einstieg ins Solarzeitalter: Energie zu sparen und unsere Produkte effizienter herzustellen.

Ein deutscher Durchschnittshaushalt verbraucht etwa 4000 Kilowattstunden Strom im Jahr. Da unsere Großkraftwerke aber die eingesetzte Energie wie Kohle, Gas, Öl und Atomkraft lediglich zu einem Drittel nutzen, müssen für jeden deutschen Haushalt 12 000 Kilowatt Energie in die Großkraftwerke hineingesteckt werden, nur um den heute privat benötigten Strom zu produzieren. Zwei Drittel der eingesetzten Energie verpufft in der Luft oder wird in die Flüsse geleitet, was wiederum das Treibhaus aufheizt.

Würden bei der Stromerzeugung und beim Benzinverbrauch die Kosten für den Treibhauseffekt mitberechnet, dann müssten wir etwa den vierfachen Preis für Strom, Wärme und Benzin bezahlen. Wären die deutschen Atomkraftwerke zum Beispiel realistisch versichert, dann müsste – nach einer Studie im Auftrag des Bundeswirtschaftsministeriums – eine Kilowattstunde Atomstrom 1,80 Euro kosten. Ein volkswirtschaftlich realistischer Benzinpreis liegt zwischen 2,50 und 3 Euro pro Liter. Dieses Niveau wird erreicht, wenn die Benzinpreise zehn Jahre lang um etwa 15 bis 20 Cent pro Jahr ansteigen. Wenn ich dann ein Auto fahre, das nur noch ein Viertel des Benzins verbraucht, verglichen mit heute, kann ich das Vierfache für einen Liter Benzin bezahlen, ohne dass sich meine Benzinrechnung erhöht. Das heißt aber: Die Politik muss den Autoproduzenten den niedrigen Benzinverbrauch im Auto zur Auflage machen. Die intelligente Politik des Energiesparens ist unbürokratisch und technisch realisierbar, wie Autoingenieure versichern, sie ist sozial zumutbar und ein großer Gewinn für die Umwelt.

Das Ein-Liter-Auto ist möglich

Doch die Realität sieht immer noch anders aus: Der frühere VW-Chef Ferdinand Piëch hat Journalisten schon 1992 erzählt, dass er das Ein-Liter-Auto bauen könne. Tatsächlich waren im Frühjahr 2002 Journalisten aus ganz Deutschland eingeladen, den früheren VW-Chef und seinen Nachfolger bei der Fahrt des ersten Ein-Liter-Autos der Welt von Wolfsburg nach Hamburg zu bestaunen. Der Presse wurde vorgerechnet, dass der exakte Spritverbrauch für 100 Kilometer 0,89 Liter betrug. Deutschland staunte. VW hatte in ganz Europa eine tolle Presse. Doch VW stellte sein Ein-Liter-Auto ins Museum!

Inzwischen gab der Konzern bekannt, dass das Ein-Liter-Auto 2010 oder 2011 auf den Markt kommen soll. Wir dürfen gespannt sein. Techniker in Autofirmen versichern mir seit Jahren: »Wir könnten weit energieeffizientere Autos bauen, aber wir dürfen nicht.«

Die ökologische Verkehrswende erfordert Verkehrspolitik und nicht nur Autopolitik. Anderswo geht es freilich auch anders. Beispiel Schweden: 1992 wurde der Benzinpreis um 17 Cent je Liter erhöht. Der Benzinverbrauch ging daraufhin um sechs Prozent zurück. Immer mehr Schweden kutschieren immer weniger Kilometer in ihren Städten herum, seit ein Tank voll Sprit etwa 70 Euro kostet. Am schwedischen Markt haben die Ölmultis schon lange keine Freude mehr. Seit 1980 hat sich der Absatz von Raffinerieprodukten halbiert – steuer- und umweltpolitische Eingriffe haben gewirkt. Der Heizölverbrauch ist bereits um zwei Drittel und der Verbrauch von schwerem Öl für Industrie und Kraftwerke sogar um 84 Prozent zurückgegangen. Jetzt geht erstmals auch der Benzinverbrauch zurück. Folge einer klugen Politik und nicht einer politischen Predigt zur Askese. Die schwedische Regierung hat beschlossen, dass bis 2020 im Land kein Erdöl mehr verbrannt werden darf.

Mehr Wohlstand durch Energiesparen heißt natürlich nicht, im Winter frieren oder am Sommerabend auf das Fernsehen verzichten zu müssen. Energiesparen heißt: die eingesetzte Energie intelligenter und effektiver nutzen als heute:

- Auto fahren mit einem Viertel des heutigen Benzinverbrauchs,
- öffentliche Verkehrsmittel benutzen, die eine Person mit einem Viertel der Umweltbelastung befördern, die ein PKW verursacht,
- Energiegeräte benutzen mit einem Drittel des heutigen Stromverbrauchs,
- Häuser bauen, die gegenüber heute bis zu 90 Prozent Heizenergie einsparen – nach dem schwäbischen Motto: »schaffe, schaffe, Häusle dämme«,
- eine dezentrale Energieversorgung durch kleine Blockheizkraftwerke organisieren, in denen die eingesetzte Energie für Strom und Wärme, also doppelt, genutzt wird.

Das Schönste am Energiesparen ist, dass wir dabei komfortabel, ohne Verzicht und gesünder als bisher, also mit mehr Wohlstand, leben können. Wenn wir unsere Wohnungen mit 18 Grad statt mit 24 Grad heizen, bedeutet auch dies keine Askese, sondern mehr Gesundheit und 36 Prozent weniger Heizkosten. Bei gezielter Wärmedämmung spart ein Vierpersonenhaushalt pro Jahr 1000 Euro. Das ist Gewinn und kein Verzicht. Also: besser dämmen statt Geld und Energie verschwenden!

Die deutsche Umweltbewegung propagierte zu lange Verzicht und Askese. Die verschwenderische Üppigkeit der Natur wird auch heute noch von vielen Naturfreunden übersehen. Ein blühender Kirschbaum im Frühling ist Verschwendung an Energie und Rohstoffen, aber wunderschön und herzerfreuend. Wer Nachkommen zeugt, verschwendet Millionen Samenzellen, aber hat viel Freude und Lust.

Nicht die Verschwendung ist unser Hauptproblem, sondern die Frage, ob etwas naturverträglich ist oder nicht. Ökologie heißt, die Natur zum Vorbild nehmen, in Kreisläufen wirtschaften, verstehen lernen, dass die Natur keinen Abfall kennt, sondern nur Nährstoffe in Hülle und Fülle.

Gewinner der Energiewende sind in der Wirtschaft jene, die moderne Geräte zum Energiesparen oder Solaranlagen produzieren. Verlierer sind die heutigen Energiemonopole. Allerdings: Auf der Seite der Gewinner werden weit mehr neue Arbeitsplätze geschaffen, als bei den Betreibern der Großkraftwerke verloren gehen. Gewinner sind viele Tausend kleine und mittlere Betriebe für Solartechnik und Solaranlagen sowie Zehntausende von Bauern, die Biomasse produzieren.

Verlieren werden wenige Großkonzerne. Zum Beispiel die Atomindustrie. Und das ist gut so! Denn wie oben erwähnt, ist der Strom aus Atomkraftwerken keineswegs billig – bei einer ausreichenden Versicherung müsste er 1,80 Euro pro Kilowattstunde kosten. Atomstrom ist also ökologisch und wirtschaftlich gleichermaßen ein Desaster.

Die Kilowattstunde Strom aus Photovoltaikanlagen dagegen kostet zurzeit noch 40 Cent, aus Windanlagen in Deutschland, aus Wasserkraft und aus Biomasse etwa 8 Cent. Durch die technische Revolution der Solarenergie und durch neue Energiespartechnologien werden die leeren Kassen vieler Firmen und – über Steuern – auch die des Staates wieder gefüllt.

Bis heute argumentieren viele Ökonomen und Unternehmer, dass der Umweltschutz zu teuer sei und Arbeitsplätze zerstöre. Die beiden CDU-Umweltpolitiker Klaus Töpfer und Lutz Wicke und der CSU-Bundestagsabgeordnete Josef Göppel weisen immer wieder darauf hin, wie falsch und kurzsichtig diese Argumente sind: Im Umweltschutz sind schon heute 1,8 Millionen Menschen beschäftigt, und keine andere Branche ist so wachstums- und exportfähig wie der Umweltschutz, insbesondere die alternativen Energietechnologien. Allein in der Windbranche sind seit 1990 mehr als 90 000 Arbeitsplätze entstanden. Zu den Gewinnern der Energiewende gehören frühere Arbeitslose. In den Branchen der Erneuerbaren Energien arbeiten 2009 in Deutschland schon über 280 000 Menschen.

Energiesparen ist die schnellste, billigste und effektivste »Energiequelle«. Hätten Fernseher und Videogeräte keine Stand-by-Schaltung und würden wir zum Heizen und Wasserwärmen keinen Strom, sondern Primärenergie benutzen, könnten fünf Atomkraftwerke mittlerer Größe abgeschaltet werden – und zwar noch heute.

Zwei Drittel der im Haushalt verbrauchten Energie gehen in die Heizung. Doch unsere Häuser halten die kostbare Wärme nicht. 22 Millionen Gebäude in Deutschland sind wärmetechnisch renovierungsbedürftig. Ein wenig isolierter Altbau verbraucht achtmal mehr Heizenergie als ein energetisch modernisierter Bau. Es gibt in Deutschland bereits die ersten Nullenergiehäuser, also Häuser, die keinerlei herkömmliche Energie verbrauchen. Ihre nach moderner Isolierung noch gebrauchte Restenergie für die Heizung wird solar erzeugt – zum Beispiel über Erdwärme, die im sonnenreichen Sommer in der Erde gespeichert und im Winter über Wärmepumpen und Wärmetauscher dem Haus zugeführt wird.

BASF hat in Ludwigshafen einen Altbau aus dem Jahr 1932 energetisch saniert. Das Haus wurde besser eingepackt, und die drei großen energetischen Schwachstellen in unseren Häusern – Fenster, Türen und Dach – wurden weitgehend erneuert. Das Ergebnis: Statt der bisher 28 Liter Heizöl werden nun drei Liter pro Jahr und Quadratmeter verbraucht. Eine solche Renovierung ist gut für die Umwelt – und für den Geldbeutel.

Niedrigenergieneubauten und Nullenergiehäuser kosten lediglich einige Prozent mehr als herkömmliche Bauten. Doch schon nach wenigen Jahren hat sich der Aufwand finanziell amortisiert – ganz abgesehen von den Gesundheits- und Umweltvorteilen. Erfahrungen zeigen, dass Menschen in Niedrigenergiehäusern etwa 50 Prozent weniger krank sind. Alle, die wirklich Energie sparen und in ersten kleinen Schritten auf Solarenergie umsteigen wollen, können das schon heute im persönlichen Bereich tun. Energiesparen ist die Basis für künftigen Wohlstand.

Erneuerbar und effizient

1980 hat das Freiburger Öko-Institut sein erstes Energiewendeszenario vorgestellt. Es war damals ein revolutionäres Ergebnis, dass Wirtschaftswachstum bei weniger Energieverbrauch möglich sein sollte. Trotz Wohlstandsmehrung werde in der Bundesrepublik bis zum Jahr 2030 nur noch halb so viel Energie gebraucht. Und diese Energie solle zur Hälfte aus erneuerbaren Energiequellen – also über Sonne, Wind, Wasser und Biomasse – gewonnen werden. Die Reaktion der Politik und Wirtschaft war damals einhellig: Ökospinnerei!

Schon im Jahr 1992 wurde in Freiburg das erste energieautarke Wohnhaus eingerichtet, das ausschließlich von der Sonne versorgt wird. Trotz Kühlschrank, Fernseher, Computer, Gefriertruhe, Spül- und Waschmaschine: Der Vierpersonenhaushalt im Nullenergiehaus verbraucht nur ein Fünftel der Energie eines Durchschnittshaushalts.

Der amerikanische Energiesparpapst Amory Lovins ist davon überzeugt, dass kluge Unternehmer mit nichts so viel Geld verdienen und kluge Menschen in ihrem Haushalt mit nichts so viel Geld sparen können wie mit weniger Energieverbrauch. »Energieeffizienz« ist sein Zauberwort. Bei einem Vortrag in Wuppertal demonstrierte Lovins seine These am Beispiel der Energiesparlampe: Sie verbraucht bei gleicher Helligkeit nur 20 Watt statt 100, bringt also den gleichen Nutzen wie eine übliche Lampe, verbraucht aber nur ein Fünftel der Energie. Allein diese eine Lampe, so Lovins, erspart der Umwelt während ihrer Lebensdauer eine Tonne des Treibhausgases CO_2 und acht Kilo Schwefeldioxid. Eine Energiesparlampe ist beim Kauf teurer als die alte Glühbirne, aber durch geringere Stromkosten und eine wesentlich längere Lebensdauer letztlich viel billiger. An solchen Beispielen leitet Lovins seinen Energiespar-Hauptsatz ab: »Es ist billiger, Energie zu sparen, als Energie herzustellen.« Bundeskanzlerin Merkel geht davon aus, dass Deutschland seine Energieeffizienz bis 2020 – gemessen an 1990 – verdoppeln kann.

15 Jahre lang hatten die deutschen Energieproduzenten diese schlichte Erkenntnis bestritten. Doch im Sommer 1992 gab RWE plötzlich bekannt, dass jeder Kunde, der ein Energiespargerät für seinen Haushalt anschaffe, vom Energiekonzern 100 DM dazubekomme. Es hatte sich inzwischen sogar im Energiemanagement herumgesprochen: Billiger, als neue Kraftwerke bei hohen Auflagen zu bauen, ist es, effizienter und intelligenter zu arbeiten. Viele, viele »Negawatt« (= eingesparte Megawatt) werden künftig die großen Megawatt-Kraftwerke ersetzen.

Ein Großteil der deutschen Kraftwerke muss in den nächsten 20 Jahren ersetzt werden, denn viele Kohlekraftwerke sind veraltet. 19 Atommeiler werden bis zum Jahr 2023 ganz abgeschaltet. So zumindest hat es die rot-grüne Bundesregierung im Jahr 2000 beschlossen. Dadurch ergibt sich politisch eine große Chance zum Umstieg in effizientere Kraftwerke und in ein eher dezentrales Energiesystem, das weit mehr als heute auf Erneuerbaren Energien basiert.

In einer Studie im Auftrag des Bundeswirtschaftsministeriums haben 60 Wissenschaftler errechnet, dass allein durch effizientere Kraftwerkstechnik rund ein Drittel der CO_2-Emissionen, die wir Deutsche in die Atmosphäre blasen, eingespart werden könnten. Außerdem lässt sich die Hälfte aller CO_2-Treibhausgase dadurch vermeiden, dass Kohlekraftwerke durch moderne Gaskraftwerke mit kombinierten Gas- und Dampfturbinen (GuD-Prozess) ersetzt werden. Gaskraftwerke haben nämlich einen höheren Wirkungsgrad als Kohlekraftwerke, und Erdgas produziert pro Kilowattstunde nur halb so viele Treibhausgase wie Kohle, da im Erdgas weniger Kohlenstoff steckt als in Kohle.

In den USA und in Japan sind effizientere Kraftwerkstechniken, welche die CO_2-Abgase künftig stark reduzieren könnten, weiter entwickelt als in Deutschland. Die rot-grüne Bundesregierung hat über das Erneuerbare-Energien-Gesetz (EEG) den Einstieg in die Erneuerbaren geschafft. 2003 werden bereits neun Prozent des Stroms in Deutschland und drei Prozent der Primärenergie aus erneuerbaren Energiequellen gewonnen.

China ist bei der Produktion von Sonnenkollektoren und Österreich sowie Dänemark und Schweden sind bei der Biomasse heute weiter als Deutschland. Aber dank des Einspeisegesetzes für Windstrom aus dem Jahr 1991 und dank des Erneuerbaren-Energiegesetzes vom Jahr 2000 war Deutschland bis 2008 Windenergie-Weltmeister. Heute sind die USA bei der Windenergie vorne. Das Erneuerbare-Energien-Gesetz bietet eine gute Voraussetzung dafür, dass Deutschland in den nächsten Jahren bei fast allen erneuerbaren Energiequellen die Führung übernehmen könnte. Dieses Gesetz haben inzwischen 47 Länder der Welt in der Intention übernommen.

So zukunftsweisend die Weichen in Richtung solare Energiewende gestellt wurden, so wenig hat sich die rot-grüne Bundesregierung an eine Verkehrswende gewagt, die den Namen ökologisch verdienen würde. Dabei könnte ein gut ausgebautes, intelligent vernetztes und mit einem attraktiven Service versehenes öffentliches Verkehrssystem im 21. Jahrhundert dafür sorgen, dass sehr viele Autokilometer eingespart werden.

In den USA haben die großen Stromkonzerne in den Neunzigerjahren wesentlich mehr Dollar in Energiesparprogramme investiert als in neue Kraftwerke, die Stromkunden sparten noch mal so viel. Diese Summe hat sich alle zwei Jahre verdoppelt. US-Stromkonzerne haben viel Geld verdient, indem sie die Stromrechnungen ihrer Kunden verkleinert haben. Das Ölfeld, das dadurch eingespart wurde, war größer als das größte in Saudi-Arabien. Trotzdem sind die US-Amerikaner noch immer die größten Energieverschwender der Welt.

Die Fortschritte unter der Regierung Clinton/Gore hat die Regierung von George W. Bush rasch verspielt. Bush junior hat seine Wahlkämpfe auch mit Spendengeldern der US-Energiewirtschaft finanziert. Die Energiewirtschaft hat also dafür gesorgt, dass Ende 1999 Georg W. Bush zum Präsidenten gewählt wurde, obwohl er weniger Stimmen als Al Gore bekommen hatte. Und danach zeigte sich: Wahltag ist Zahltag. Statt Klimaschutz plante Bush mehrere Hundert alte Kraftwerke. Die wichtigsten Mitarbeiter von George W. Bush kamen aus der alten Energiewirtschaft, auch er selbst. Seinen ersten Kredit für seine frühere Ölfirma hat der frühere US-Präsident übrigens von der Familie Bin Laden in Saudi-Arabien bekommen. Man kennt sich. Vater George Bush, der 1991 im Irak ebenfalls einen Krieg um Öl geführt hatte, war noch 1996 mit Ehefrau Barbara drei Wochen Privatgast bei der Großfamilie Bin Laden in Saudi-Arabiens Hauptstadt Riad. Erst Präsident Barack Obama hat als neuer US-Präsident die solare Energiewende versprochen. Die USA, so Obama, sollen grün werden. Die ganze Welt hofft jetzt auf eine neue Klimapolitik der USA.

Die Effizienzrevolution

Überall, wo Energie verbraucht wird, kann man Geld verdienen. 44 Millionen deutsche Autofahrer werden in den nächsten Jahren mit dieser Einsicht konfrontiert werden. Erst beim praktischen Energiesparen geht uns ein Licht auf über unser bisheriges Verhalten! Das wird umso schneller geschehen, je geringer in den nächsten Jahren die Einkommen der Arbeitnehmer und je höher die Benzinkosten sein werden.

Drei Arbeiten des Wuppertal-Instituts zur sogenannten Effizienzrevolution (siehe hierzu die Grafiken 4, 5 und 6) zeigen eindrucksvoll mögliche Sparpotenziale auf:

- beim Autobau,
- bei der Produktion eines Bechers Joghurt und
- bei der Produktion eines heutigen Hauses im Vergleich zu einem künftigen Solarhaus.

Die neuen Produktionsweisen sind durch die Effizienzrevolution um jeweils 90 Prozent günstiger. Dabei leisten das neue Auto, das Solarhaus und der »neue« Joghurt die gleichen Dienste wie die früheren Produkte. Der Unterschied: Wir produzieren intelligenter und effizienter und damit entschieden umweltfreundlicher als bisher. Und wir sparen Geld.

Der erste Elektro-Porsche der Welt wurde nicht von Porsche gebaut, sondern von einem Porsche-Händler in Bayern. Das Auto beschleunigt in fünf Sekunden von 0 auf 100 km/h

Franz Alt in einem Elektroauto, das mit Solarstrom fährt

Wir könnten künftig mit einem Zehntel des bisherigen Aufwandes Autos fahren, Häuser bauen und Joghurt essen. Utopie? Was in Deutschland noch so aussehen mag, ist zum Beispiel in Kalifornien politisch bereits beschlossen. Ab 2010 müssen dort zehn Prozent aller Autos schadstofffreie Motoren haben: weniger Energie, mehr ökologischer Wohlstand.

Ich bestreite entschieden, dass die drei hier aufgezeigten alten Produktionsarten etwas mit Wohlstand zu tun haben. Sie zerstören vielmehr die Basis unseres heutigen Wohlstands, ja sogar die Basis menschlicher Existenz. Ebenso wenig haben die neuen und intelligenten Produktionstechniken etwas mit Verzicht zu tun. Es geht vielmehr um eine Wirtschaft, die Energie und Material spart, um künftigen Generationen Wohlstand zu sichern und Menschen in der Dritten Welt Wohlstand zu ermöglichen.

Professor Friedrich Schmidt-Bleek, früher beim Wuppertal-Institut für Klima, Umwelt und Energie, meint: Die Industrieländer müssen und können Materialverbrauch und Energie um circa 90 Prozent reduzieren. Dann haben wir ein Modell, das umweltverträglich ist und auch von den Menschen der Dritten Welt übernommen werden kann. Die oben gezeigten Beispiele beweisen, dass diese zunächst sehr radikal anmutende Forderung realistisch ist.

Seit Beginn der industriellen Revolution haben wir die Produktivität einer menschlichen Arbeitsstunde ungefähr vervierzigfacht. Wenn wir so fortfahren, gibt es immer mehr Arbeitslose und immer mehr Umweltverschmutzung. Wir sollten nicht versuchen, die menschliche Arbeitskraft noch effizienter einzusetzen und damit Arbeitskräfte freizusetzen, sondern die knappen Ressourcen effizienter zu nutzen. Das schont die Umwelt und die Arbeitsplätze.

Ernst Ulrich von Weizsäcker: »Die Effizienzrevolution ist technisch kein Problem. Aber sie kommt nicht zustande. Warum? Weil es rentabler ist, Menschen arbeitslos zu machen. Wir müssen dafür sorgen, dass es rentabler ist, Kilowattstunden arbeitslos zu machen.« Heute werden immer mehr Menschen arbeitslos, weil menschliche Arbeitskraft immer teurer wird. Wenn stattdessen die Energiepreise jährlich teurer werden, dann werden künftig tatsächlich eher die Kilowattstunden »arbeitslos« als die Menschen. Und darüber freut sich die Umwelt.

Die drei Beispiele zeigen, wie realistisch es ist, die ökonomische Zukunft des »Industriestandorts Deutschland« mit Energiesparen zu planen. Angela Merkel könnte als »Klimakanzlerin« in die Geschichtsbücher eingehen, wenn sie das Thema ernsthaft weiter als Thema Nummer eins versteht. Adenauer wird immer mit seiner realistischen Westpolitik, Erhard mit seiner Wirtschaftspolitik, Brandt mit Ostpolitik und Kohl mit der Wiedervereinigung in Verbindung gebracht werden. Die CDU-Kanzlerin könnte heute dafür sorgen, dass sie mit einer neuen Energiepolitik und einem sich daraus ergebenden ökologischen Wirtschaftswunder identifiziert wird. Nichts wäre dringlicher, nichts würde mehr Arbeitsplätze bringen, und nichts bräuchten Deutschland und die ganze Welt heute mehr als die Realisierung ökologischer Visionen als Basis einer lebensfreundlichen Zukunft.

Verbrennen, verschwenden, vergeuden

Fest steht: Die Industrienation, die als erste die anstehende solare Revolution durchführt, wird im 21. Jahrhundert die Nase vorn haben und weltweit Geschäfte mit einer umweltfreundlichen Energie- und Produktionsweise machen, die zugleich die wirtschaftliche Entwicklung der Dritten Welt umweltverträglich fördert. Nichts gefährdet die deutsche Exportwirtschaft schon mittelfristig so sehr wie die heutige Energieverschwendung.

Das Basler Prognos-Institut hat schon Ende 1992 im Auftrag des Bundeswirtschaftsministeriums für Deutschland einen »überaus verschwenderischen Energieverbrauch in allen Bereichen der Volkswirtschaft, in den Haushalten, in den Industrie- und Dienstleistungsbranchen und im Verkehr« diagnostiziert.

Um die Sorglosigkeit und den Leichtsinn zu verstehen, mit der wir heute mit Energie umgehen, muss man sich nur einmal vorstellen, was es bedeutet, dass 80 bis 90 Prozent des Benzins in unseren heutigen Autos nicht genutzt werden, um von A nach B zu kommen, sondern um als Abgase die Luft und die Umwelt zu erwärmen und zu vergiften. Nach 100 Jahren Autogeschichte arbeiten die Verbrennungsmotoren noch immer wie am Anfang mit einer heute vorsintflutlichen Technik.

Diese beinahe unglaubliche Energieverschwendung gilt jedoch nicht nur für das Auto. Ich konnte es nicht glauben, als ich es zum ersten Mal hörte: 85 Prozent der in der gesamten Weltwirtschaft heute eingesetzten Energie dient nicht ihrem eigentlichen Zweck, sondern zerrinnt uns buchstäblich zwischen den Fingern und vergiftet ungenutzt Wasser, Luft, Boden, Tiere, Menschen und Pflanzen. Energiesparen ist ein erster Schritt und die wichtigste »Energiequelle«. Und dieses Sparen ist kein Verzicht.

Noch ein Alltagsbeispiel: 90 Prozent der Energie, die unsere Glühlampen aufnehmen, wandeln sie in Wärme um. Nur zehn Prozent dienen ihrer eigentlichen Funktion, der Beleuchtung. Glühlampen sind eigentlich kleine Heizöfen, die nebenbei auch ein bisschen Licht abgeben. Nachdem Australien als erstes Industrieland die Glühbirnen verboten hat, folgt jetzt auch die EU. Man muss sich die Produktion und den Einsatz der Edelenergie Strom einmal klarmachen: In Atom- und Kohlekraftwerken wird nur ein Drittel der eingesetzten Primärenergie genutzt, um die Sekundärenergie Strom zu produzieren. Von diesem Drittel wird dann in Glühlampen wiederum nur ein Zehntel genutzt. Also: Nur drei Prozent Energie werden genutzt, 97 Prozent Energie werden glatt verschwendet. Warum? Weil bei den heute niedrigen Energiepreisen Energieverschwendung immer noch billiger ist als Energiesparen und effektives Energienutzen.

Es ist ohne grundsätzliche Abstriche am Niveau unseres Lebensstandards möglich, bis zur Mitte dieses Jahrhunderts den Energieverbrauch um 80 Prozent, das Verkehrsaufkommen um 50 Prozent, den Trinkwasserverbrauch um 65 Prozent, das Abwasseraufkommen um 80 Prozent und die Schadstoffbelastung um mehr als 99 Prozent zu senken. Intelligentes Verhalten, Effizienzrevolution und Rücksicht auf die Natur führen nicht zu weniger Komfort, sondern zu lustvollen neuen Lebensformen und zu mehr Gesundheit.

Warum soll ein Joghurt weniger gut schmecken, wenn zu seiner Produktion nur 900 Kilometer LKW-Fahrten statt 9000 Kilometer notwendig sind? Bei manchem Fruchtjoghurt kommen das Obst aus Polen, die Joghurtkulturen aus Schleswig-Holstein, die Aludeckel aus dem Rheinland, während das Produkt selbst in Baden-Württemberg hergestellt wird. 90 Prozent aller LKW-Fahrten innerhalb der EU sind heute überflüssig, sinnlos und umweltzerstörend. Sie zerstören unseren Wohlstand, anstatt ihn zu heben.

Die Alternative ist freilich nicht der Verzicht auf Joghurt, sondern eine vernünftigere und umweltfreundliche Produktion von Joghurt. Nicht falscher Verzicht, sondern das richtige Wachstum entscheidet über die Rettung der Menschheit.

Allein der Umgang mit Plastiktüten und Papier zeigt, wie sehr wir unsere Wegwerfmentalität bereits verinnerlicht haben. Jedes Jahr werden zurzeit 600 Milliarden Plastiktüten produziert, benutzt und weggeworfen – dafür werden Millionen Tonnen kostbares Erdöl verbraucht. Heute früh habe ich am Hauptbahnhof Würzburg ein belegtes Brötchen gekauft. Die Verkäuferin packte das kleine Brötchen zuerst in eine Papiertüte, legte noch zwei Papier-Servietten bei und packte alles noch mal in eine Plastiktüte. Sie war ziemlich verwirrt, als ich ihr eine Serviette, die Papiertüte und die Plastiktüte zurückgab.

Genauso gedankenlos fragen viele Buchhändlerinnen beinahe jeden Abend nach meinen Vorträgen am Büchertisch: »Das Buch in eine Tüte?« Dabei sind die Bücher oft schon in eine Plastikfolie eingeschweißt. Plastik überall! Nur in wenigen Ländern wie China, Kalifornien und Australien werden Plastiktüten verboten.

Zum Thema Papierverschwendung nur eine Zahl: Ein deutscher Mensch verbraucht bis zum Ende seine zweiten Lebensjahrs etwa so viel Papier – hauptsächlich für Windeln – wie ein Inder bis zum Ende seines Lebens. Was hat diese Wegwerfmentalität mit Wohlstand zu tun? Oft sind es einfach Achtlosigkeiten, die auf Kosten des Wohlstands künftiger Generationen gehen.

Erhalten statt abwracken

Wie schwer sich die Politik aber mit neuem, grünem Wirtschaften tut, zeigt im Jahr 2009 die Abwrackprämie für Autos, die älter als neun Jahre sind. Schon in den ersten drei Monaten wurden 2009 in Deutschland 1,5 Millionen alte, aber zum Teil noch wertvolle Autos verschrottet. Die Politik der großen Koalition fördert wieder einmal das große Wegwerfen – mit Steuergeldern.

Das ist der Versuch, die Probleme des 21. Jahrhunderts mit den Rezepten des 20. Jahrhunderts zu lösen. Wie lange wollen die reichen Autoländer es sich noch leisten, knappe Rohstoffe zu vergeuden, während für die armen Länder immer weniger bleibt? Die alte wachstumsorientierte Ökonomie ist immer noch in ihren alten Ketten gefangen: Je mehr Produktion, desto besser. Hauptsache Wachstum!

Die mutige Hamburger Bischöfin Maria Jepsen zur Abwrackprämie: »Die Aufforderung, jetzt mehr zu kaufen und so die Krise zu überwinden, ist erschütternd. Wir haben offenbar nichts dazugelernt.«

30 Jahre lang predigten die Umweltpolitiker und die Umweltverbände, dass wir mehr Qualität anstatt immer mehr Quantität brauchen. Aber dann beschließt die deutsche Bundesregierung eine Abwrackprämie und belohnt das Wegwerfen von zum großen Teil gut erhaltenen Autos.

In einer Zeit, in der die Umweltkrise mit der Wirtschaftskrise zusammenfällt, ist dies exakt das falsche Signal. Diese auch noch sogenannte »Umweltprämie« für das Abwracken von Autos ist in Wahrheit eine Umweltzerstörungsprämie. Nötig wäre eine Umwelterhaltungsprämie, zum Beispiel für den Kauf von Elektroautos. Wenn der Staat schon glaubt, das Autofahren finanziell unterstützen zu müssen, dann doch bitte das umweltfreundlichere. In Japan zahlt die Regierung 40 Prozent des Kaufpreises eines Elektroautos. In Frankreich gibt es 5000 Euro dafür. So wird Zukunft gefördert.

In Luxemburg zahlen Hauseigentümer nur 3 Prozent statt 15 Prozent Mehrwertsteuer, wenn sie ihr Haus reparieren oder erneuern lassen. Eine Erhaltungsprämie ist intelligenter als eine Abwrackprämie. Damit wird das Handwerk gefördert, und Schwarzarbeit verliert an Bedeutung. Die moderne Devise heißt: Erhalten statt Abwracken. Reparieren statt Verschwenden.

Auf der Hannover-Industriemesse 2009 waren Energieeffizienz, Energiesparen und Erneuerbare Energien die Hauptthemen. Dort wurde eine wissenschaftliche Studie vorgestellt, wonach in Deutschland bis zum Jahr 2020 über 850 000 neue Arbeitsplätze entstehen könnten, wenn beim Autobau und in der Baubranche die Energieeffizienzpotenziale genutzt würden. Es wäre endlich eine Wende hin zu einer langfristig orientierten Ökonomie und eine Abkehr von der Wegwerfgesellschaft.

Die Kommunalpolitik ist entscheidend beim Klimawandel

»Global denken – lokal handeln« ist zwar seit 30 Jahren eine ökologische Binsenweisheit, doch sie wird – wie fast alle Binsenweisheiten – zu wenig beachtet. Für den Klimaschutz heißt diese schlichte Erkenntnis: Die Kommunalpolitiker müssen vor Ort umsetzen, was in Brüssel und Berlin beschlossen wurde. Jeder Bürgermeister und jeder kommunale Abgeordnete kann dafür sorgen, dass in seiner Kommune bis 2020 die CO_2-Emissionen um 30 Prozent und bis 2050 um etwa 80 Prozent gesenkt werden. Aber viele Kommunalpolitiker handeln eher nach dem Grundsatz »Global denken – lokal verdrängen«.

Nicht so der dynamische grüne Oberbürgermeister von Tübingen, Boris Palmer. Im zarten Alter von 34 Jahren gewann er 2006 mit dem Hauptthema Klimaschutz den Wahlkampf gegen die SPD-Amtsinhaberin. Palmer erkannte: Beim Klimaschutz ist entscheidend, dass *alle* mitmachen. Eine einzelne Solarstromanlage auf einem Dach produziert zwar Ökostrom, aber der Stromverbrauch einer Stadt wird erst ökologisch, wenn Solarstromanlagen auf vielen oder auf den meisten Dächern sind oder die Mehrzahl der

Stromkunden einer Kommune den Stromanbieter wechseln. In seinem lesenswerten Buch »Eine Stadt macht blau – Politik im Klimawandel – Das Tübinger Modell« beschreibt Palmer wie in einer kommunalen Gebrauchsanweisung für Klimaschutz, dass und wie Tübingen schon bis 2020 seine CO_2-Emissionen sogar um 70 Prozent senken kann:

»Seit meiner Wahl … versuche ich, alle vor Ort zur Verfügung stehenden Möglichkeiten für Klimaschutz zu nutzen. Die städtische Wohnungsbaugesellschaft verdreifacht die Anstrengungen zur Sanierung ihrer Gebäude. Die Stadtwerke investieren in neue Wasserkraftanlagen und Blockheizkraftwerke. Die Stadtverwaltung gestaltet klimafreundliche Stadtteile und modernisiert öffentliche Gebäude. Die städtischen Bediensteten belegen Kurse für energiesparendes Fahren und schalten ihre Elektrogeräte richtig ab, wenn sie das Büro verlassen. Und der Oberbürgermeister ist vom Mercedes auf Smart und Fahrrad umgestiegen. Wir haben uns vorgenommen, 70 Prozent der CO_2-Emissionen Tübingens bis zum Jahr 2020 aus eigener Kraft einzusparen. Die Kampagne, die alle Bürgerinnen und Bürger dazu animieren soll, trägt den Titel ›Tübingen macht blau‹. Blaumachen heißt für uns jetzt also, etwas für den blauen Himmel über Tübingen zu tun. Und wir kommen damit gut voran. Die Zahl der Haushalte, die sich für einen Ökostromtarif entscheiden, hat sich vervierfacht. Tübingen ist einer der Spitzenreiter bei umweltfreundlicher Mobilität in Deutschland. Wir tauschen energiefressende Heizungspumpen und Kühlschränke aus, schaffen die Glühbirne schon vor dem offiziellen Verbot ab und kaufen regionale Bioprodukte. Wir wollen zeigen, wie man das Klima schützt und zugleich ein gutes Leben führt. Wer Ideen und Beispiele sucht, wird in Tübingen … fündig.«

Wer Palmers Buch gelesen hat, weiß: Tübingen kann überall werden.

Theorien und Weltkonferenzen zum Klimaschutz gab und gibt es seit Jahrzehnten genug. Auch hier trifft Angela Merkels Überzeugung zu: »Wir haben in Deutschland überhaupt keine Erkenntnisprobleme, wir haben aber viele Umsetzungsprobleme.«

Tübingen kann überall werden

Die Wahrheit ist bekanntlich immer konkret. Klimaschutz gelingt am besten dort, wo sich die Menschen kennen und auskennen, oder er gelingt überhaupt nicht. Und wo kennen sich Menschen besser aus als in ihren Häusern, Wohnungen und Kommunen?

Beispiele, die auch Boris Palmer aufzählt:

- Wenn alle Menschen einer Stadt oder eines Dorfes ihre Häuser energetisch sanieren, werden mindestens 60 Prozent der Treibhausgase und jedes Jahr 1000 Euro Heizkosten pro Einfamilienhaus eingespart. Aber zurzeit werden jedes Jahr nur 0,6 Prozent der Altbauten in Deutschland energetisch renoviert. Und 90 Prozent unserer Häuser sind Altbauten. Wenn das Tempo so gemächlich weitergeht, brauchen wir also 160 Jahre, bis alle Gebäude entschieden weniger Energie verbrauchen. Doch so viel Zeit gibt uns der Klimawandel nicht.
- Wenn alle Menschen ihre Glühbirnen durch Energiesparlampen ersetzen, sparen sie 80 Prozent der Beleuchtungsenergie.
- Wenn alle Menschen einer Stadt die Zahl ihrer Autofahrten halbieren und auf öffentliche Verkehrsmittel oder aufs Fahrrad umsteigen, dann sinkt der CO_2-Ausstoß im Verkehr um ein Drittel. Weitere 15 Prozent kann einsparen, wer einen Kurs für energiesparendes Fahren belegt. Das erspart pro Jahr und Auto 200 Euro an der Tankstelle.
- Wenn alle Menschen einer Stadt oder eines Dorfes auf Ökostrom umsteigen, dann reduzieren sie den CO_2-Ausstoß durch Elektrizität auf Null. Und dieser Umstieg erfordert einen bürokratischen Aufwand von etwa drei Minuten. Die Stadt Tübingen emittiert für ihren Strom kein CO_2 mehr, denn ihre Stadtwerke verkaufen an die 80 000 Tübinger nur noch Wasserkraftstrom. Stadtwerke haben zurzeit gegen die großen Stromversorger nur Chancen, wenn sie selbst Großkraftwerke betreiben. Nur so können sie der Marktmacht der vier Energiebesatzungsmächte (E.ON, RWE, EnBW und Vattenfall) trotzen und vor Ort in Klimaschutz investieren.

- Wenn alle Vielflieger einer Stadt lernen, dass es unsinnig ist, von Stuttgart nach Frankfurt oder von Frankfurt nach Köln oder Berlin zu fliegen, sondern intelligenter, zeitsparender und umweltfreundlicher, innerdeutsch die Bahn zu nutzen, dann bekommen wir echte Fortschritte beim Klimaschutz. Die Strecke Stuttgart – Berlin mit dem Flieger produziert pro Kopf 300 kg CO_2, der PKW 220 kg, aber die Bahn verursacht »nur« 62 kg, und ich kann meine Zeit – zum Beispiel – für das Schreiben dieses Buches sinnvoll nutzen. Zudem bietet mir die Bahn etwa 100-mal mehr Sicherheit als das Auto.

Energiesparen kann ganz einfach sein. Weil Millionen Elektrogeräte auch nachts nicht abgeschaltet werden, müssen in Deutschland drei Kernkraftwerke rund um die Uhr Strom produzieren. Die Stadtverwaltung Tübingen hat an ihren 600 Büroarbeitsplätzen einen simplen Abschaltknopf installiert. Dieser Schalter trennt alle angeschlossenen Geräte vollständig vom Netz. Die Mitarbeiter müssen bei Arbeitsbeginn und bei Arbeitsende einmal den Knopf drücken. Allein durch diese Maßnahme spart die Stadt jetzt 40 000 Kilowattstunden Strom pro Jahr. Das ist so viel, wie 30 Singlehaushalte verbrauchen.

Klimaschutz per Knopfdruck! Die Anschaffung der Abschaltstecker hat sich nach einem halben Jahr bereits gerechnet.

In den vielen Grußworten, die ein Oberbürgermeister beinahe täglich zu sprechen hat, kommt in Tübingen das Thema Energiesparen immer wieder vor. Das Umweltbundesamt hat errechnet, dass sich in Deutschland durch das Ausschalten von Stand-by-Geräten 10 Prozent Stromkosten sparen ließen. Das sind immerhin 70 Euro im Jahr. Die Stadt wirbt jetzt dafür, dass *alle* Bürgerinnen und Bürger dem guten Vorbild folgen.

Das Beispiel Tübingen zeigt, dass *alle* Bürgerinnen und Bürger in die notwendigen Klimaschutzmaßnahmen einbezogen werden können und müssen, wenn Klimaschutz mehr als ein Lippenbekenntnis werden soll. Nur durch konkrete Maßnahmen wird eine Stadt auch wirklich Klimaschutzkommune. Eine der ersten »Amtshandlungen« des grünen OB in Tübingen war der Umstieg vom Dienstauto Daimler auf das Hybridauto »Prius« von Toyota, das 4,5 Liter Sprit auf 100 Kilometer verbraucht. Und das im Daimler-Land Schwaben! Der Aufschrei war gewaltig. Inzwischen fährt Boris Palmer einen Smart von Daimler, mit dem er allerdings sehr unzufrieden ist.

Privat nutzt er ein Carsharing-Auto und schreibt über seine Mobilität: »In Deutschland bin ich hauptsächlich mit der Bahn unterwegs. Rund 15 000 Kilometer kamen in meinem zweiten Amtsjahr als Oberbürgermeister zusammen. Als Landtagsabgeordneter brachte ich es auf 40 000 Bahnkilometer pro Jahr. An zweiter Stelle steht mein Fahrrad mit etwa 5000 Jahreskilometern. Bus, Taxi und Straßenbahn bringen mich einige Hundert Kilometer im Jahr voran. Auch Fußwege und Laufsport summieren sich im Jahr auf eine solche Distanz.«

Mit dem Auto hat der Oberbürgermeister 2008 nur 1500 Kilometer dienstlich und 500 Kilometer privat zurückgelegt. Der Mann lebt, was er sagt, und sagt auch, was er lebt. Er nutzt privat ein Teilauto, hat aber die ganze Mobilität, die ein moderner Mensch nun mal braucht. Die Stadt der Geistesgrößen Hegel, Schelling, Fichte und Hölderlin, aber auch der modernen Denker Walter Jens, Hans Küng und Theodor Eschenburg hat den Bürgermeister, den sie verdient. Die meisten Kommunen verdienten und bräuchten bessere und phantasievollere Politiker.

Boris Palmer hat in Tübingen gewonnen, weil er im Wahlkampf Mut bewiesen hatte. Er hatte auch die Daimler-Prospekte studiert und gelernt, dass die neuesten Nobelkarossen in furchterregenden 4,9 Sekunden von 0 auf 100 Stundenkilometer beschleunigen. Dazu meinte er gelassen: »Nun bin ich kein Bankräuber, sondern Oberbürgermeister in meiner Stadt und beliebt. Ich brauche gar kein Fluchtauto.«

Der junge Stadtchef wollte einfach ein Auto, das nicht mehr als 120 Gramm CO_2 pro Kilometer emittiert, weil es die EU demnächst für alle Bürger so vorschreibt. Also sollte dieses Limit auch für Politiker gelten. Doch mit beinahe religiöser Inbrunst haben die deutschen Autobauer und ihre politischen Helfershelfer das

Hybridauto über ein Jahrzehnt schlechtgeredet. Man müsse schon nach 100 000 Kilometern eine neue Batterie kaufen, hörte ich oft von der deutschen Konkurrenz. Da ich selbst einen Prius-Hybrid fahre, erkundigte ich mich bei meinem Autohändler in Baden-Baden. Auch Hybridautos, die 250 000 Kilometer gefahren sind, fahren noch mit der ersten Batterie. Keine einzige Batterie musste er in sechs Jahren ersetzen. Bei einem Streitgespräch bei Anne Will hat mich Deutschlands oberster Autolobbyist, Matthias Wissmann, noch 2008 nachdrücklich vor einem Hybridauto gewarnt. Und jetzt plötzlich, 2009, wollen auch alle deutschen Autobauer Hybridfahrzeuge auf den Markt bringen. Das wird freilich noch Jahre dauern, denn sie haben jahrzehntelang die Hybridzukunft verschlafen, obwohl diese Technologie eine Entwicklung an der Hochschule Aachen aus dem Jahr 1972 ist. Alle gängigen Einwände sind längst widerlegt.

Toyota aber hat inzwischen zwei Millionen mal den »Prius« (der Frühere!) verkauft. Wer zu spät kommt, den bestraft bekanntlich das Leben. In Hollywood gilt dieses Auto geradezu als sexy – wer keinen Hybrid fährt, hat dort keine Chance mehr auf den roten Teppich! Für mich selbst ist der »Prius« das interessanteste und bequemste Auto, das ich je fuhr.

Wie schwer sich das alte politische Denken mit wirklichem Klimaschutz tut, bewies Baden-Württembergs Ministerpräsident Günther Oettinger, als er auf Palmers Toyota-Auto so reagierte: »Wer jetzt japanisch fährt, verrät Baden-Württemberg.« Umweltschutz ist also Vaterlandsverrat! Und was sind dann die vielen Amerikaner, Chinesen und Inder, die deutsche Autos fahren? Die deutschen Autobauer sind nicht nur von der Finanzkrise hart getroffen, sie haben auch ein Strukturproblem. Sie müssen auch deshalb Tausende Mitarbeiter entlassen, weil sie jahrelang falsche Autos gebaut haben und die Zeichen der Zeit nicht erkennen wollten – ebenso wenig wie ihre US-amerikanischen Kollegen.

In allen Rathäusern muss Klimaschutz von einer Neben- zur Hauptsache werden. Grüne Oberbürgermeister gab es schon vor Boris Palmer, zum Beispiel in Konstanz, Freiburg und Mühlacker.

Aber vor Boris Palmer war es noch nie einem grünen Politiker gelungen, mit einem anspruchsvollen Klimaschutzprogramm gleich im ersten Wahlgang, also mit absoluter Mehrheit, gewählt zu werden. Nach meiner Erfahrung mit diesem Thema in den letzten Jahren könnte dieses Kunststück freilich sensibilisierten Politikern in allen Parteien gelingen. Warum? Weil Klimaschutz kein linkes oder rechtes, auch kein grünes oder gelbes, sondern *das* Thema der Zukunft ist, und weil dieses Thema für immer mehr Menschen wahlentscheidend werden wird, nicht nur in Tübingen. Vor allem für Wähler, die Kinder haben.

Energie und Klimaschutz ist nicht alles, aber ohne Klimaschutz ist bald alles nichts. Hinzu kommt: Die hundertprozentige solare Energiewende schafft in Deutschland mittelfristig eine Million neue Arbeitsplätze, so hat eine EU-Studie schon vor Jahren ergeben, und in der gesamten EU sogar fünf Millionen neue Jobs. Die Energiewende spart Geld (zurzeit muss Deutschland wegen seiner Energieabhängigkeit von außen jedes Jahr etwa 100 Milliarden Euro ins Ausland schieben, aber die heimische Sonne und der heimische Wind schicken keine Rechnung!), und Klimaschutz schont die Umwelt. Die Folgekosten der alten Energieversorgung steigen ins Unermessliche. Auch deshalb ist Klimaschutz *der* moralische Imperativ unserer Zeit gegenüber den nächsten Generationen. Auch hier gilt wieder die schlichte Erkenntnis, dass wir diese Erde nicht von unseren Eltern geerbt, aber von unseren Kindern geliehen haben.

Politiker, denen Klimaschutz wirklich eine Herzensangelegenheit ist, müssen die nächste Wahl nicht fürchten. Zurzeit sagen bei Umfragen etwa 80 Prozent der Deutschen, die Zukunft gehöre den Erneuerbaren Energien, noch 11 Prozent wollen Atomkraft und gerade mal 6 Prozent Kohle und Öl in der Zukunft.

Und was meint der grüne Jungstar aus Tübingen zu einer möglichen künftigen schwarz-grünen Koalition unter Angela Merkel? »Es käme auf den Versuch an.« Vielleicht mit ihm als Umweltminister!

Tübingen kann überall werden!

IV. DIE ENERGIEWENDE IST MÖGLICH

Eine andere Steuerpolitik

Der individuelle Autoverkehr schluckt Jahr um Jahr noch immer viel zu viel Benzin und Öl. Die heutigen Energiepreise sind viel zu niedrig. Müssten wir ihre umweltzerstörende Wirkung bezahlen, dann läge der Preis für einen Liter Benzin zwischen drei und vier Euro. Wie oben vorgerechnet, erreichen wir diesen Preis, indem wir über zehn Jahre jedes Jahr etwa 20 Cent pro Liter mehr bezahlen – vielleicht auch über 20 Jahre jeweils 10 Cent mehr.

Das klingt schrecklicher, als es ist. Denn wie gesagt: Wer in einigen Jahren ein Auto kauft, das statt heute 7,5 Liter nur noch 2 Liter auf 100 Kilometer verbraucht, zahlt dann für die gleiche Strecke weniger als heute. Der Benzinpreis hat sich zwar verdreifacht, aber der Fahrer braucht nur noch ein Drittel des Benzins. Und der Strom für die künftigen Elektroautos kostet höchstens ein Fünftel des heutigen Benzins.

Der frühere Leiter des Wuppertal-Instituts für Klima, Energie und Umwelt und spätere Bundestagsabgeordnete Ernst Ulrich von Weizsäcker macht einen ähnlichen Vorschlag. Danach sollen die Energiepreise 40 Jahre lang jährlich um fünf Prozent steigen. Erst dann würden sie die »ökologische Wahrheit« ausdrücken. Entsprechend sollten die Steuern für menschliche Arbeit gesenkt werden. Auch über dieses System müssten wir insgesamt nicht mehr Steuern bezahlen. Denn so wie die Energiesteuer steigt, sollten die Lohnnebenkosten sinken. Energie teurer – Arbeit preiswerter. Das wäre konsequent marktwirtschaftlich und brächte außerdem neue Arbeitsplätze, weil die Unternehmer mehr Geld zum Investieren hätten. Und die Autoproduzenten hätten Preissicherheit. Ein unschlagbarer Vorteil in einer Marktwirtschaft. Hohe Energiepreise fördern die Wirtschafts- und Technikentwicklung und behindern sie nicht, wie oft unterstellt wird.

Politisch wichtig ist es, jetzt die Gewinner der Energiewende zu aktivieren: die Arbeitslosen und die Landwirte, mittelständische Betriebe, die an Energie- und Materialeffizienz verdienen, das Handwerk und das mittelständisch orientierte Kreditgeschäft sowie alle, die sich für die Umwelt und für die Nachwelt engagieren – und Millionen Hausbesitzer, die ihre Häuser zu Millionen kleinen Kraftwerken umbauen können. Für eine sanfte ökologische Steuerreform sollten sich alle einsetzen, denen eine rasche und dauerhafte Überwindung der Wirtschaftskrise am Herzen liegt. Die bescheidene Ökosteuer von 1999 bis 2003 hat zu etwa 100 000 neuen Arbeitsplätzen geführt, aber auch dazu, dass erstmals in der deutschen Nachkriegsgeschichte der Benzinverbrauch nicht mehr anstieg, sondern um einige Prozent fiel. Warum nur setzt die heutige Bundesregierung diese Erfolgsgeschichte nicht fort? Wählerinnen und Wähler erwarten zu Recht Klarheit in der Politik anstelle von Sprunghaftigkeit.

Die heutigen niedrigen Energiepreise schaden der Marktwirtschaft. Denn sie enthalten nicht die Kosten für die Schäden, die sie an der Umwelt verursachen. Hier wird das sonst in der Marktwirtschaft so hoch gelobte Verursacherprinzip einfach außer Kraft gesetzt. Die Schäden, die Atomstrom und fossile Energien in der Umwelt anrichten, werden auf alle, vor allem aber auf die künftigen Generationen abgewälzt. Keine soziale, sondern eine extrem unsoziale Marktwirtschaftspolitik.

Der Rohstoff für Solarstrom kostet zwar nichts, aber Solarstromanlagen sind heute noch teuer. Aber auch hier kann die Politik gestaltend eingreifen. Im Sommer 1993 haben die Stadträte in Aachen, Freiburg und Freising beschlossen, jenen jede Kilowattstunde Solarstrom mit 2 DM zu vergüten, die ihn mit ihren eigenen Anlagen erzeugen und ins öffentliche Netz einspeisen. In 28 weiteren Städten wurden ähnliche Konzepte realisiert. Die ermutigenden Erfahrungen damit sowie mit dem Stromeinspeisegesetz bei der Windenergie haben dazu geführt, dass die rot-grüne Bundesregierung im Jahr 2000 das weltweit fortschrittlichste Gesetz zur Markteinführung von Erneuerbaren Energien beschlossen und Anfang 2004 novelliert hat. Damit wurden alle erneuerbaren Energiequellen auch finanziell interessant. Die Große Koalition hat diese Politik in der Intention fortgeführt.

Je mehr Solaranlagen produziert werden, desto mehr Arbeitsplätze braucht die Solarbranche und desto billiger werden die Anlagen. Was der Umwelt dient, schafft zugleich neue Arbeitsplätze. Solartechnologien können bei einer klugen und umweltfreundlichen Politik der Massenarbeitsmarkt der Zukunft werden. Wenn die Politik jetzt die Weichen richtig stellt, wird die Produktion von Sonnenzellen und Windkraftanlagen die Dimension heutiger Automobilfabriken annehmen, allerdings im Gegensatz zum Auto mit umweltfreundlichen Folgen.

Eine Studie der Universität Osnabrück im Jahr 2008 ergab, dass sich Städte wie Münster oder Osnabrück allein mit den heute vorhandenen Dach- und Fassadenflächen zu 70 Prozent mit Solarstrom versorgen könnten und fast alle deutschen Dörfer zu 100 Prozent.

Eine solche Chance zum Umstieg auf Zukunft hat es in der gesamten Industriegeschichte noch nie gegeben. Denn die gesamte Infrastruktur steht bereits. Unsere Dächer, aber auch Millionen Fassaden warten nur darauf, endlich solar genutzt zu werden. Zurzeit stehen in Deutschland über 20 Millionen Gebäude noch immer energetisch völlig umsonst in der Gegend herum. Statt heimische, kostenlose und umweltverträgliche Energie zu nutzen, holen wir Öl aus Arabien, Gas aus Sibirien und Uran aus Australien nach Deutschland und Europa. Für diesen energetischen, ökologischen und ökonomischen Unsinn bezahlt die deutsche Volkswirtschaft jedes Jahr 100 Milliarden Euro ins Ausland – und wundert sich dann über hiesige Massenarbeitslosigkeit.

Shell und BP: Wir werden Solarkonzerne

Im August 2000 sagten Vertreter von BP und Shell in einer meiner Fernsehsendungen übereinstimmend: »Wir werden Solarkonzerne. Eine andere Möglichkeit gibt es gar nicht. Der Stoff, mit dem wir heute Geld verdienen, nämlich Erdöl, geht in wenigen Jahrzehnten zu Ende.« Der BP-Chef Deutschland, Uwe Franke, äußerte sich in meiner »Querdenker«-Sendung: »BP heißt heute noch British Petroleum. Künftig stehen die beiden Buchstaben für Beyond Petroleum, Nachölzeitalter. Das ist ein Vorstandsbeschluss bei BP.« Leider waren die Versprechungen der großen Ölkonzerne und ihre geschickten Anzeigen in vielen Zeitungen größer als ihre späteren Taten.

Auf dem Dach des Terminals 2 am Münchener Flughafen sorgt seit Juni 2003 die Sonne für Energie. Hier produziert die bis dahin größte Solarstromanlage Europas jährlich 445 000 Kilowattstunden Strom. Damit können 155 Haushalte versorgt werden. Während der Lebensdauer der Anlage von mindestens 30 Jahren wird die Umwelt durch diese Photovoltaikanlage um 12 000 Tonnen Kohlendioxid entlastet. Außerdem schafft allein diese Solaranlage sieben Arbeitsplätze für ein Jahr in der gesamten Wertschöpfungskette von Planung, Finanzierung, Fertigung, Bau und Betriebsführung. Das Betreiberkonzept ist den Modellen der Windkraft ähnlich. Es wurde eine GmbH gegründet, an der sich Kommanditisten beteiligen. Wer kein eigenes Hausdach hat, kann sich praktisch überall an Gemeinschaftsanlagen beteiligen.

Nach solchen Meldungen höre ich oft die lakonische Bemerkung: »Na also, es läuft doch in die richtige Richtung. Gibt es überhaupt noch Probleme?« Schön wär's. Weltweit wird ständig mehr fossile Energie verbraucht. Der Energiebedarf der Menschheit wächst zurzeit noch immer schneller als die Einführung der Erneuerbaren Energien. Die derzeitige Relation: Der Energieverbrauch wächst pro Jahr um 1,8 Prozent, die Erneuerbaren Energien weltweit pro Jahr nur um 1,3 Prozent. Die Fahrt auf den Abgrund zu beschleunigt sich noch immer.

Das Solarzeitalter hat begonnen

Der Anteil von Ökostrom soll nach dem Willen der Bundesregierung von heute 15 Prozent auf 35 Prozent bis zum Jahr 2020 steigen. Nachdem in Deutschland zwischen den Jahren 2000 und 2006 der Ökostromanteil pro Jahr bereits um etwa ein Prozent zugenommen hat und in der Zwischenzeit sogar um bis zu drei Prozent pro Jahr, scheint dieses Ziel leicht erreichbar. Die Verbände der Erneuerbare-Energie-Branchen rechnen – wie schon gesagt – mit 47 Prozent Ökostrom bis 2020 (siehe Grafik 7).

Bei anhaltendem Wachstum des Solarstroms wird der Preis pro Kilowattstunde immer günstiger. Auch in Italien und Spanien kann die »Grid Parity«, also die Angleichung des Preises für Solarstrom und konventionell erzeugten Strom, zwischen 2012 und 2015 erreicht sein. Für unflexible Kohle- und Atomkraftwerke wird dann bald kein Platz mehr sein.

Erneuerbare Energie ist speicherbar

Statt fossiler und atomarer Kraftwerke sind flexible Lösungen gefragt. Schon 2009 stehen zehn Gigawatt Druckluftspeicher- und Pumpspeicherkraftwerke zur Verfügung, was einer Leistung von zwölf Kohlekraftwerken entspricht. Die Schluchseewerk AG baut in Atorf im Südschwarzwald ein neues Pumpspeicherkraftwerk mit einer Turbinenleistung von 1000 Megawatt. Wenn viel Strom produziert, aber wenig verbraucht wird, können Wasserspeicher aufgefüllt und im Bedarfsfall kurzfristig für zusätzliche Stromproduktion genutzt werden. Außerdem kann der Wasserstromaustausch mit Skandinavien und den Alpenländern ausgebaut werden. Die Niederlande haben sich per Seekabel nach Norwegen große Wasserspeicherpotenziale erschlossen. Schon heute sind viele Pumpspeicher in den Alpen mit deutschen Stromversorgern verbunden, was eine flexible Regelenergieversorgung ermöglicht. Oft blockieren schon jetzt die fossilen Energieträger die Speicherkapazitäten für grüne Energien. Künftig aber sollten sich die alten Energieträger nach dem umweltfreundlichen Sonnen- und Windangebot richten – und nicht umgekehrt. Richtig ist, dass wir beim Umstieg auf solare Energieversorgung noch Speicherprobleme haben, aber richtig ist auch, dass diese Probleme lösbar sind. Die Probleme der alten Energieträger – wie die Endlichkeit oder die Klimazerstörung oder die ungelöste Entsorgungsfrage beim Atommüll – sind hingegen unlösbar.

Die Zukunft mit Erneuerbaren Energien bedeutet Innovation statt Depression.

Wenn bei Kohle- und Atomstrom die Folgekosten und die hohen Steuersubventionen mitgerechnet werden, ist Strom aus Wind, Wasser und Biomasse heute schon preiswerter. Beim direkten Strom aus der Sonne rechnet die Bundesregierung, dass er bis zum Jahr 2016 konkurrenzfähig ist. Solartechnik ist heute noch relativ teuer. Aber alle Erneuerbaren Energien haben den entscheidenden Vorteil, dass sie keine oder nur wenig Umwelt- und Klimabelastung zur Folge haben. Bis zum Jahr 2010 können alle Erneuerbaren Energien (außer dem direkten Sonnenstrom) marktfähig und konkurrenzfähig sein.

In Dänemark und den USA ist Strom aus Windkraft bereits heute konkurrenzfähig. Langfristig haben die grünen, umweltfreundlichen, ungefährlichen und das Klima nicht belastenden Energien im Wettbewerb mit den fossil-atomaren Energien die besseren Chancen. Schon mittelfristig wird sich zeigen, wer gewinnt und wer verliert. Wer eine Solaranlage auf dem Dach hat, kann bereits im Mai seine Heizung abschalten, Brennstoff und Geld sparen, CO_2 vermeiden und ein gutes Gefühl beim Duschen mit Sonnenwärme haben.

Seit 2009 darf in Deutschland kein neues Haus mehr errichtet werden ohne einen gewissen Anteil von Erneuerbarer Energie. Baden-Württemberg ist das erste Bundesland, in dem bei jeder größeren Altbausanierung Erneuerbare Energien integriert werden müssen. Andere Bundesländer werden folgen. Schon in wenigen Jahren wird der Solarstrom, der auf dem eigenen Dach erzeugt wird, preiswerter sein als der Strom vom alten Energieversorger.

Die gesamte Infrastruktur für die solare Energiewende ist bereits geschaffen: Wir können aus 22 Millionen Gebäuden 22 Millionen Solarkraftwerke machen. Die Sonne scheint auf jedes Dach. Die Energie wird künftig dort erzeugt, wo sie gebraucht wird. Enorme Wegekosten entfallen.

Die Erneuerbaren Energien haben einen wesentlichen Systemvorteil in der Marktwirtschaft: Sie müssen nicht ewig mit Steuergeldern subventioniert werden wie Kohle und Atom. Die Mehrkosten, die heute noch teilweise für die Erneuerbaren nötig sind, zahlen alle Stromverbraucher nach dem marktwirtschaftlichen Verursacherprinzip.

Grafik 8 zeigt, wie rasch der Anteil der Erneuerbaren Energien in den letzten Jahren gestiegen ist, und welche Steigerung bis 2020 wahrscheinlich ist. Wenn es tatsächlich gelingt, dieses Tempo beizubehalten, kann Deutschland seine Klimaschutzziele erreichen. Und bis zum Jahr 2040 ist die hundertprozentige solare Energiewende möglich.

Die Wachstumszahlen der Erneuerbaren Energien

Im Jahr 1994 – bei der ersten Auflage dieses Buches – musste ich noch mit Zukunftsszenarien und Zukunftsreportagen arbeiten, um eine Ahnung von einer solaren Energiewende zu vermitteln. Nur 15 Jahre später lässt sich durch die bisherigen Wachstumszahlen der Erneuerbaren Energien beispielhaft belegen, dass die Energiewende möglich ist und das Solarzeitalter bereits begonnen hat.

Wie in Grafik 9 zu sehen ist, hat sich der Gesamtbestand an Pelletheizungen in Deutschland zwischen 2000 und 2009 fast verfünfzigfacht.

Und Grafik 10 zeigt, dass sich zwischen 1990 und 2008 der Anteil der Stromproduktion aus Windenergie verhundertfacht hat. 30 Jahre zuvor ist im selben Zeitraum der Anteil des Atomstroms nur halb so schnell gewachsen. 2009 drehen sich in Deutschland über 23 000 Windräder und erzeugen bereits acht Prozent des Stroms. Die Windkraftanlagen ersetzen schon sechs Atomkraftwerke. Ab 2009 werden – nach Dänemark, Holland, USA, Norwegen, Schweden und England – auch in Deutschland die ersten Offshore-Windparks gebaut, also Windparks auf hoher See. Dann wird der Anteil des Windstroms noch rascher steigen. Grafik 11 zeigt, wie viel Strom aus Windenergie in Deutschland bis 2020 gewonnen werden kann. Der Anteil des Windstroms ist schon in den Neunzigerjahren so stark gewachsen, weil noch die Regierung Kohl durch das Einspeisegesetz von 1991 günstige Rahmenbedingungen für das Betreiben von Windrädern geschaffen hat. Bis zum Jahr 2009 sind in Deutschland bereits über 90 000 Arbeitsplätze in der Windbranche entstanden.

Die Lage auf dem Solarstrommarkt im Deutschland der Neunzigerjahre sah anders aus: Die Solarstromtechnik war zwar weit entwickelt, aber es fehlten attraktive politische Rahmenbedingungen. Aber dank des Erneuerbare-Energien-Gesetzes aus dem Jahr 2000 haben wir jetzt eine steil ansteigende Kurve, wie in Grafik 12 zu sehen ist.

Japan dagegen setzte schon in den Neunzigern des letzten Jahrhunderts eindeutig auf Solarenergie: Japanische Firmen hatten vor zwanzig Jahren sämtliche deutschen Solarpatente aufgekauft. Die japanische Regierung hat die Entwicklung der Solartechnologie mit einem attraktiven 70 000-Solardächer-Programm unterstützt. Drei japanische Konzerne waren bis 2003 Weltmarktführer in der Photovoltaik-Technologie – mithilfe deutscher Erfindungen. Aber inzwischen sind die deutschen Photovoltaikhersteller Weltspitze.

Seit die rot-grüne Bundesregierung das 100 000-Solardächer-Programm und das Erneuerbare-Energien-Gesetz (EEG) in Kraft gesetzt hat, boomt auch hierzulande die Photovoltaikindustrie. In den nächsten Jahren werden riesige Zuwächse erwartet: Weltweit ist die Photovoltaikbranche in den letzten zehn Jahren jährlich um etwa 30 Prozent gewachsen. Das Gesetz besagt: Wer Solarstrom produziert, kann diesen 20 Jahre lang für rund 41 Cent pro Kilowattstunde an die großen Energieversorger verkaufen. Damit rechnet sich eine Photovoltaikanlage. Umweltschutz muss sich rechnen, sonst gibt es keinen. Nur wenige Prozent einer Gesellschaft betreiben Solaranlagen aus rein idealistischen Gründen.

Interessant an der Entwicklung des deutschen Solarthermiemarktes ist der Einbruch im Jahr der Bundestagswahl 2002, wie auch in Grafik 13 zu erkennen ist. Viele Sonnenfreunde rechneten mit einem Sieg der CDU/CSU, befürchteten aber, dass eine konservative Regierung die Rahmenbedingungen für Solarenergie verschlechtern würde. Wenn Konsumenten verunsichert sind, reagieren sie in jedem Markt zurückhaltend. In einer internen CDU-Untersuchung wird vermutet, dass die CDU/CSU die Bundestagswahl 2002 wegen ihrer zwiespältigen Einstellung zu Erneuerbaren Energien knapp verloren hat. Ob die Partei für das Superwahljahr 2009 daraus gelernt hat? Eine Partei oder Regierung, die ihren Wählerinnen und Wählern mutig und vorausschauend die Notwendigkeit und die Chancen der solaren Energiewende erklären kann, muss sich um die nächste Wahl keine Sorgen machen. Grafik 14 zeigt, dass sich die Sromerzeugung aus einem Solarstrom-Mix bis 2050 ohnehin verzigfachen wird.

Am Tag, an dem ich 2004 diese Zeilen für eine frühere Auflage dieses Buches schrieb, weihte der damalige hessische CDU-Umweltminister Wilhelm Dietzel eines der größten Blockheizkraftwerke Europas auf der Wasserkuppe in Osthessen ein. Über Blockheizkraftwerke (BHKW) wird nicht wie mit alter Energietechnologie Strom oder Wärme, sondern Strom und Wärme produziert – die eingesetzte Energie wird also doppelt genutzt.

Moderne Blockheizkraftwerke haben einen etwa doppelt so hohen Wirkungsgrad wie die alten Kraftwerke. Das Kraftwerk in Osthessen wird mit umweltfreundlichem Rapsöl betrieben. Die jährlich eingesetzten 460 000 Liter Pflanzenöl sparen 460 000 Liter Erdöl. Das Rapsöl stammt aus der heimischen Landwirtschaft, das ist gut für die Umwelt und gut für Arbeitsplätze in der Region.

Minister Wetzel – der in der eigenen Partei wegen seiner ökologischen Haltung sehr angefeindet wurde – gab bei der Einweihung bekannt, dass Hessen den Anteil der Erneuerbaren Energien von damals sechs Prozent auf 15 Prozent im Jahr 2015 steigern werde. Ähnliche Ziele verfolgt auch die CDU/FDP-Landesregierung in Hannover unter dem engagierten Windenergiefreund Christian Wulff. Grundsätzlich wollen auch konservative Landesregierungen die solare Energiewende. Allerdings: Bei CDU/CSU- und FDP-Spitzenpolitikern gibt es die meisten Bremser, Bedenkenträger und politischen Schoßhunde der alten Energiewirtschaft. Auf kommunaler Ebene habe ich dagegen Hunderte engagierte konservative Vorkämpfer für die solare Energiewende erlebt. Vor allem in der FDP sitzen die Oberbremser der Energiewende und die Atomfreunde an der Spitze in Berlin. Sie wollen das weltweit anerkannte Erneuerbare-Energien-Gesetz sogar wieder abschaffen, obwohl es inzwischen 47 Länder übernommen haben. Diese im Fall einer Regierungsbeteiligung geplante FDP-Politik gegen die Erneuerbaren Energien wäre also weltweit ein Rückschlag für die solare Energiepolitik. Die Argumentation ginge nämlich so: Wenn sogar die Deutschen, die bisher Vorreiter waren, jetzt ihr Gesetz abschaffen, ist ja bewiesen, dass das alles gar nicht geht mit den Erneuerbaren Energien!

Die Bremser bei der CDU/CSU und FDP sitzen hauptsächlich in Berlin und in einigen Landeshauptstädten. Das wird sich erst ändern, wenn immer mehr konservative Wählerinnen und Wähler deutlich machen, dass mit ihrer Stimme künftig nur rechnen kann, wer sich in der Überlebensfrage der Menschheit glaubhaft engagiert – auch gegen starke Wirtschaftsinteressen. Vor allem ein Argument verstehen Konservative besonders gut: Solartechnik und Windräder sind bereits heute und erst recht in den kommenden Jahren ein preisgünstiger Konjunkturmotor – hauptsächlich für den Mittelstand –, während die Atom- und Kohlewirtschaft der alten Konzerne niemals ohne dauerhafte staatliche Gunst und staatliches Geld funktionieren können. Also: lasst uns die solare Energiewende von unten gestalten – frei nach dem Motto: Bürger, zur Sonne, zur Freiheit!

V. DIE SONNE SCHICKT UNS KEINE RECHNUNG

Was kostet Solarenergie wirklich?

Der Klimawandel unserer Zeit ist beispiellos. Der globale Weltenergieverbrauch verteilt sich am Beginn des neuen Jahrhunderts immer noch wie folgt: 33 Prozent Erdöl (Tendenz abnehmend), 24 Prozent Kohle (Tendenz steigend), 19 Prozent Erdgas (Tendenz steigend), 12 Prozent Holz, Biomasse und Holzkohle, 6 Prozent Wasserkraft, 4 Prozent Atomkraft und 2 Prozent Wind- und Sonnenenergie (Tendenz stark steigend). Warum aber holen wir Europäer oder auch die US-Amerikaner Erdöl aus Arabien, Erdgas aus Sibirien und Uran aus Australien, anstatt heimische Sonnenstrahlen, Windströme, Wasserkraft, Erdwärme und Energie aus Acker und Wald intensiver zu nutzen?

Das 21. Jahrhundert wird ein solares – daran führt kein Weg vorbei, wenn wir eine gute Zukunft wollen. »Klimaschutz«, so der ehemalige Umweltminister Trittin, »ist ein Markt ungeahnter Größe.« Der Treibhauseffekt wird die Energiewende erzwingen.

Zwei Fragen stellen uns zweifelnde Freunde immer: Funktioniert das auch mit den Erneuerbaren Energien? Wie arbeiten die Solaranlagen auf eurem Hausdach? Und was kostet das?

Unsere eigene Erfahrung: Eine solarthermische Anlage rechnet sich nach etwa acht Jahren. Sie läuft aber bis zu 30 Jahre. Langfristig wird durch vermiedene Heizkosten mit Solarthermie viel Geld gespart und die Umwelt entlastet. Eine Photovoltaikanlage, die mihilfe von Sonnenlicht Strom produziert, rechnet sich unter den Bedingungen des Erneuerbare-Energien-Gesetzes nach etwa 10 bis 13 Jahre. Sie läuft aber bis zu 40 Jahren. Im sonnenreichen Freiburg rechnet sich eine exakt nach Süden ausgerichtete Photovoltaikanlage bereits nach acht Jahren, aber 20 Jahre gibt es Einspeisevergütung. Langfristig wird damit der Geldbeutel geschont. Denn realistische Rechner wissen: Die alten Energien wurden und werden immer teurer. Da wirkt das Gesetz der höheren Preise für immer knapper werdende Güter in der Marktwirtschaft.

Wer sich ein Auto für 20 000 Euro leistet, hat in aller Regel auch 4000 Euro, um sich zunächst einmal mit Sonnenkollektoren Warmwasser zu bereiten. Für eine Person reicht eine Anlage für 2000 Euro. Die Installation einer Solaranlage ist eine erfreulich saubere Angelegenheit. Die Außenarbeiten verursachen keinen Bauschutt, im Innern des Hauses entsteht nicht mehr Aufwand als beim Verlegen eines Telefon- oder Antennenkabels. Die sauberste Energie der Welt lässt sich ohne nennenswerte Belastung in fast jedem Haus bequem installieren.

Sonnenenergie – die Populäre

Reicht das Potenzial der Sonnenenergien denn praktisch aus, um in unseren Breitengraden die herkömmlichen Energien abzulösen? Theoretisch bietet uns die Sonne alle acht Minuten so viel Energie an, wie wir in einem Jahr verbrauchen. Menschen fliegen auf den Mond und betreiben Weltraumforschung. Warum sollten wir es nicht schaffen, wenigstens einen Bruchteil der Energie umzuwandeln, welche die Sonne uns täglich kostenlos und umweltfreundlich zur Verfügung stellt? Es fehlt das Geld, wird immer wieder behauptet.

Doch sollte ein Land wie Deutschland, das noch immer 24 Milliarden Euro jährlich für »Verteidigung« ausgibt, wirklich unfähig sein, die notwendigen Investitionen für eine Sonnenstrategie aufzubringen? Wir investieren in den nächsten Jahren viele Milliarden Euro in ein neues Jagdflugzeug der Bundeswehr. Wenn Wirtschaft und Staat jährlich fünf Milliarden Euro in Solarenergie investieren, dann verhelfen wir einer Sonnenpolitik zum Durchbruch. Von außen bedroht uns niemand mehr. Wir bedrohen uns nur noch selbst – durch unsere falsche Energiepolitik.

Die umweltfeindlichen alten Energieträger Kohle und Atom werden noch immer weit höher subventioniert als alle umweltfreundlichen und ungefährlichen Erneuerbaren Energien zusammen. Dabei verursachen die alten Energieträger jährlich Folgekosten in immer größeren Milliardenbeträgen. Ethisch zu verantworten sind künftige Entscheidungen nur noch, wenn diese einfachen, aber alles entscheidenden Überlegungen in der Wahlkabine den Ausschlag geben. Keine Leserin und kein Leser sollte sich scheuen, Politiker mit den Fragen dieses Buches zu konfrontieren.

Das größte Problem der heutigen Energiepolitik ist, dass die alten Energieträger weder ökonomisch noch ökologisch die Wahrheit sagen. In Kohle- und Atomenergie stecken Hunderte Milliarden Euro Subventionen, und auch bei Erdgas, Erdöl und beim Benzin werden die Umwelt- und Klimabelastungen nicht oder zumindest noch nicht ausreichend mitberechnet.

Das zweite große Problem der heutigen Energiepolitik ist die zentralistisch strukturierte Energiewirtschaft. Als im Sommer 2003 in den USA und in Kanada neun Atomkraftwerke und zehn fossile Kraftwerke durch einen »Blackout« ausfielen, hatten 50 Millionen Menschen in Nordamerika keinen Strom.

Eine zentralistisch strukturierte Energiewirtschaft kann die Probleme der Energieversorgung niemals lösen. Die heutigen Energiekonzerne *sind* vielmehr das Problem. Die Lösung der Energieversorgung in Deutschland heißt: Aus 22 Millionen mit herkömmlicher Energie versorgten Gebäuden werden 22 Millionen kleine Solarkraftwerke. Die Sonne hat niemals einen »Blackout« – im Gegensatz zu herkömmlichen Kraftwerken. Im Sommer 2007 waren in Deutschland aus Sicherheitsgründen sechs Atomkraftwerke stillgelegt. Aber nirgendwo ging ein Licht aus, auch deshalb nicht, weil die Sonnen- und die Windenergie bereits viel Strom erzeugt haben.

Schwester Sonne

Die Sonne ist unbegrenzt verfügbar. Solaranlagen sind mit wenig Aufwand und ohne Eingriffe in das Landschaftsbild zu installieren, und zwar exakt dort, wo Strom, Wärme und Kühlung gebraucht werden, nämlich im eigenen Haus. Die dezentrale Energieversorgung geschieht regenerativ, geräuschlos, emissionsfrei und ohne Folgekosten.

Der Freiburger Sonnenphysiker Professor Wolfgang Maftig vermittelt mit seinen Berechnungen eine Ahnung von der Kraft der Sonne: »Etwa zehn Quadratmeter Sonnenoberfläche emittieren so viel Energie, wie ein mittleres Kraftwerk erzeugt. Diese Zahl gibt annähernd ein Gefühl dafür, welches enorme Kraftwerk die Sonne darstellt, insbesondere dann, wenn berücksichtigt wird, wie viel Quadratmeter die Sonnenoberfläche ausmachen.«

Die Sonne hat einen Durchmesser von 696 011 Kilometern. Maftig schließt daraus, dass die von der Sonne auf die Erde zugestrahlte Energie bei Weitem ausreiche, um alle Bedürfnisse der Menschheit für immer zu decken.

Unsere Erde ist im besten Alter. Sie besteht seit etwa fünf Milliarden Jahren und hat noch etwa genauso viel Zeit vor sich. Die Kraft der Sonne bewegt und erwärmt etwa fünf Billionen Tonnen Luftmassen und etwa tausend Billionen Tonnen Wassermassen. Ohne die Energie der Sonne wäre dieses Wasser Eis. Die Sonne ist und war zu allen Zeiten der sichtbare Ausdruck der Schöpferkraft oder der Liebe Gottes zu allem Leben. Zum Leben und Überleben brauchen wir die Energie von ganz oben.

Im Inneren der Sonne herrscht eine Hitze von 15 Millionen Grad. Der Kosmosforscher Karlheinz Baumgarth: »Der Mensch ist denkende Substanz der Sonne. Wir Menschen sind selber die Sonne, denn wir sind aus ihr gewachsen. Jeder von uns ist ein kleiner Teil von ihr. Die erkennende Menschheit ist gewissermaßen das Bewusstsein der Sonne.« Ähnliche Empfindungen vermitteln uns Evolutionstheologen wie Teilhard de Chardin oder Matthew Fox mit ihrer Schöpfungsspiritualität.

Der Sonnenkult war in allen Religionen der Urkult. »Der Ur-Kult wurde zur Kult-ur«, schreibt Karlheinz Baumgarth. In jedem Frühjahr spüren Millionen Menschen eine beinahe andächtige Hinwendung zur Sonne nach der dunklen Winterzeit. Millionen werden als Touristen im Sommer zu Sonnenanbetern und erfühlen bei geschlossenen Augen das Göttliche der Sonne. Sie verkörpert das Wesen des Unendlichen, scheint (beinahe) unendlich und ist uns auch ein Erlebnis ohne Ende. Dem Staunen, der Stille und der Ehrfurcht bei einem schönen Sonnenaufgang folgen das Staunen, die Stille und die Ehrfurcht über den Sonnenuntergang.

Der Sonnengesang des heiligen Franziskus über »Schwester Sonne« ist schönste Poesie. Die franziskanisch-ökologischen Bilder sind so kostbar wie Jesu Sonnenbild in der Bergpredigt: »Sei gelobt, mein Herr, durch Schwester Sonne, sei gelobt, mein Herr, durch Bruder Wind, sei gelobt, mein Herr, durch Schwester Wasser, sei gelobt, mein Herr, durch unsere Schwester, Mutter Erde …«

Unsere Geschwister Sonne, Wind, Wasser und Erde zeigen uns den Weg in das solare Zeitalter.

Allein nach Deutschland liefert die Sonne jedes Jahr viermal so viel Energie, wie die ganze Welt zurzeit verbraucht. Im Herbst 2008 waren in Deutschland bereits mehr als 12 Millionen Quadratmeter Solaranlagen installiert. Bei 22 Millionen Gebäuden können es in 15 oder 20 Jahren etwa 600 bis 800 Millionen Quadratmeter werden.

Der solare Energiemix

Umweltschutz und Klimapolitik haben also nichts mit Verzicht zu tun, sondern mit Gewinn: Die solare Energiewende bringt ökonomische Fortschritte, weil sich daraus Millionen neue Arbeitsplätze entwickeln, Exportschlager organisiert werden können, preiswerte Energie geliefert und die Umwelt geschont wird. Die solare Energiewende bedeutet – genau betrachtet – Reichtum und Wohlstand für alle, in der ganzen Welt. Denn auf der ganzen Welt kann alle Energie zu 100 Prozent künftig aus erneuerbaren Quellen gewonnen werden.

Die Armut und der Hunger in den Ländern des Südens haben ganz wesentlich damit zu tun, dass sich die Menschen der Dritten Welt die immer höheren Preise für die alte Energie nicht leisten können. Die Schuldenfalle der armen Länder ist weitgehend eine Energiefalle. Kostengünstige natürliche Energie ist die Voraussetzung für ökonomische Entwicklung. Und ökonomische Entwicklung ist – neben Bildung – die Voraussetzung dafür, dass die Frauen in den armen Ländern künftig weniger Kinder bekommen und das Problem der Überbevölkerung gelöst werden kann.

Die Sonne schickt uns keine Rechnung, das heißt: Der größte Vorteil der künftigen ökologischen Energieversorgung ist ökonomischer Art. Ich möchte jetzt Schritt für Schritt aufzeigen, was die fünf großen Pfeiler eines solaren Energiemixes – Sonne, Wind, Wasser, Erdwärme und Biomasse – jeweils zu leisten vermögen. Der sechste Pfeiler – Energie aus Meereswellen – wird in den nächsten Jahren eine immer größere Rolle spielen.

In den USA, in Skandinavien, England, Japan, China, Indien, Taiwan, in der Türkei, in der Schweiz, in Österreich, Israel, Kuba und Deutschland wissen wir inzwischen durch mehrjährige Erfahrung mit den Techniken der Erneuerbaren Energien,

- dass Wasserkraftanlagen, wenn sie dezentral und gewässerschonend eingesetzt werden, effektive Stromerzeuger sind,
- dass Windkraftanlagen an der Küste, an großen Flüssen entlang und in Mittelgebirgen wirtschaftlich arbeiten und Offshore-Windparks beständig Strom liefern,
- dass Sonnenkollektoren für die Warmwasserbereitung ausgereift sind und sich schon nach etwa sechs bis acht Jahren bezahlt machen,
- dass Biogas- und Biomasseanlagen wirtschaftlich und umweltfreundlich Strom- und Wärmeversorgung übernehmen können,

– dass die heute noch hohen Kosten für Photovoltaikanlagen durch Massenproduktion innerhalb von 15 Jahren auf ein wirtschaftliches Niveau gesenkt und Photovoltaikanlagen im Sommerhalbjahr gewinnbringend viel Strom ins öffentliche Netz einspeisen können.

Fachleute sagen voraus, dass der Preis für Solarstrom in den nächsten Jahren von heute 0,40 Euro je Kilowattstunde auf ein Viertel sinken wird. Alles, was wir brauchen, ist vorhanden. Warum aber wird der Solarstrom nicht mehr genutzt?

Joachim Nitsch, Abteilungsleiter bei der Deutschen Forschungsanstalt für Luft- und Raumfahrt, ist ein deutscher Pionier für Solartechnologien. Seit drei Jahrzehnten befasst er sich mit den praktischen Problemen der Solarenergie. Auf meine Frage, ob bisher eher technische oder eher politische Probleme den Durchbruch zum Solarzeitalter verhindert hätten, antwortete er: »Es sind mit Sicherheit nur geringfügige technische Probleme. Es gibt eine ganze Entwicklungshalde von Technologien zur Energieeinsparung und zur Nutzung der Sonnenenergie. Sie haben im Moment nur wenig Chancen, in den Markt hineinzukommen. Das heißt, werden die politischen Rahmenbedingungen verändert, so werden diese Technologien sehr rasch in der Energiewirtschaft sichtbar sein.«

Joachim Nitsch und seine Studiengruppe Energiesysteme bei der Deutschen Luft- und Raumfahrt errechneten schon 1990, dass Deutschland bis zum Jahr 2010 bereits zu 13 Prozent mit Solarstrom versorgt werden könnte, bis zum Jahr 2030 zu 40 Prozent und bis zum Jahr 2050 zu 100 Prozent, wenn wir es bis dahin durch Energieeffizienz und Energieeinsparung schaffen, den Stromverbrauch um etwa 25 Prozent zu reduzieren. Wenn sich andere Länder diesem deutschen Vorbild anschließen, haben wir noch eine Chance zur Rettung des Weltklimas. Diese Gnadenfrist können wir allerdings nur dann nutzen, wenn die politischen Weichen *sofort* gestellt werden. Sonst ist es zu spät.

Unter Präsident Carter gab es in den USA steuerliche Anreize und Forschungsprogramme, wie ich sie in diesem Buch für Deutschland vorschlage. Das Ergebnis in den USA: Ende 1978 gab es in Kalifornien schon 30 000 solarthermische Installationen.

Seit damals ist wissenschaftlich bewiesen: Die Energiewende ist möglich. Auch in Frankreich hatte die »Groupe de Bellevue« 1978 gezeigt, dass unser westlicher Nachbar seine gesamte Energieversorgung ausschließlich mit der Energie aus Sonne, Wind, Wasser und Biomasse gestalten kann.

Doch dem eindrucksvollen Sonnenaufgang ins Solarzeitalter in den Siebzigerjahren folgten rasch dicke dunkle Wolken in den Achtzigerjahren: Weltweit wurden solare Forschungsgelder gestoppt, Atomkraftwerke gebaut und Fehlinformationen über die Sonnenenergie verbreitet. Die Politik ging weltweit vor den Interessen der alten Energielobbyisten in die Knie. Die Achtzigerjahre waren für die Sonnenpolitik ein verlorenes Jahrzehnt.

Nach den Kriterien bedarfsdeckend, nutzungsgerecht, rückstandsfrei, regenerierbar und unfallsicher haben Othmar Heise und Hermann Scheer in der Zeitschrift »Das Solarzeitalter« den alten und den neuen Energiemix miteinander verglichen. Die Vorteile des solaren Energiemixes sind eindeutig:

	Energiemix aus Kohle, Gas, Öl und Atom	**solarer Energiemix**
bedarfsdeckend	zur Zeit noch ja, künftig nicht mehr	gegenwärtig nein, künftig ja
nutzungsgerecht	ja, aber zentralisierte, monopolistische Angebotsstrukturen	ja, aber mit zentralisierten kleineren Angebotsstrukturen
rückstandsfrei	nein	ja
regenerierbar	nein	ja
unfallsicher	Kohle/Gas ja, Öl (Tankerunfälle) und AKW nein	ja

Die alten Energieträger gehen zu Ende, sind umwelt- und klimazerstörend und werden immer teurer werden. Die neuen Solarenergien sind unerschöpflich, umwelt- und klimaverträglich und werden immer billiger.

Solares Bauen und Sonnenkollektoren

Unser Vierpersonenhaushalt in Baden-Baden erntet mit Sonnenkollektoren so viele Sonnenstrahlen, dass wir damit von April bis Oktober ausreichend und auch im Winterhalbjahr zum Teil mit Warmwasser versorgt sind. Das heiße Wasser reicht selbst dann, wenn wir alle nacheinander duschen. Die neueren Sonnenkollektoren sind in der Lage, auch die diffuse Strahlung – die Strahlung bei bewölktem Himmel – in Wärme umzusetzen. Ein von den großen Energieerzeugern liebevoll gepflegtes und immer wieder gern verbreitetes Vorurteil, Deutschland habe nicht genug Sonne, ist durch die Praxis widerlegt.

In sonnenreichen Gegenden ist der Einsatz von solarthermischen Großkraftwerken südlich des 40. Breitengrades möglich. Also von Kalifornien bis Süditalien oder Südspanien, von Indien bis Brasilien, von Australien bis Mexiko, in der Karibik und in Nordafrika. Die neueste solarthermische Großanlage in Kalifornien produziert Strom für sechs Cent pro Kilowattstunde. Die solarthermischen Kraftwerke, die schon heute in Kalifornien Strom produzieren, ersparen der Umwelt jährlich 750 000 Tonnen CO_2. Italien und Spanien könnten ihren gesamten Strombedarf solarthermisch auf eigener Fläche gewinnen. Und Sahara-Strom für Deutschland und Europa? Sahara-Strom für Afrika: ja. Aber Deutschland hat genug Dächer und Hauswände. Hier gilt: Dächer statt Sahara.

Solarthermische Kleinkraftwerke in Italien, Spanien, Portugal, Griechenland und in der Türkei bieten Dörfern oder individuellen Betreibern große Chancen zur eigenen umweltfreundlichen Stromproduktion. In der Türkei und in Israel gibt es Dörfer und Stadtteile, in denen bereits jedes dritte Haus eine Solaranlage hat. Ähnlich wie schon vor 15 Jahren in Kalifornien werden jetzt auch in Spanien solare Großkraftwerke gebaut. Betreiber erhalten zwölf Cent pro Kilowattstunde Strom, die über solarthermische Großkraftwerke erzeugt werden.

Die Kraftwerke erreichen wie Öl-, Kohle- oder Gaskraftwerke eine Leistung von 90 Megawatt und können jeweils 100 000 Menschen mit Strom versorgen. Die Hochtemperaturwärme wird über große Felder von Sonnenkollektoren erzeugt. Das mit Spiegeln erzeugte Sonnenlicht kann Temperaturen zwischen 400 und 800 Grad erreichen.

Das Deutsche Zentrum für Luft- und Raumfahrt in Stuttgart hat die solaren Großkraftwerke wesentlich entwickelt, und die spanische Regierung hofft, damit einen Exportschlager initiiert zu haben. Wenn künftig weltweit die gesamte Energieversorgung mit Erneuerbarer Energie organisiert werden wird, dann brauchen wir dafür eine Mischung von Millionen kleinen dezentral arbeitenden Anlagen mit mittleren und großen Solar-, Windkraft-, Biomasse- und Erdwärmeanlagen. Denkbar ist zum Beispiel, dass künftig Großstädte in Nordafrika wie Kairo, Tunis, Algier oder Casablanca mit Strom aus solarthermischen Großkraftwerken versorgt werden. Sowohl die tunesische wie die ägyptische Regierung sind am Bau dieser solaren Großkraftwerke interessiert.

Eine neue solare Wohnkultur

Wenn Architekten, Stadtplaner und Kommunalpolitiker in Deutschland lernen, wo Süden ist, dann lassen sich in den nächsten Jahrzehnten durch solares Bauen riesige Energiemengen einsparen. Es ist erwiesen, dass durch die passive Nutzung der Sonnenenergie in Gebäuden – viel Fensterfront in Richtung Süden, Lichtplanung, Baumaterialien zur Wärmespeicherung und zur Kühlung sowie durch Wärmeaustauschsysteme – bis zu 90 Prozent der Heizkosten eingespart werden können. Die Restwärme kann künftig durch Solarkollektoren erzeugt werden. »Bauen mit Grips statt Energie vergeuden«, rät der Kölner Architekt Axel Lohr seinen Kollegen schon seit Langem. Jedes Dach in Deutschland, das nach Süden ausgerichtet und schattenfrei ist, kann ein Solarkraftwerk werden.

Da Gebäude eine durchschnittliche Lebensdauer von 100 Jahren haben, kann bis zum Ende des 21. Jahrhunderts der gesamte Heizenergiebedarf durch passive und aktive Solarenergie genutzt werden. Kamine werden überflüssig. Neben den Vorteilen für Umwelt und Klima bedeutet diese solare Architekturrevolution: mehr Gesundheit und weniger Wohnnebenkosten. Bei all diesen Vorteilen ist es unverständlich, dass noch immer so wenige Architekten, Bauherren und Stadtplaner die Grundsätze des umweltbewussten, energiesparenden und biologischen Bauens beherrschen.

Die Indianer zum Beispiel wussten sehr viel darüber. Indianische oder altägyptische Wohnsiedlungen sind Musterbeispiele der Solararchitektur. In der heutigen Architektenausbildung aber ist Einsparung von Energie noch immer ein exotisches Randthema. Dabei sparen jeder Quadratmeter Wärmedämmung, jedes Wärmeschutzglas in Fenstern und jede Wärmerückgewinnung aus Abluft viel Energierohstoff. Jedes Haus, das Tageslicht sonnenenergiegerecht nutzt oder Sonnenlicht in dunkle Räume einspiegelt, vermeidet Kilowattstunden.

Vielleicht ändert sich etwas durch mehrere Wärmeschutzverordnungen seit 1980. Tenor der Beschlüsse: Bei Neubauten soll der Energieverbrauch um 50 Prozent gesenkt werden. In privaten Haushalten wird 70 Prozent der Energie zum Heizen der Wohnung verbraucht.

Zu Recht kritisieren Umweltorganisationen die bisherigen Wärmeschutzverordnungen als zu lasch. Die Enquête-Kommission »Klima« des Deutschen Bundestags hat schon 1987 festgestellt, dass bei Neubauten problemlos 70 bis 80 Prozent Energie gegenüber früheren Bauten eingespart werden können. Zahlreiche Niedrigenergiehäuser, ja sogar Nullenergiehäuser und die ersten Solarenergie-Plus-Häuser beweisen, wie halbherzig die Bundesregierungen mit ihrem 50-Prozent-Einsparungsziel wieder einmal gehandelt haben.

Viele bei uns meinen, die Nutzung der Sonnenenergie sei automatisch mit hohem »aktivem« technischem Aufwand verbunden, also mit Sonnenkollektoren oder Photovoltaikanlagen. Die billigste Nutzung der Solarenergie durch Bauen nach Süden hin wird noch immer unterschätzt.

Die einfachste Art, die Sonne »passiv« zu nutzen, sind große Fensterflächen in Richtung Süden. Auch Wintergärten, die in das Haus integriert sind, können beim Gewinn von Solarenergie helfen. Das lebendige Ökosystem des Wintergartens sorgt dafür, dass es im ganzen Haus im Sommer kühler ist als draußen und im Winter wärmer. Baumeister in südlichen Ländern haben die Klimatisierung mit Pflanzen durch begrünte Innenhöfe schon immer genutzt.

Obwohl es ohne Pflanzen gar keine Menschen gäbe, spielen in der bisherigen Architekturgeschichte Pflanzen in unseren Wohnungen nur eine geringe Rolle. Unsere Erfahrung im Wintergarten mit Bäumen und Blumen, mit Pflanzen, Gräsern und Sträuchern, mit Eukalyptus, Zitronen und Feigen, mit Orchideen und Hyazinthen zeigt: Die Luftqualität ist besser und damit die Lebensqualität, Schadstoffe werden gebunden, alle fühlen sich wohler.

Mensch, Raum, Pflanze, Sonne, Energie: Dieses Verhältnis neu zu gestalten ist jetzt die Aufgabe einer ganzen Architektengeneration. Der Pionier einer grünen Solararchitektur, Dieter Schempp aus Tübingen, der auch unseren Wintergarten in Baden-Baden konzipierte, geht neue Wege zur Energiegewinnung, zu höherer Lebensqualität und zu einer neuen solaren Wohnkultur. Die meisten Menschen lieben Pflanzen – aber warum wird diese wichtige Erkenntnis beim Bauen kaum berücksichtigt? Pflanzen sind auch in Wohnungen Klimamacher und Heiler zugleich. Sie produzieren gesunden Sauerstoff und verbrauchen Kohlendioxid, sie erhöhen die Luftfeuchtigkeit und bauen die Schadstoffe ab. Wir haben durch unseren Wintergarten etwa 80 Quadratmeter mehr Wohnraum, brauchen aber weniger Energie als zuvor. Unsere Wärme gewinnen wir durch eine CO_2-neutrale Pelletheizung, die mit Sonnenkollektoren auf dem Dach kombiniert ist. Pellets sind preiswerter als Öl und Gas, wie Grafik 15 zeigt.

Die Menschen entdecken zu Beginn des 21. Jahrhunderts wieder die Vorzüge von Gärten und Wintergärten. Im Garten kann man energetisch auftanken und im Wintergarten zusätzlich Energie für das ganze Haus gewinnen. Man erlebt das Wachsen und Werden und Wirken, den Duft, die Töne und Farben, die gute Luft und grünes Wohlergehen.

Bayern ist Solarweltmeister

In mehreren bayerischen Landkreisen ist der Run auf die Sonnenenergie bereits zum Volkssport geworden, berichtet das »Traunsteiner Tagblatt«. Die Initiative »Solarstrom vom Watzmann bis zum Wendelstein« wirbt mit dem Argument: Die Energie, welche die Sonne in 14 Tagen zur Erde schickt, entspricht der von allen bekannten Öl-, Gas- und Kohlevorkommen der Welt zusammen. Sonnenfreunde haben in den letzten Jahren über 2000 Solardächer im Chiemgau installiert. Sechs bayerische Landkreise – die meisten CSU-regiert – haben beschlossen, bis 2030 zu 100 Prozent erneuerbar zu sein. 2007 wurden allein in Bayern mehr Photovoltaikanlagen installiert als in Japan und in den USA zusammen.

Ein Renner sind Gemeinschaftsanlagen. Bürgerinnen und Bürger kaufen Anteile an einer Anlage, die dann auf einem öffentlichen Gebäude errichtet wird. So sind Dutzende Gemeinschaftsanlagen entstanden, im Wesentlichen finanziert von Menschen, die kein eigenes oder kein geeignetes Hausdach besitzen.

Schon vor 15 Jahren durfte ich im Landkreis Ebersberg den »Ebersberger Solarweg« eröffnen. CSU-Landrat, Umweltverbände, die Installationsinnung, Kirchen und heimische Mittelstandsbanken haben ein Tausend-Solardächer-Programm für Sonnenkollektoren initiiert. Weil der Erfolg die Initiatoren beflügelte, haben sie mich sechs Jahre später wieder eingeladen, um ein Tausend-Photovoltaikdächer-Programm zu starten. Ähnliche Sonnenwege gehen inzwischen auch die Landkreise Fürstenfeldbruck, Freising, Landshut und Erding. In allen sechs Landkreisen wurden quer zu den Fraktions- und Parteigrenzen neue Koalitionen für eine zukunftsfähige Sonnenpolitik organisiert.

Viele Tausend Solarinitiativen oder auch lokale »Agenda 21«-Gruppen haben in Skandinavien und England, in Österreich und in der Schweiz, in Spanien und Griechenland, in Deutschland und Holland dazu beigetragen, den Erneuerbaren Energien einen kräftigen Aufschwung zu geben – oft gegen die real existierende Politik.

Wie kam Alfred Ritter, der Chef der Energiefirma Paradigma in Langensteinbach bei Karlsruhe, besser bekannt als Chef der »Ritter Sport«-Schokolade, von der Schokolade zur Sonne? »Durch Tschernobyl«, erzählt er. »90 Prozent unserer Haselnüsse kamen damals aus der Türkei, aber durch die Atomkatastrophe waren die Haselnüsse verstrahlt. Da wurde mir klar, dass dieses Energiesystem keine Zukunft hat. Und als Unternehmer wollte ich etwas unternehmen und bin in Erneuerbare Energie eingestiegen.« Heute sind bei Paradigma 180 Mitarbeiter für die Produktion von Sonnenkollektoren und Pelletheizungen beschäftigt.

Mit dem größten chinesischen Glasröhrenhersteller Linuo hat Ritter ein Joint Venture gegründet. Ziel des deutsch-chinesischen Unternehmens ist langfristig die Marktführerschaft für Sonnenkollektoren in China und ganz Asien. In China werden zur Zeit zwei Drittel der gesamten Weltproduktion an Sonnenkollektoren installiert. In Südostchina, an der Grenze zu Tibet, gibt es Dörfer mit Hunderten Solaranlagen und Hunderten Solarkochern. In der Drei-Millionen-Stadt Kunming, Hauptstadt der Provinz Yünnan, sieht man fast kein Haus mehr ohne Sonnenkollektoren, ebenso in den Städten Dali und Lijiang. In diesen drei Städten wurden im Jahr 2003 jeweils auch einige Tausend Photovoltaikanlagen installiert.

In Tibets Hauptstadt Lhasa, wo ich vor einigen Jahren noch keinen einzigen Sonnenkollektor sah, gibt es jetzt Tausende Solaranlagen, und auf dem Barkhor rund um den Jokhang-Tempel wird heute mit Solarkochern gekocht. Ebenso rund um den Potala, den verwaisten Sitz des Dalai Lama im Zentrum von Lhasa. Sonnenkollektoren werden heute in ganz China zu Hunderttausenden in Straßengeschäften angeboten. Im Jahr 2006 sagte mir Chinas Umweltminister: »Bis 2012 wollen wir Deutschland bei Solar- und Windenergie überholen.« Zurzeit werden in China jedes Jahr fünfmal mehr Sonnenkollektoren produziert und installiert als in allen EU-Staaten zusammen, wie Grafik 16 zeigt.

In der schwäbischen Stadt Crailsheim sind auf der Sporthalle, auf Schulen, vor allem aber auf einem Lärmschutzwall Sonnenkollektoren installiert worden. 470 Wohnungen des Neubaugebiets Hirtewiesen haben damit ihre Heizung, denn die Sonnenkollektoren in Crailsheim sind zu einem Wärmenetz verknüpft und mit einem saisonalen Wärmespeicher ausgestattet. Somit steht die Wärme das ganze Jahr über gespeichert zur Verfügung. Das Vorurteil, dass Solarenergie nicht zu speichern sei, ist seit einigen Jahren schon in Friedrichshafen und Neckarsulm mit ähnlichen, kleineren Anlagen widerlegt.

Wie aber wird das im Sommer erwärmte Wasser in den Winter hinübergerettet? Mithilfe eines 20 000 Kubikmeter großen Wärmespeichers, der in den Lärmschutzwall eingebaut ist. Der Speicher weist einen Nutzungsgrad von 85 Prozent auf. Das heißt: Nur 15 Prozent der von der Sonne erzeugten Wasserwärme werden als Verlust an die Umgebung abgegeben. Es ist ein Mythos, dass Solarenergie nicht gespeichert werden kann. Weltweit arbeiten Wissenschaftler an Speichermöglichkeiten für Solar- und Windstrom: an Kombinationsspeichern von Windrädern, Solar- und Biogasanlagen oder auch an großen Pumpspeicher- oder Druckluftspeicher-Kraftwerken.

Das Nullenergiehaus

Selbst an einem kalten, nassen Tag ist es im Freiburger Nullenergiehaus behaglich warm. Das Haus verändert sein Aussehen je nach Energiebedarf. Bei grauem Himmel sind sämtliche Rollos unten. Wichtig ist, dass der Wärmeverlust des Gebäudes gering bleibt. Die effektive Nutzung von Solarenergie setzt einen guten Wärmeschutz voraus.

Das erste Geheimnis des Nullenergiehauses ist also seine Isolierung. Die kalte Nordseite ist besonders gut verpackt. Die kleinen Nordfenster sind dreifach verglast. So verschlossen die Nordseite ist, so offen präsentiert sich die Südseite. Doppelt verglaste Kastenfenster lassen die wärmenden Sonnenstrahlen durch. Hinter den Glasscheiben heizen die Sonnenstrahlen eine schwarz gestrichene Kalksteinwand auf. Diese Wand speichert die Wärme und gibt sie in den Innenraum ab – aber mit einer Zeitverzögerung von zehn Stunden. Perfektes Timing; denn das bedeutet: Die Sonnenstrahlen heizen tagsüber das Gebäude direkt auf und nachts indirekt über die Kalksteinwand. Das Wasser zum Duschen erwärmt der Sonnenkollektor auf dem Dach.

Jeder Sonnenstrahl, der die 36 Quadratmeter Solarzellen erreicht, wird direkt und sofort in Strom umgewandelt. Das reicht der dreiköpfigen »Versuchsfamilie« im Freiburger Musterhaus für die gesamte Elektrizität, wenn die Sonne scheint. Und wenn nicht? Wie kann in unseren Breiten die totale Energieautarkie über die Sonne erreicht werden?

Die Lösung heißt: solarer Wasserstoff. Wenn durch Sonnenschein Strom im Überfluss anfällt, wird mit ihm Wasser elektrolytisch in seine Bestandteile Wasserstoff und Sauerstoff gespalten. Beide Gase lassen sich in Tanks speichern und verbrennen – zur Produktion von Strom und Wärme.

Dieses einfach scheinende Prinzip bereitet den Freiburger Wissenschaftlern des Fraunhofer-Instituts, die das Solarhaus entwickelt haben, in der Praxis noch Schwierigkeiten. Dennoch sind sie zuversichtlich, dass in Deutschland in den nächsten Jahrzehnten serienmäßig und zahlreich Nullenergiehäuser, also Häuser, die keinerlei fossile oder atomare Energie verbrauchen, gebaut werden können. Das Nullenergiehaus ist kein Verzichthaus: Es bietet normalen Komfort – wobei die Energie effektiv genutzt und ausschließlich solar produziert wird.

Die heutigen Energieversorger argumentieren: Die Sicherheit der Energieversorgung wird durch einen »Energiemix« gewährleistet – gemeint ist dabei der Mix aus Öl, Kohle, Gas und Atom. Dasselbe gilt aber auch für die Solarenergiewirtschaft. Der Pferdefuß der Sonnenenergie ist das zum Teil noch ungelöste Speicherproblem. Wenn die Sonne am intensivsten scheint, brauchen wir in unseren Häusern keine Heizenergie. Wenn im Winter weniger Sonne scheint, müssen wir heizen.

Hier zeigt der solare Energiemix einen Ausweg. Biomasse zum Beispiel wächst hauptsächlich im Sommer und kann problemlos für den Einsatz im Winter gespeichert werden. Auch Windkraft bringt im Spätherbst und Winter mehr Energie als im Sommer. Die Praxis der Solarenergiewirtschaft braucht »Gestaltungsfantasie« (Hermann Scheer).

Für eine Übergangszeit von wenigen Jahrzehnten müssen selbstverständlich noch die alten Kraftwerkskapazitäten genutzt werden. Mit Ausnahme der Atomkraft. Durch effiziente Energienutzung, Energiesparen und mithilfe der Erneuerbaren Energien könnte schon in wenigen Jahren der Ausstieg aus der Atomkraft vollzogen sein. Die großen Energieversorgungsbetriebe werden dann Energiedienstleistungsbetriebe. Sie betreiben das Netz und organisieren mit immer weniger herkömmlichen Kraftwerken die Restproduktion und den Vertrieb. Das Stromnetz, in das Solarenergie eingespeist wird, erfüllt die Funktion des Speichers. Deutschland braucht weder längere Laufzeiten für Atomkraftwerke noch neue Kohlekraftwerke. Wir haben Besseres, Preiswerteres und Umweltfreundlicheres.

Der Solarenergiemix vermindert ebenfalls das Speicherproblem. Die verschiedenen Sonnenenergiepotenziale ergänzen sich. Zum solaren Energiemix gehört auch der Import von solarem Wasserstoff aus solarthermischen Kraftwerken in sonnenreichen Mittelmeerländern. Hermann Scheer: »Würde man sich nur auf Photovoltaik oder Windkraft in einem Versorgungsnetz stützen, würden die Speicherkosten hoch. Je vielfältiger dagegen der solare Energiemix, desto geringfügiger wird das Speicherproblem – und Wasserstoff wird vielleicht für die Stromerzeugung gar nicht gebraucht, sondern lediglich für den Brennstoffbedarf in Motoren und in der Industrie.«

Die zukunftsweisende solare Architektur nutzt die heimische Sonnenenergie – sie wird bald billiger sein als Öl aus dem entfernten Saudi-Arabien oder Strom aus gefährlichen Atomkraftwerken. Preiswerte Nullenergiehäuser in Serie zu bauen war vor zehn Jahren noch nicht möglich. Heute geht es mit geringen Mehrkosten von etwa fünf Prozent. Sinnvoll und effektiv ist eine Kopplung von Niedrigenergiehaus, thermosolarer Wärmeerzeugung und Photovoltaik.

Weltweit sind heute schon über 200 Millionen Quadratmeter Sonnenkollektoren installiert. Die USA, Israel, Japan, China, aber auch die Türkei sind dabei Deutschland voraus. Der Nachholbedarf in Deutschland und in der EU wird bei den etwa 500 Firmen, die innerhalb der EU Solarkollektoren produzieren, zu vielen Tausend Arbeitsplätzen führen. Dieser soziale Aspekt der Sonnenpolitik sollte in einer Zeit, in der es in Deutschland über vier Millionen Arbeitslose gibt, nicht geringgeschätzt werden. In über 800 Schwimmbädern in Deutschland macht sich Solarenergie beim Erwärmen des Wassers bereits bezahlt – und zwar in einem Zeitraum zwischen vier und fünf Jahren.

Viele Menschen pflegen das Vorurteil, dass zwar private Haushalte mit Erneuerbarer Energie versorgt werden könnten, aber niemals Firmen und Fabriken. Auch dieser Mythos ist längst widerlegt. Schon in den Neunzigerjahren habe ich Windräder, Photovoltaikanlagen, Sonnenkollektoren, Wasserkraftwerke und Biogasanlagen mit eingeweiht, die dafür sorgen, dass mittelständische Unternehmen mit bis zu 200 Mitarbeitern komplett mit Erneuerbarer Energie versorgt werden.

- Die Wasserkraftwerke Volk AG im Südschwarzwald betreiben die erste energieautarke Schwermaschinenfabrik Europas. Manfred Volk hat in vier Kontinenten über 600 Wasserkraftwerke gebaut. Seine Wasserturbinen werden mit Strom aus Wasserkraft gefertigt. Er produziert so viel Wasserkraft, dass seine Fabrik und noch einige Dutzend Familien mit Ökostrom versorgt werden können.
- Die Solarfabrik in Freiburg, die der Mittelständler Georg Salvamoser Mitte der Neunziger als Pionier gegründet hat, beschäftigt über 200 Mitarbeiter. 30 Prozent des Stroms für die Fabrik wird solar produziert, der gesamte Reststrom sowie die gesamte Wärme über ein Biomasse-Heizkraftwerk. Salvamoser hatte die erste Nullemissionsfabrik Europas gegründet.
- Im Benediktinerkloster Münsterschwarzach bei Würzburg leben knapp 150 Mönche und Brüder. Jeden Tag kommen über 100 Besucher, 200 Menschen arbeiten in den 20 Betrieben, die zum Kloster gehören. Über 500 Schüler besuchen das Gymnasium des Klosters. Die Mönche haben beschlossen, bis zum Jahr 2012 alle Energie, die der gesamte Klosterbetrieb braucht, über Windräder, Solaranlagen, eine Biogasanlage und ein reaktiviertes Wasserkraftrad zu erzeugen. Sie orientieren sich an den Werten, die ich in meinem Buch »Der ökologische Jesus – Vertrauen in die Schöpfung« beschrieben habe. Eine Schöpfungstheologie, die diesen Namen verdient, wird es ohne ökologische Ethik und ökologische Spiritualität nicht geben können – innerhalb und außerhalb von Klöstern. 96 Prozent der gesamten Energie in etwa 100 Gebäuden erzeugen die Benediktiner bereits erneuerbar. Der frühere Abt des Klosters, Pater Fidelis Rupert, und der bekannte Benediktinerautor Anselm Grün hatten mich im Jahr 2002 zum Vortrag in ihr Kloster eingeladen. Ich sollte aus meinem Buch »Der ökologische Jesus – Vertrauen in die Schöpfung« lesen. Heute sagt Abt Fidelis: »Mein Freund Franz Alt hat uns damals zum Umstieg auf die Erneuerbaren Energien inspiriert.«

Die genannten Beispiele und Erfahrungen zeigen: Die solare Energiewende ist möglich. Wir brauchen freilich Gestaltungsfantasie, gepaart mit Verantwortung für künftige Generationen.

Solarenergie-Plus-Häuser

Der Freiburger Solararchitekt Rolf Disch war einmal Weltmeister im Solarautorennen. Sein Fahrzeug baute er selbst. Zuvor hatte er Möbelschreiner, Schlosser und Maurer gelernt und danach Architektur studiert. Deshalb kann ihm auch keiner was vormachen, nach dem beliebten deutschen Handwerkermotto: »Das geht nicht, das haben wir noch nie so gemacht.«

Bei Rolf Disch geht viel, was früher nie so gemacht wurde. Er hat inzwischen weltweit die ersten 60 Solarenergie-Plus-Häuser gebaut und verkauft. Solarenergie-Plus heißt: Es gibt Häuser, die mithilfe der Sonne mehr Energie produzieren, als in ihnen verbraucht wird. Das ist neu. Das ist eine Revolution in der Baukultur. Das erfordert Umdenken und erst recht Umhandeln. »Man muss zunächst das nutzen, was nichts kostet. Das heißt Energie sparen, die Sonnenkraft nutzen und dabei viel Lebensqualität haben«, erklärt mir Rolf Disch in seinem Haus im Süden Freiburgs. Im Gegensatz zu den meisten Architekten weiß Disch, wo Süden ist, und baut entsprechend. Mit seiner Frau Hanna Lehmann lebt und arbeitet er in seinem Solarhaus »Heliotrop« (griechisch: der Sonne zugewandt). Es dreht sich einmal am Tag mit der Sonne um die eigene Holzachse und bietet jede Stunde einen anderen Ausblick auf die sanft hügelige grüne Umgebung des Schwarzwaldes.

Das »Heliotrop« wendet mal die verglaste und mit Sonnenkollektoren bestückte Hälfte der Sonne zu und mal die dick isolierte Rückseite mit kleinen Fenstern. Mal Sonnenschutz, mal Sonnennutzen – je nach Jahreszeit, je nach Belieben. Auf dem Dach dreht sich ein »Solarsegel«, die Photovoltaikanlage, die mit 55 Quadratmetern Fläche etwa fünfmal so viel Strom erzeugt, wie in dem komfortabel eingerichteten Haus verbraucht wird.

2002 wurden Dischs Häuser zum »Haus des Jahres« gekürt. »Dieser Mann setzt neue Maßstäbe für zukünftiges Bauen«, urteilte die Fachzeitschrift »Bauen mit Holz« schon 1998. Seine Häuser sind aus Holz gebaut. Holz ist gespeicherte Sonnenenergie und wächst immer wieder nach. Es ist ein moderner Baustoff mit jahrhundertealter Tradition, ein idealer Rohstoff für eine zukunftsfähige Solararchitektur. Das Holz holt sich Disch aus regionaler, nachhaltiger Waldbewirtschaftung. Als Baustoff verbraucht Holz bei seiner Produktion im Vergleich zu anderen Baustoffen nur ein Zehntel der Energie.

Die Bewohner von Dischs Solarenergie-Plus-Häusern erzählen mir von positiven gesundheitlichen Erfahrungen. Die Sonne bietet nicht nur Wärme und Strom, sondern als zusätzliches Geschenk gute Luft, Vitalität und Lebensenergie. Die natürliche Sonnenenergie unterstützt den inneren Stoffwechsel und regt die Selbstheilungskräfte des Körpers an. Eine alte Feng-Shui-Weisheit aus China heißt: »Kommt die Sonne nicht ins Haus, kommt der Doktor.« In der konventionellen Architektur wird übersehen, dass Licht ein existenzielles Grundnahrungsmittel ist. Jedes Solarhaus ist ein Kurort. Das erspart viele Krankheitskosten.

Es ist sensationell, dass wir heute Häuser bauen können, die mehr Energie produzieren, als sie verbrauchen. Die Bewohner von Dischs Plus-Energiehäusern verkaufen ihren Solarstrom nach dem Erneuerbare-Energien-Gesetz und erhalten dafür in den Sommermonaten einen Scheck von bis zu 200 Euro. So wird die Solarstromanlage finanziert.

Langfristig ist Solarenergie preiswerter als herkömmliche Energieversorgung. Statt Energiekosten gibt es jetzt Energieeinnahmen – eine solare »Rente«. Ökologische Häuser sind auch ökonomisch sinnvoll.

Grafik 17 zeigt den Gewinn von Dischs Solarenergie-Plus-Häusern gegenüber herkömmlichem Bauen.

Unser Kosmos wird von der Sonne bestimmt und gelenkt. Solararchitektur bedeutet, dass unsere künftigen Häuser den natürlichen Kreislauf widerspiegeln. Ein nach der Sonne gebautes Haus schläft nachts und nutzt, gut isoliert, die Restwärme des Tages. Bei Sonnenaufgang wacht das Haus auf. Am Mittag öffnet sich ein Solarhaus wie eine Blume zur Sonne. Und am Abend ist es im Haus noch immer gemütlich warm.

Inzwischen haben circa 200 Bürgermeister Interesse bekundet, dass in ihren Kommunen Musterhäuser im Solarenergie-Plus-Stil gebaut werden.

Deutschland braucht Zukunftspioniere

Rolf Disch war stets bereit, für die Umsetzung seiner Ideen auch ökonomische und finanzielle Risiken einzugehen. Nichts geht ohne Risiken, aber ohne Risiken geht gar nichts. Deutschlands ökonomische Probleme hängen mit der weitverbreiteten Risikovergessenheit und der typisch deutschen Sicherheitsbesessenheit zusammen. Ein Land, in dem das Dosenpfand, der Zahnersatz und das Kopftuch einer türkischen Lehrerin die meistdiskutierten Probleme sind, hat keine gute Zukunft. Ein Land, in dem weit mehr Menschen sterben, als Kinder geboren werden, obwohl es im Geld schwimmt. Ein Land, in dem viele 18-Jährige mehr über ihre Rente als über interessante Lebensperspektiven nachdenken. Ein Land, in dem die meisten sich fragen, was die Gesellschaft für sie leistet, aber nur wenige sich dafür interessieren, was sie für die Gesellschaft leisten können – ein solches Land ist nicht zukunftsfähig.

Deutschland wird es dann wieder gutgehen, wenn es mehr Zukunftspioniere wie Rolf Disch gibt. Wir haben bald fünf Millionen Arbeitslose, obwohl das Land voller wichtiger Arbeit steckt. Vollbeschäftigung ist möglich. Aber nur mit unternehmerischem Mut zum Risiko, mit Mut zu ökologischen Innovationen.

Im Jahr 2005 wurde das nächste innovative Projekt von Rolf Disch eingeweiht: sein Solarschiff – ein zukunftsweisendes Dienstleistungszentrum für Firmen und Institutionen, die sich für nachhaltiges Wirtschaften engagieren, wie das Fraunhofer-Institut oder das Öko-Institut. Das an ein Schiff erinnernde Gebäude bietet eine Gewerbefläche von 4000 Quadratmetern und eine Wohnfläche von 1000 Quadratmetern. Heizung, Stromversorgung und Warmwasserbereitung werden ausschließlich über Sonne und Holz organisiert. Die Baustoffe sind PVC-frei. Das Solarschiff bietet modernste Solararchitektur, eine gute Anbindung an lokalen, regionalen und internationalen öffentlichen Verkehr, ein gesundes Arbeitsklima in hellen Räumen, Wohnen und Arbeiten an einem Ort. Es ist ein optimistisches Symbol für eine Energiezukunft ohne Öl, Kohle, Gas und Atomstrom.

Rolf Disch fällt immer etwas Neues und Innovatives ein, um noch mehr Energie zu sparen und zu speichern. Irgendwann hat dieser Architekt so viel Energie gespeichert, dass Atom- und Öllobbyisten bei ihm in die Lehre gehen werden. Dischs Sonnenschiff fährt direkt in die solare Zukunft: imposant, verwegen, energiegeladen. Es macht mir Spaß, den Weg dieses Pioniers in meinen Sendungen und Büchern zu begleiten und Zeuge und Zaungast einer so mutigen und munteren Architekturexpedition sein zu dürfen.

Dieses Solarhaus in Freiburg produziert dreimal so viel Solarstrom, wie die Bewohner brauchen. Das Hausdach verdient Geld und spart Ziegel.

Rolf Disch und viele anderer Solarier zeigen, dass es noch innovationsfreudige Unternehmerpioniere in Deutschland gibt. Die effizientesten und notwendigsten Zauberworte für Innovationen heißen: neue Energie, neue Arbeit, neue Mobilität. Der Untertitel dieses Buches.

VI. DER START INS SOLARZEITALTER

Neue Energie – neue Arbeit

Das anscheinend unausrottbare Vorurteil hieß: In Deutschland scheint die Sonne zu wenig, um aus Sonnenstrahlen Strom gewinnen zu können. Da starteten Bund und Länder 1990 das »1000-Dächer-Programm« für Photovoltaikanlagen. Der Sonnentest löste einen unerwarteten Ansturm aus. Obwohl nur Zuschüsse für 2250 Anlagen bereitgestellt waren, gab es 48 024 Anfragen. Allein in Baden-Württemberg reichten 13 000 Hausbesitzer Anträge auf staatliche Zuschüsse ein. 70 Prozent der damals im Schnitt 25 000 Mark teuren Anlagen übernahm der Staat.

Das »1000-Dächer-Programm« bewies: Photovoltaikanlagen brauchen wenig Wartung, sind langlebig (schätzungsweise 30 bis 40 Jahre) und lassen sich gut in die vorhandenen Dächer eingliedern. 2250 Anlagen – das ist noch keine Massenproduktion für jedermann, aber die Angebotspalette und das allgemeine Interesse waren nach diesem Programm größer als vorher. Erst wenn in unmittelbarer Nachbarschaft einer anfängt, beginnen auch andere, sich für die Energie vom Dach zu interessieren.

Die rot-grüne Bundesregierung gab 1999 den endgültigen Startschuss für das Solarzeitalter: mit dem 100 000-Dächer-Solarstrom-Programm und kurz danach mit dem Erneuerbare-Energien-Gesetz (EEG). Das 100 000-Dächer-Programm garantierte zinsgünstige Darlehen für Solaranlagen, und das EEG schuf die Sicherheit, dass die alternativ erzeugte Energie 20 Jahre lang preisgünstig an die Energieversorgungsunternehmen verkauft werden kann. Damit ist der Start ins Solarzeitalter geglückt. Inzwischen haben auch Länder wie Frankreich, Italien, Spanien und Taiwan das EEG übernommen, aber auch China, Indien und Südafrika.

In den Jahren 1999 bis 2003 hat sich der deutsche Photovoltaikmarkt verzehnfacht. Die etwa 30 deutschen Solarstromfabriken haben ihre Produktionskapazitäten im gleichen Umfang gesteigert. Die Preise für die Anlagen sind durchschnittlich um fünf Prozent pro Jahr gesunken. Mit dem 100 000-Dächer-Solarstrom-Programm wurden 100 000 Tonnen Kohlendioxidausstoß pro Jahr vermieden. Und die 100 000 Solardächer produzieren jetzt so viel Strom, wie 50 000 Haushalte brauchen.

Neben dem Umweltschutz hat das EEG eine industriepolitische und arbeitsmarktpolitische Zielsetzung: Deutsche Solarunternehmen sollen möglichst rasch in der Lage sein, sich am schnell wachsenden Weltmarkt zu behaupten.

Die Erneuerbaren Energien wurden zu einem Jobmotor. Grafik 18 zeigt, dass sich von 1998 bis 2007 die Zahl der Arbeitsplätze in der Erneuerbaren-Energien-Branche vervierfacht hat. Im Jahr 2002 waren schon 135 000 Menschen und Mitte 2006 bereits 235 000 im Bereich Erneuerbare Energien beschäftigt, 2008 schon knapp 280 000. Der Beweis, dass die Erneuerbaren Energien weit mehr Arbeitsplätze schaffen, als bei den alten Energieträgern wegfallen, ist eindeutig erbracht. Grafik 19 zeigt: In der Branche sind bereits weit mehr Menschen beschäftigt als in Kohle und Kernenergie zusammen.

Die Unternehmensvereinigung Solarwirtschaft, ein Zusammenschluss von 400 Solarunternehmen, sieht insbesondere in der Solartechnik einen wichtigen Wachstumsmotor auch in den nächsten Jahren.

Die Umsätze der Solarindustrie (Solarstrom und Solarwärme) entwickeln sich rasant. Prognosen sagen eine Fortsetzung dieses Trends bis nach 2020 voraus – wenn weiterhin geeignete Förderinstrumente zur Markteinführung zur Verfügung stehen. Und damit werden auch zukünftig mehr Arbeitsplätze geschaffen, wie in Grafik 20 prognostiziert wird. 2004 und 2008 wurde das Erneuerbare-Energien-Gesetz novelliert. Der Aufschwung geht weiter!

Bei der Solartechnik wird gegenüber 2002 bis zum Jahr 2010 ein Wachstum von 400 Prozent prognostiziert. Das bedeutet auch mehrere Hunderttausend Arbeitsplätze. Allein im Jahr 2001 haben in Deutschland 100 000 Haushalte Sonnenkollektoren auf ihrem Dach installieren lassen. In den Neunzigerjahren dienten Solarwärmeanlagen fast ausschließlich der Warmwasserbereitung, heute werden sie schon zur Hälfte auch für Wärmeunterstützung genutzt. Im Jahr 2002 haben in Deutschland bereits 25 Prozent aller kommunalen Freibäder ihr Wasser mit der Sonne geheizt.

Wenn wir Technologien forcieren, die der Umwelt dienen und außerdem viele neue Arbeitsplätze schaffen, haben wir die Chance, ein zweites Wirtschaftswunder in Deutschland zu organisieren – ein ökologisches. Umweltschutz, sagte Klaus Töpfer schon vor fünfzehn Jahren, sei kein Arbeitsplatzkiller, sondern *der* Arbeitsknüller des 21. Jahrhunderts. Leider haben diesen fundamentalen Zusammenhang noch nicht viele Politiker begriffen. Auch deshalb haben wir weit mehr Arbeitslose in Deutschland als zum Beispiel die Schweiz, Österreich, England, die skandinavischen Länder, Japan oder die Niederlande.

Neue Energie, kombiniert mit neuer Arbeit, bietet die Chance eines ökologischen Wirtschaftswunders. In meinen Büchern »Das ökologische Wirtschaftswunder. Arbeit und Wohlstand für alle« und »Zukunft Erde« habe ich die Chancen einer solaren Energiewende, einer ökologischen Verkehrswende, einer biologischen Landwirtschaft, des solaren Bauens, einer ökologischen Wasserwirtschaft, kombiniert mit einer ökologischen Steuerreform, ausführlich beschrieben. Unser heutiges Steuersystem spart bei hohen Lohnnebenkosten Arbeitsplätze ein, und nicht Energie und Rohstoffe. Künftig sollten nicht nur der Energieverbrauch, sondern primär Schadstoffemissionen besteuert werden. Der Umbau des Steuersystems – Lohnnebenkosten billiger, Schadstoffemissionen teurer – würde etwa 1,5 Millionen neue Arbeitsplätze in zehn Jahren bringen.

Die englischen Wissenschaftler Dennis Anderson und Catherine Bird haben die Kosten der bisherigen Stromerzeugung in den USA zwischen 1892 und 1980 mit den Kosten des Solarstroms seit 1980 verglichen und bis zum Jahr 2030 prognostiziert.

Bisherige Strompreise aus herkömmlichen Energien:

Jahr	1892	1900	1925	1950	1980
Kosten pro Kilowattstunde in Cent	172	105	30	6,5	4,5

Strom aus Sonnenstrahlen in sonnenreichen Gebieten der USA:

Jahr	1980	1990	2000	2020	2050
Kosten pro Kilowattstunde in Cent	30	13	10	5,5	5

Quelle: Hermann Scheer, Sonnen-Strategie, München 1993

Der Mythos vom teuren Ökostrom

Energie aus Windkraft, aber auch aus Biomasse, kann schon heute mit herkömmlicher Energie konkurrieren. Die künftige Kostenentwicklung bei den Sonnenenergien kann jedoch viel zuverlässiger errechnet werden als bei fossilen oder atomaren Energieträgern. Denn sie hängt ausschließlich von den Produktionskosten der Technologien ab und nicht von Ölpreiskrisen, Kriegen ums Öl oder unsicheren Atomkraftanlagen, die auch noch terroranfällig sind.

Massenproduktion und große Absätze haben beim Auto und beim Fernseher, bei den alten Energieträgern und Computern zu Preissenkungen geführt, die am Beginn einer neuen technologischen Entwicklung selten vorausgeahnt wurden. Warum sollte das bei den Solarenergietechnologien anders sein? Neue Produkte stacheln die menschliche Lernfähigkeit an. Bisher haben wir unsere Energiezukunft mit immer komplizierteren und damit auch immer gefährlicheren Atomreaktoren zu meistern versucht. Im Verhältnis dazu ist es technisch einfach und billig, Strom aus Sonnenstrahlen zu gewinnen. Wissenschaftler und die Solarbranche gehen heute davon aus, dass in sonnenreichen Ländern wie Spanien und Italien Solarstrom schon in wenigen Jahren der preiswerteste Strom ist und in Deutschland spätestens in zehn Jahren. Diese Prognose kann jeder nachvollziehen, der in den letzten Jahren beobachtet hat, dass die Erneuerbaren Energieträger immer preisgünstiger, aber die fossil-atomaren immer teurer wurden.

Sonnenzellen haben sich bei mehr als tausend Weltraumflügen bewährt, sie arbeiten wartungsfrei über mehrere Jahrzehnte und funktionieren bei tiefsten Temperaturen ebenso wie bei höchsten.

Vor 30 Jahren kostete die erste Kilowattstunde photovoltaischer Strom für Satelliten noch 180 DM. 1990 wurden bereits 200 Millionen Kilowattstunden für je 2 DM erzeugt.

In südlichen Ländern ist Solarstrom schon oft billiger als herkömmliche Energieproduktion. In abgelegenen Gegenden, wo es keine Stromleitungen gibt, und in Insellagen ist Strom aus Photovoltaik schon seit Langem preiswert. Auch bei uns wird es bald so weit sein. Der Rappenecker Hof, eine Wandergaststätte auf dem Schauinsland bei Freiburg, beweist schon seit 1990, dass sich Sonnenenergie rechnet. Die Solaranlage für Strom und Wärme hat nur halb so viel gekostet, wie ein Anschluss an das öffentliche Stromnetz gekostet hätte.

In vielen Teilen der Welt laden Solarzellen Batterien auf, in Indonesien bewässern sie Reisfelder, sie beleuchten Häuser in Afrika und Israel, ersetzen Dieselaggregate bei argentinischen Bauern, sie elektrifizieren Berghütten in der Schweiz, aber auch den Flughafen von Manila. Geräusch- und emissionsfrei treiben sie Autos und Boote an, versorgen Fernseher, Radios, Uhren und Kühlschränke mit Solarstrom.

Mein Taschensolarradio hat 20 Euro gekostet. Es begleitet mich auf vielen Reisen und erfüllt voll seine Funktion, mich überall und ohne Steckdose zu informieren. Die Sonne ist seine Steckdose. Es reicht, wenn ich das kleine Radio einmal im Monat für zwei Stunden zum Sonnentanken auf eine Fensterbank lege, selbst bei Regenwetter. Ohne die praktische Erfahrung hätte ich das nicht geglaubt. Wenige Quadratzentimeter Solarzellen werden – wartungsfrei – noch viele Jahre dafür sorgen, dass ich unterwegs Nachrichten und Musik hören kann – in Stereoqualität.

Die angeblich zu hohen Kosten für Solarstrom sind in Wirklichkeit ein Totschlagargument. Dennoch fehlt es in keiner Energiediskussion in den Parlamenten, an Stammtischen und in den Propagandaschriften der Energiemonopole.

Der Mythos vom teuren Ökostrom wurde im Frühjahr 2003 endgültig zerstört. Ökostrom war schon immer preiswert, wenn bei den fossil-atomaren Energiequellen die hohen Folgekosten und die horrenden Steuersubventionen mitgerechnet wurden. Allein die Atomenergie hat in Deutschland in den letzten 35 Jahren über 30 Milliarden Euro Steuergelder verschlungen. Um ein Vielfaches höher lagen und liegen die staatlichen Subventionen für Kohleenergie.

Doch die staatlichen Zuschüsse für Kohle- und Atomenergie tauchen in keiner Stromrechnung auf. Deshalb scheint die alte Energie so billig und Ökoenergie relativ teuer. Doch inzwischen können die Elektrizitätswerke Schönau einer erstaunten Öffentlichkeit vorrechnen, dass ihr Ökostrom preiswerter ist als zum Beispiel der angeblich so billige Yello-Strom!

In Zahlen: Wenn ein Haushalt mit 1500 Kilowattstunden Jahresverbrauch (ein Singlehaushalt oder ein sparsamer Zweipersonenhaushalt) nur Ökostrom von den Stromrebellen aus Schönau bezieht, so kostet ihn das 304,50 Euro im Jahr. Nur unwesentlich teurer ist der Hamburger Ökostromanbieter Lichtblick mit 309,30 Euro. Damit sind die beiden Ökoangebote billiger als der »Normalstrom« der Quasimonopolisten.

Wer also sparsam mit Strom umgeht, kann durch den Wechsel zu einem Ökostromanbieter nicht nur die Umwelt und sein Gewissen entlasten, sondern auch noch seinen Geldbeutel. Der Preis pro Kilowattstunde Ökostrom ist im Schnitt zwar immer noch etwas teurer als beim alten Strom. Aber die Grundgebühr ist billiger, daher die Einsparung beim niedrigen Verbrauch.

Die Ökonomen müssen rechnen lernen

Immer mehr Raiffeisenbanken, Volksbanken und Sparkassen erinnern sich an die alte Genossenschaftsphilosophie ihrer Gründer Raiffeisen und Schulze-Delitzsch. Deren Idee in schwersten Hungerjahren um 1850 hieß: Das Geld der Region bleibt in der Region. Einer für alle und alle für einen.

Heute finanzieren viele dieser Mittelstandsbanken solare Gemeinschaftsanlagen. Die Volksbank Tauberbischofsheim zum Beispiel, die schon seit über zehn Jahren bei ihren Kunden für solare Geldanlagen wirbt, hat im Mai 2009 ein neues 100-Dächer-Programm gestartet. Die Bank unterstützt damit das regionale Handwerk, nutzt einen heimischen Rohstoff – nämlich die badische Sonne – und will einen regionalen Beitrag zum Klimaschutz leisten.

Als »Ihre Vorteile« werden genannt:

- Geld verdienen mit dem eigenen Dach und gleichzeitig Stromkosten einsparen durch die Eigennutzung
- Erwerb einer qualitativ hochwertigen Photovoltaikanlage zu Toppreisen
- regionale Wertschöpfung, Planung und Installation durch regionale Handwerksbetriebe
- Ihr aktiver Beitrag zum Klimaschutz vor Ort – global denken, regional handeln
- Unabhängigkeit von Energieversorgern und steigenden Energiekosten
- einfache Finanzierung – Sonne zahlt Zins und Tilgung

Die Volksbank Tauberbischofsheim hatte mich zu einem Vortrag eingeladen, um die Kunden für das Solarengagement der Bank zu sensibilisieren. 1400 Besucher kamen in die Halle der weltbekannten Fechtsportler in der Tauberstadt.

Oder: Die Stadt- und Kreissparkasse Erlangen hatte mich ebenfalls zu einem Vortrag eingeladen, um für ihren Solarfonds zu werben. Auch diese Sparkasse hatte 100 Dächer gemietet und wollte ihre Kunden bitten, auf diesen Dächern in Solaranlagen zu investieren. Im ersten Jahr garantierte die Sparkasse 8,25 Prozent Zins und im 20. Jahr 35 Prozent Zins, insgesamt nach 20 Jahren 257 Prozent Gewinn. Kein Wunder, dass auch dieser Solarfonds nach wenigen Tagen verkauft war. Inzwischen werben Hunderte Mittelstandsbanken in Deutschland für solare Investitionen. Sogar der Chefvolkswirt der Deutschen Bank, Professor Walter, sagt: »Wer heute noch gegen Erneuerbare Energien ist, hat nicht alle Tassen im Schrank.«

Neue Energie führt zu neuer Zukunftsarbeit. Wer den Zusammenhang begreift, wird gewinnen. Wer ihn nicht begreift, wird verlieren – auch ökonomisch. Die Welt ist voller Arbeit – wieso nur finanzieren wir Massenarbeitslosigkeit?

Das Hauptproblem der Erneuerbaren Energien ist also nicht, dass sie zu viel kosten. Das ist ein Mythos. Das Hauptproblem der Erneuerbaren Energien ist, dass die Vertreter der alten Ökonomie nicht richtig rechnen können. Das gilt, solange alle Folgekosten der konventionellen Energieträger ausgeklammert werden.

Wie rasch eine hundertprozentige Ökostromversorgung bereits in einer ganzen Region gelingen kann, hat das österreichische Bundesland Vorarlberg bereits vor zehn Jahren bewiesen. Vorarlberg war damals die erste Region Europas, in der mehr Strom aus alternativen Quellen erzeugt als insgesamt verbraucht wird. Ökostrom aus Vorarlberg wird auch ins deutsche Westallgäu, in die Schweiz und in andere österreichische Bundesländer verkauft. Die Vorarlberger Kraftwerke (VKW), die Stadtwerke Feldkirch und die Montafoneronbahn AG erzeugen Strom ausschließlich aus Wasserkraft, Biomasse, Biogas und Sonne.

Der Vorarlberger Umweltminister (Landesrat) Erich Schwärzler sagte mir: »Unser Volk hat sich vor 25 Jahren zu 85 Prozent gegen die Todesenergie Atomkraft ausgesprochen. Und jetzt steigen wir auf die Lebensenergien Sonne, Biomasse und Wasserkraft um. Das geht zu 100 Prozent!«

Das österreichische Bundesland lieferte als Erstes den Beweis, dass eine hundertprozentige Energieversorgung aus erneuerbaren und umweltfreundlichen heimischen Energiequellen preiswert möglich ist. Denn in Vorarlberg werden bereits 25 Prozent der Wärme aus Biomasse-Heizkraftwerken gewonnen. Und 75 Prozent der Häuser sind bereits zu Niedrigenergiehäusern umgerüstet. Das sind Häuser, die unter 5,5 Liter Heizöl pro Jahr pro Quadratmeter verbrauchen. In Deutschland wird durchschnittlich noch dreimal so viel Heizöl verbrannt.

Österreich ist bei Erneuerbaren Energien europaweit führend. So wurde zum Beispiel die Stadt Kufstein in Tirol auf eine hundertprozentige Wärmeversorgung aus heimischer Biomasse umgestellt.

Das kleine Österreich zeigt dem großen Europa den Weg zu einer sanften Energiezukunft – das ist eine Zukunft mit preiswerter heimischer Energieversorgung ohne Kriege um Öl oder Gas und ohne Umweltzerstörung.

Die alten Technologien werden in Zukunft immer teurer werden, weil sie zu Ende gehen und die Umwelt zugrunde richten. Die neuen Solartechnologien hingegen werden immer billiger.

Lieber Solarzellen auf dem Dach als Aktien im Keller

Mai 2009. Am Wochenende, an dem ich diese Zeilen schreibe, beginnt die »Woche der Sonne«. Deutschlandweit gibt es 4800 Veranstaltungen mit Hunderttausenden Besuchern, die sich für die neuen Solartechnologien interessieren. Es gibt Vorträge, Diskussionsforen, Solarmessen und Konzerte für die Sonne. Die Besucher erfahren, wie sie mit der Sonne einen Beitrag zum Klimaschutz leisten, Heizkosten sparen und eine sichere Rendite auf ihrem Dach erwirtschaften können. Ich halte einen Vortrag bei der Solarfirma Solea AG in Ostbayern. Diese dynamische junge Firma wurde erst vor zwei Jahren gegründet, beschäftigt aber schon 100 motivierte Mitarbeiter. Sie verkaufen und montieren Photovoltaikanlagen, Sonnenkollektoren und Pelletheizungen.

Ob Sonnenfest, Beratertag oder Solarbootrennen – am »Tag der Sonne 2009« wird deutlich: Immer mehr Menschen handeln in der Wirtschaftskrise nach dem Motto »Lieber eine Solaranlage auf dem Dach als Aktien im Keller«.

In den letzten Jahren durfte ich über 100 solcher innovativer Firmen beratend begleiten und erleben, wie die Solarbranche weltweit dynamisch wächst. Die Solarenergie steht an der Schwelle eines historischen Wendepunkts, nämlich dem Erreichen der Netzparität. Schon in wenigen Jahren wird Solarstrom preiswerter als alle alte Energie. Wenn Solarstrom im Preis mit herkömmlichen

Energien gleichzieht, wird es einen Boom nie gekannten Ausmaßes geben – rund um den Erdball. Diese solare Revolution wird die erste wirkliche Weltrevolution – und zwar eine friedliche. Diese Zukunft ist näher, als die meisten Menschen denken.

Von Nordafrika über Spanien, Italien, Portugal, Griechenland hinüber in die USA, Brasilien und Mexiko wird die Solarenergie im Vergleich zu fossil-atomarer Energie schnell konkurrenzfähig, womit ein neues Zeitalter, das Solarzeitalter, und eine solare Weltwirtschaft eingeläutet werden. Der Marktanteil dieses uralten und immer wieder neuen, umweltfreundlichen und klimaverträglichen Rohstoffs ist praktisch unbegrenzt und ohne Kriege zu haben. Die politische Entscheidung des 21. Jahrhunderts heißt: Krieg um Öl oder Frieden durch die Sonne. Um die Sonne können keine Kriege geführt werden. Sie ist in einem Sicherheitsabstand von 150 Millionen Kilometern jedem menschlichen Zugriff grundsätzlich entzogen. Das hat der liebe Gott prima eingerichtet.

2009 nutzen in Deutschland schon fünf Millionen Menschen die Energie der Sonne. Und das ist erst der bescheidene Anfang. Was Die Grünen im Mai 2009 auf ihrem Parteitag in Berlin prognostiziert haben, ist durch die ersten Anfangserfolge schon bestätigt: Durch die hundertprozentige solare Energiewende und solares Wirtschaften sind in Deutschland eine Million neue Arbeitsplätze möglich. Wir können ein ökologisches Wirtschaftswunder schaffen, so wie unsere Elterngeneration nach 1945 das klassische Wirtschaftswunder schuf.

Allein 2008 wurden über 300 000 neue Solaranlagen auf Deutschlands Dächern installiert. Trotz Wirtschaftskrise: Die Solarbranche boomt weltweit.

In Österreich waren 2008 bereits vier Millionen Quadratmeter Sonnenkollektoren in Betrieb. Dadurch wurden der Umwelt 545 000 Tonnen CO_2 erspart. Die Solarbranche rechnet in Österreich bis 2020 mit über 20 Millionen Quadratmetern Kollektorfläche. Damit könnten etwa 60 000 Arbeitsplätze entstehen.

Strom vom Kirchendach – Energie von ganz oben

Manchmal nimmt auch eine Kirchengemeinde die Worte vom »Bewahren der Schöpfung« ernst. Seit Mitte Mai 1993 kommt in der Schweizer Gemeinde Steckborn der Strom vom Kirchendach. Auf dem 42 Meter hohen Kirchturm bildet eine Photovoltaikanlage die neue Fassadenverkleidung. Sie bringt jährlich 18 000 Kilowattstunden Strom. Das entspricht dem Jahresverbrauch von fünf Vierpersonenhaushalten.

Wenn auf allen Kirchendächern in Deutschland die Sonne angezapft würde, käme eine Menge zusammen. Diese Energie von oben wäre ein ganz praktischer und beispielhafter Schritt zur Bewahrung der Schöpfung. Jesus hat seine Botschaft immer konkret und praktisch gemeint: Tut, was ihr sagt! Immerhin gewinnen 2009 schon über 800 Kirchengemeinden in Deutschland über Solaranlagen auf ihren Kirchendächern Energie von ganz oben.

Die Schönauer »Stromrebellen« wurden bundesweit bekannt, als hier eine Bürgerinitiative erstmals in Deutschland vom alten Energieversorger gegen viel Widerstand komplett das Stromnetz übernahm. Die Bürger des Schwarzwaldstädtchens haben diese Entscheidung in zwei Volksentscheiden durchgesetzt. Heute bieten die Elektrizitätswerke Schönau – wie oben beschrieben – preiswerten Ökostrom an und sind einer der erfolgreichsten Ökostromerzeuger in Deutschland. Mit 630 neuen »Rebellenkraftwerken« beliefern sie 21 000 Stromkunden.

Auf ihrer Kirche haben die Schönauer ein »Schöpfungsfenster« in Form einer 27,4-kW-Photovoltaikanlage und eine 22-kW-Anlage auf dem Dach des Gemeindehauses installiert. Das kirchliche Beispiel wirkte ansteckend. Viele Schönauer haben jetzt Solaranlagen auf ihren Dächern.

Durch dieses Schöpfungsfenster auf dem Kirchendach ist das Bewusstsein für die solare Energie stärker geworden. »Die Schöpfungsfenster wandeln himmlische Energie in Kraft für den Alltag um«, sagt Ursula Sladek, Mutter von fünf Kindern und Managerin bei den Schönauer Elektrizitätswerken. Das Ziel der Schönauer

Grafik 1

2009 war weltweit der Höhepunkt der Ölförderung erreicht. Ab jetzt geht die Förderung zurück, aber die Nachfrage – hauptsächlich aus Schwellenländern wie Indien, China und Brasilien – steigt. Das heißt: Der Öl- und Benzinpreis kennt nur eine Richtung: nach oben!

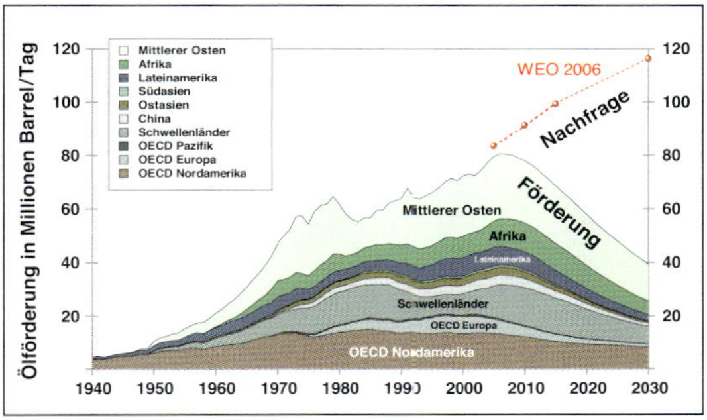

(Quelle: Ludwig-Bölkow-Systemtechnik GmbH, 2007)

Grafik 2

CO_2-Konzentration in den letzten 450 000 Jahren – die Fieberkurve steigt

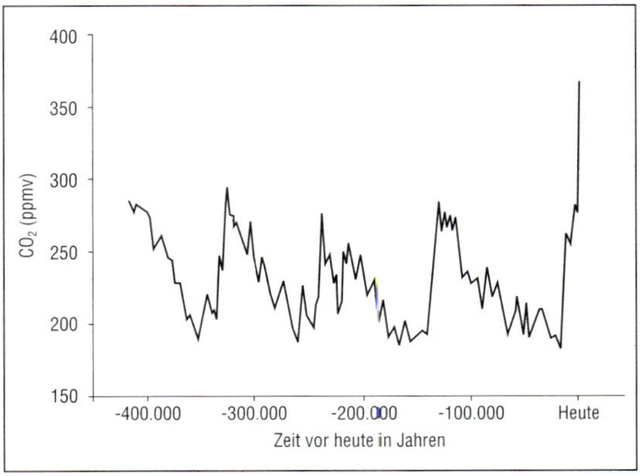

Grafik 3

Durchschnittlicher Stromverbrauch pro Kopf 2001 in ausgewählten Ländern in Kilowattstunden

(Quelle: Jahrbuch Erneuerbare Energien 2002/03)

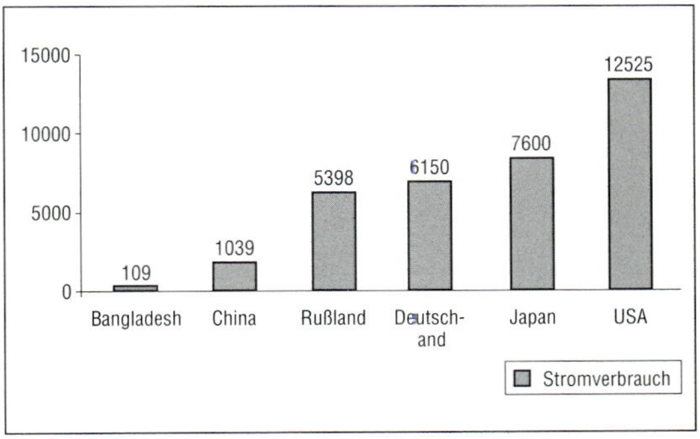

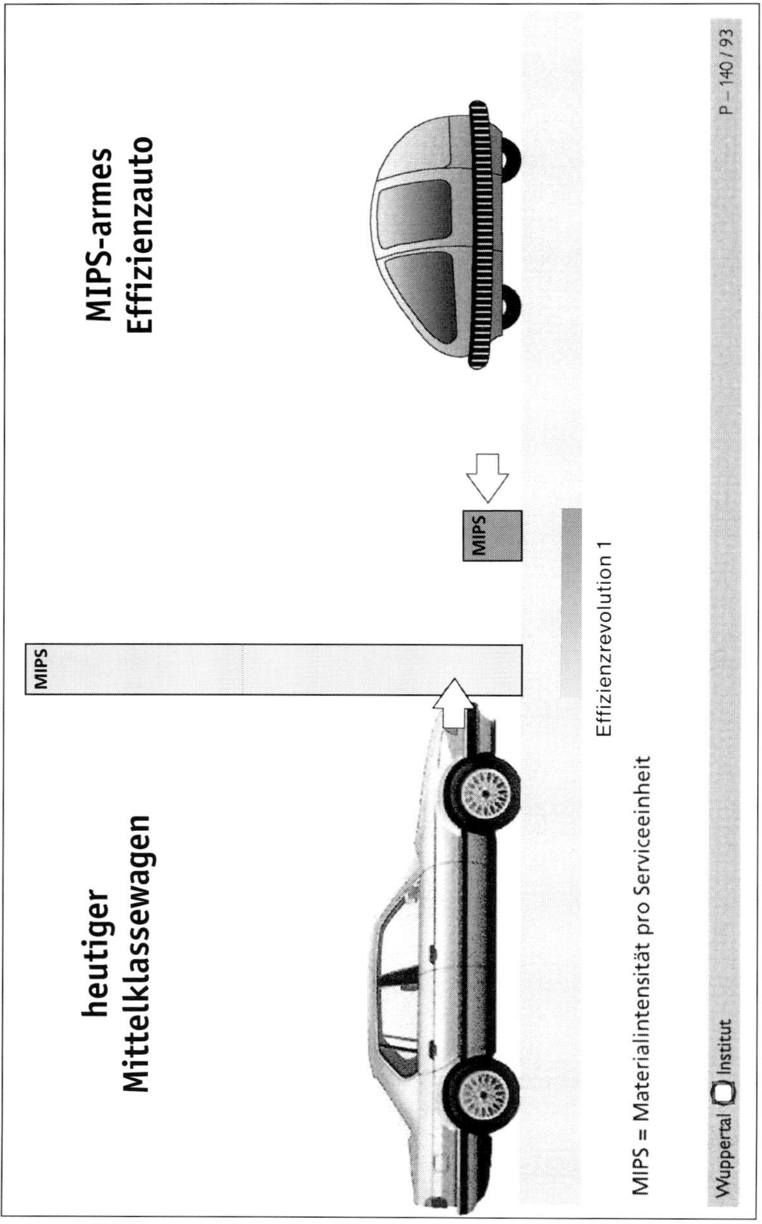

Grafik 4 Effizienzrevolution Autoproduktion

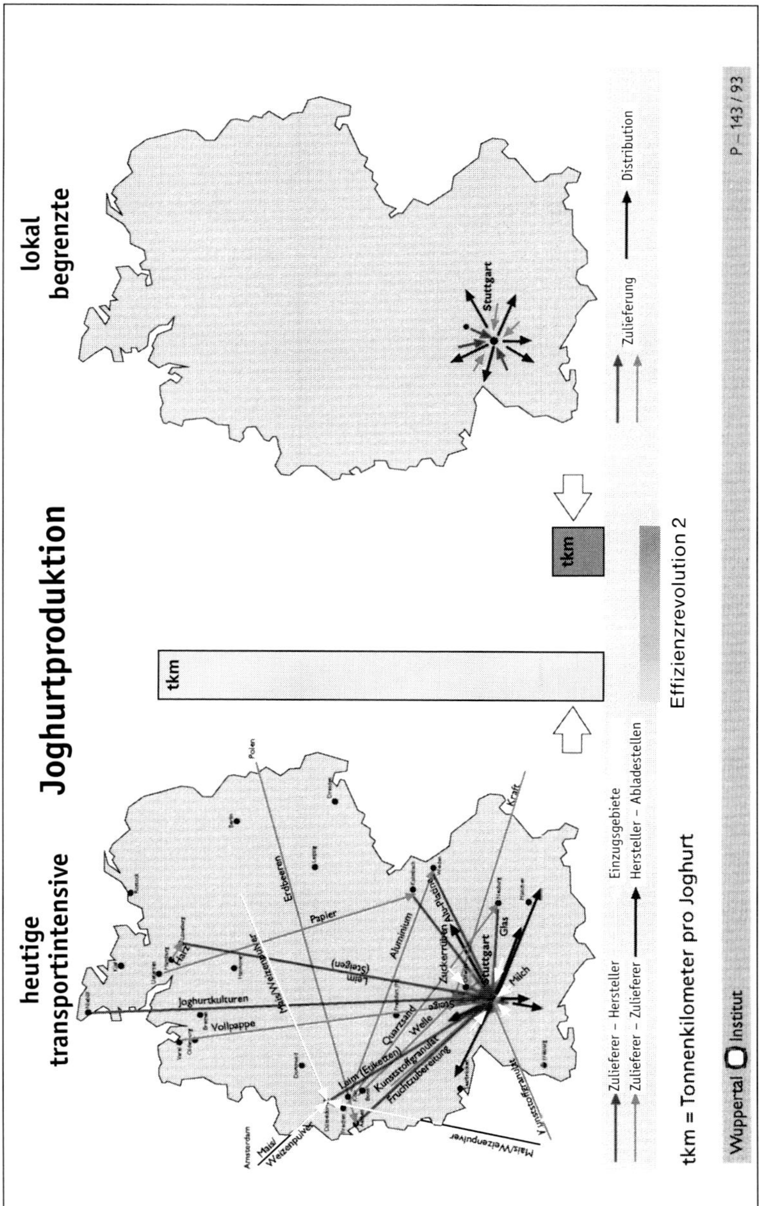

Grafik 5 Effizienzrevolution Joghurtproduktion

Grafik 6 Effizienzrevolution Hausbau

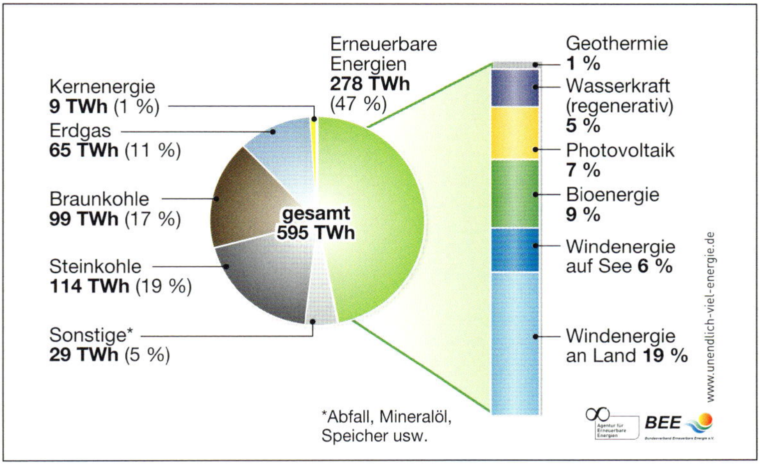

Grafik 7 Der Strommix im Jahr 2020: Erneuerbare Energien sichern 47 % der Versorgung

(Quelle: Branchenprognose 2020; Stand: 1/2009)

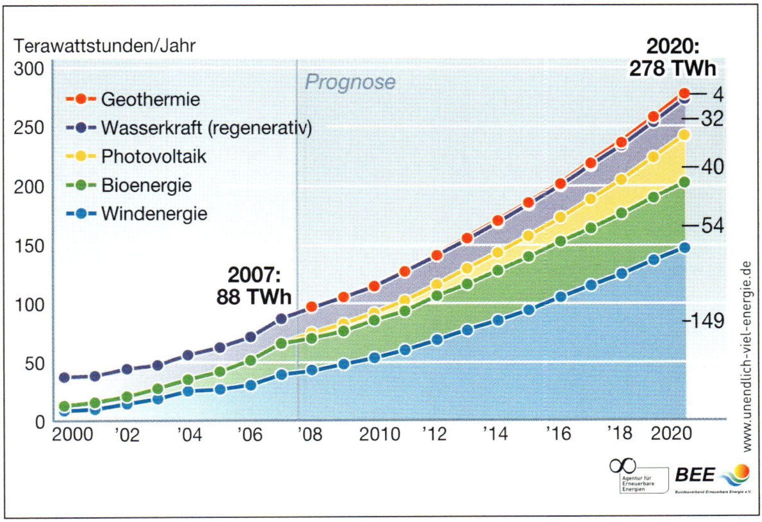

Grafik 8 Stromerzeugung aus Erneuerbaren Energien in Deutschland bis 2020

(Quelle: Branchenprognose 2020; Stand: 1/2009) © Agentur für Erneuerbare Energien

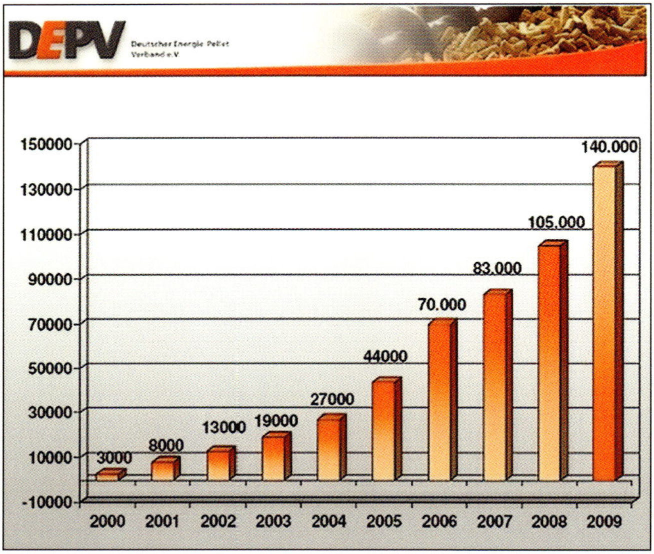

Grafik 9 Gesamtbestand an Pelletheizungen in Deutschland
(Quelle: DEPV auf Basis der Zahlen von BAFA, HKI und BDH Stand 2008, geförderte Heizkessel [bis 100 kW] und wassergeführte Öfen)

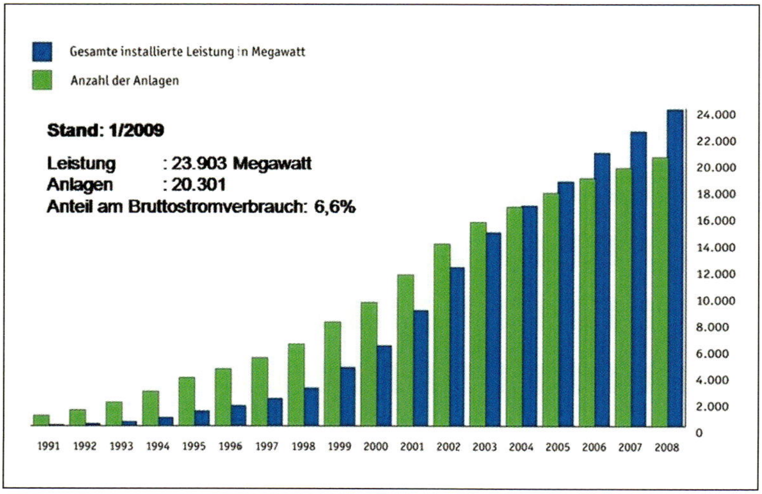

Grafik 10 Stand der installierten Leistung und jährlicher Neubau
(Quelle: DEWI / BWE, 2009)

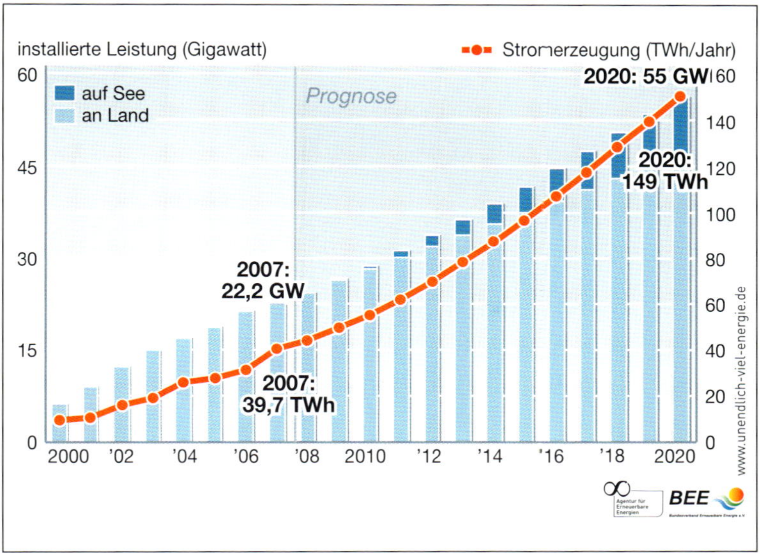

Grafik 11 Strom aus Windenergie in Deutschland bis 2020

(Quelle: Branchenprognose 2020; Stand: 1/2009) © Agentur für Erneuerbare Energien

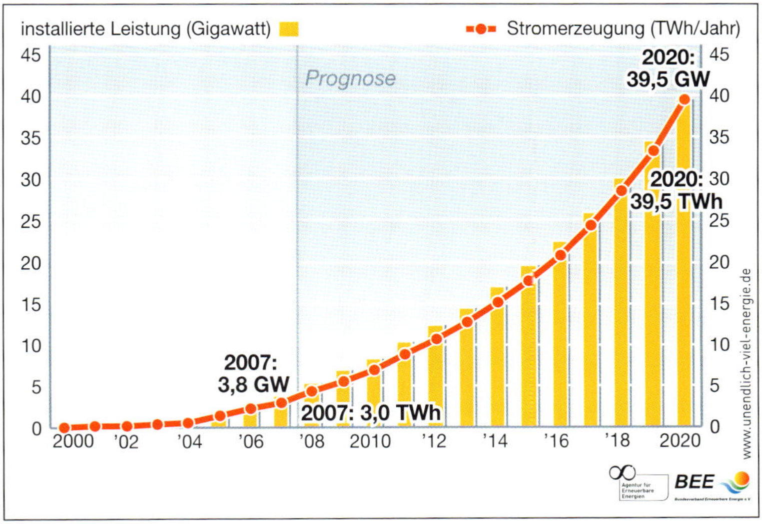

Grafik 12 Strom aus Photovoltaik in Deutschland bis 2020

(Quelle: Branchenprognose 2020; Stand: 1/2009) © Agentur für Erneuerbare Energien

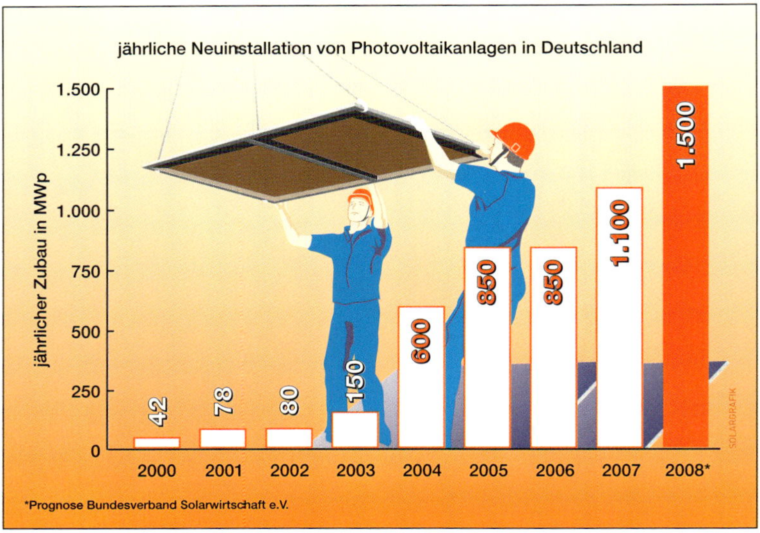

Grafik 13 Solarstrom auf Wachstumskurs

(Quelle: BSW-Solar, www.solarwirtschaft.de)

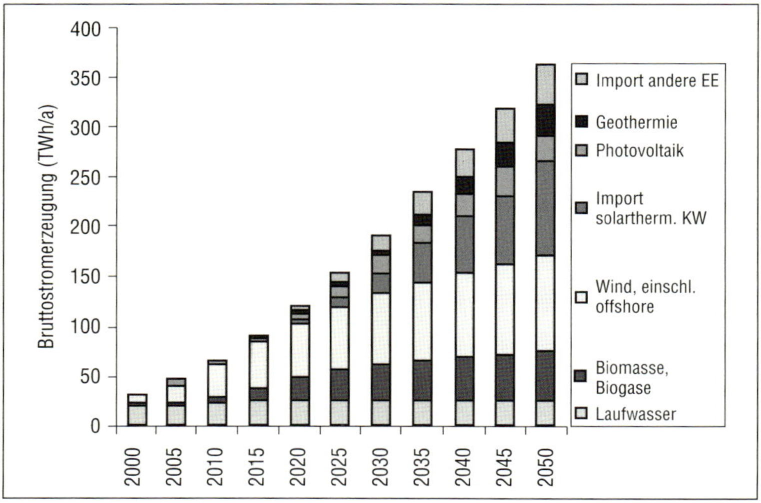

Grafik 14 Die Berechnungen der Deutschen Luft- und Raumfahrt für den Solarstrom-Mix bis 2050

(Quelle: Deutsche Luft- und Raumfahrt)

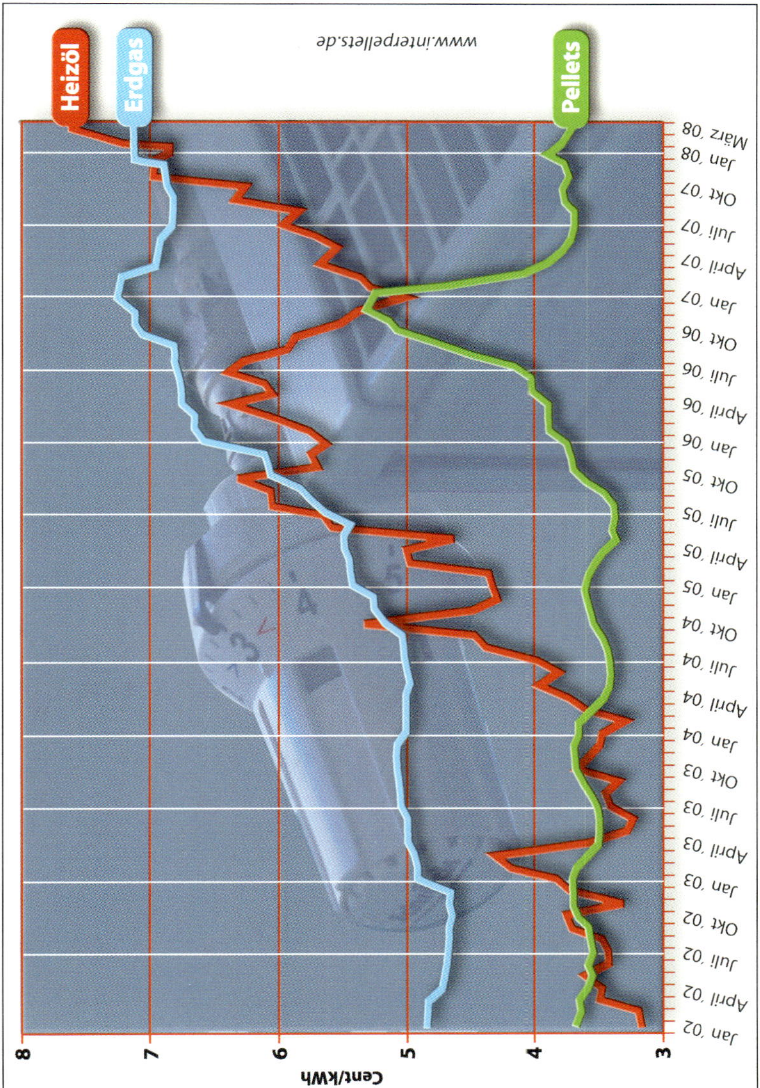

Basis: Verbraucherpreise für die Abnahmen von 3.000 l Heizöl, 33.540 kWh Gas bzw. 6 t Pellets (inkl. MwSt. und sonstigen Kosten). Bezugsgröße: unterer Heizwert

Grafik 15 Energiepreisentwicklung in Deutschland

(Quellen: Pelletspreise = Deutscher Energie-Pellet-Verband e.V. / Solar Promotion GmbH; Heizöl- und Erdgaspreise = Brennstoffspiegel; Stand: 3/2008) © Solar Promotion GmbH

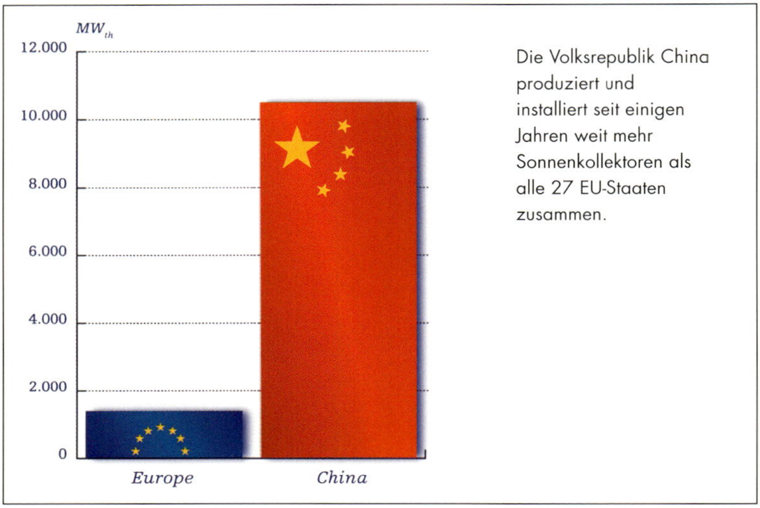

Grafik 16 Solarthermie-Markt 2005
(Quelle: W. B. Koldehoff; Stand: 10/2006)

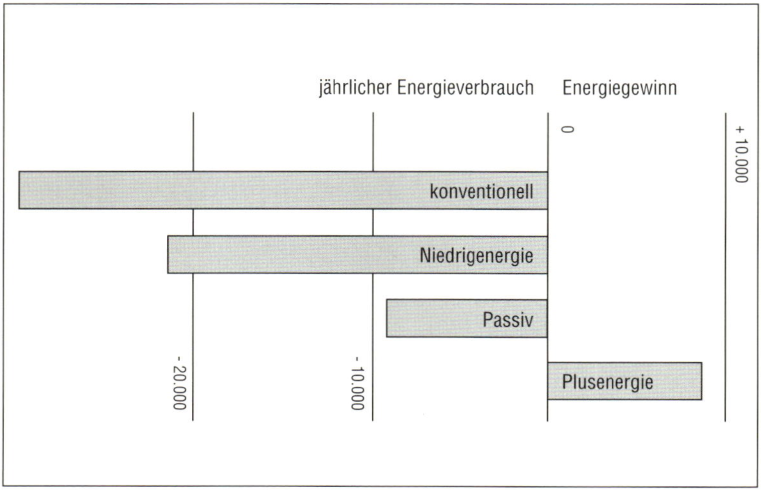

Grafik 17 Die Energiebilanz verschiedener Haustypen – Primärenergieverbrauch in kWh pro Jahr, berechnet für 140 m² Hausgröße
(Quelle: Rolf Disch, Freiburg, Solarsiedlung GmbH)

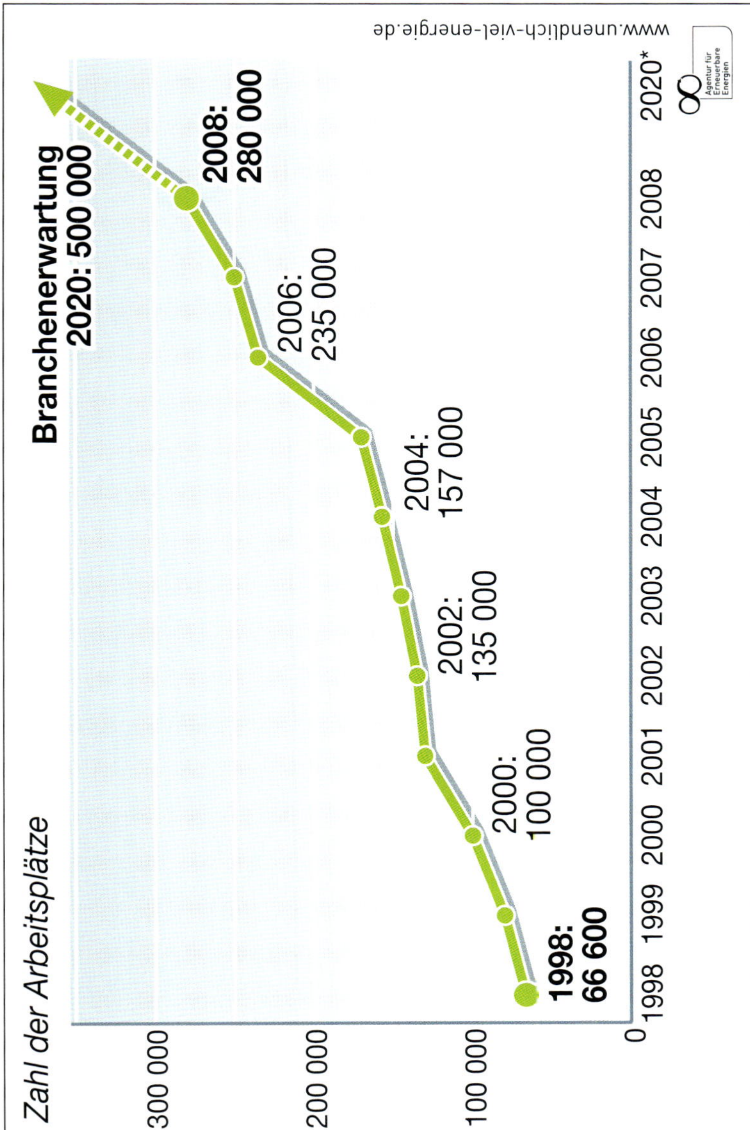

Grafik 18 Erneuerbare Energien: Arbeitsplätze in 10 Jahren vervierfacht

(Quellen: DLR/ZSW/DIW/GWS, BMU, UBA; Stand: 3/2009)

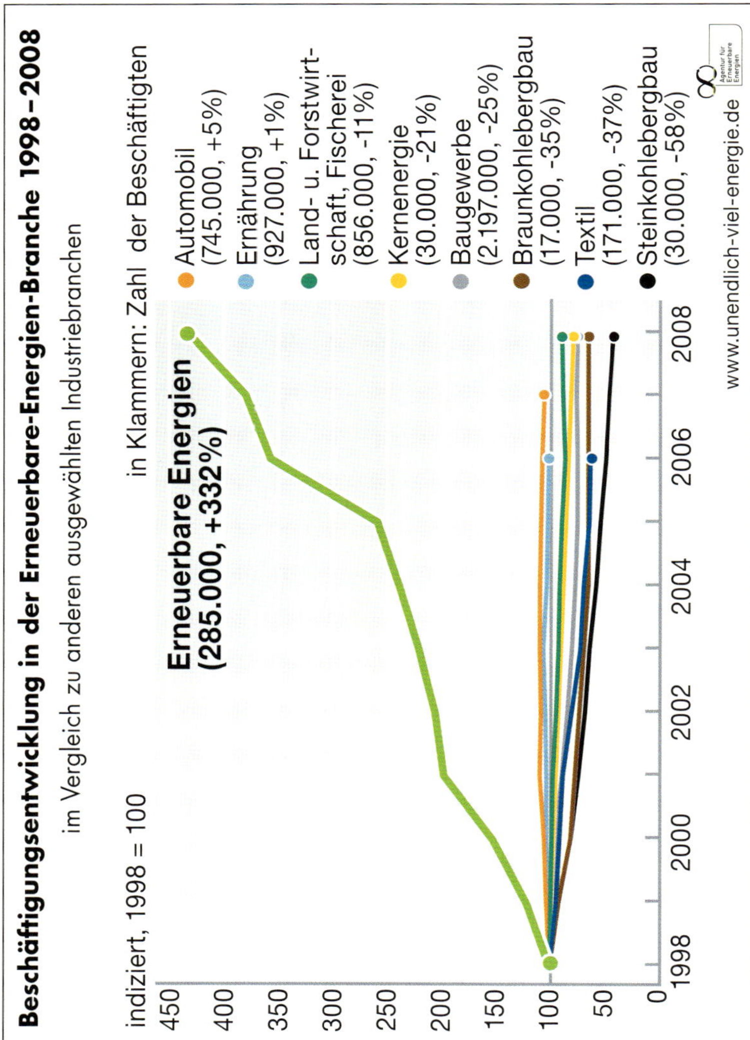

Grafik 19 In allen wichtigen deutschen Wirtschaftsbranchen brechen die Arbeitsplätze weg. Nur bei den Erneuerbaren Energien steigt die Zahl der Jobs unaufhaltsam in den letzten 10 Jahren. Diese Kurve wird weiter wachsen. Auch deshalb gehört den Erneuerbaren die Zukunft. Neue Energie – neue Arbeitsplätze.

(Quellen: Stat. Bundesamt, Statistik der Kohlewirtschaft, BMU, Atomforum, VDA; Stand: 4/2009)

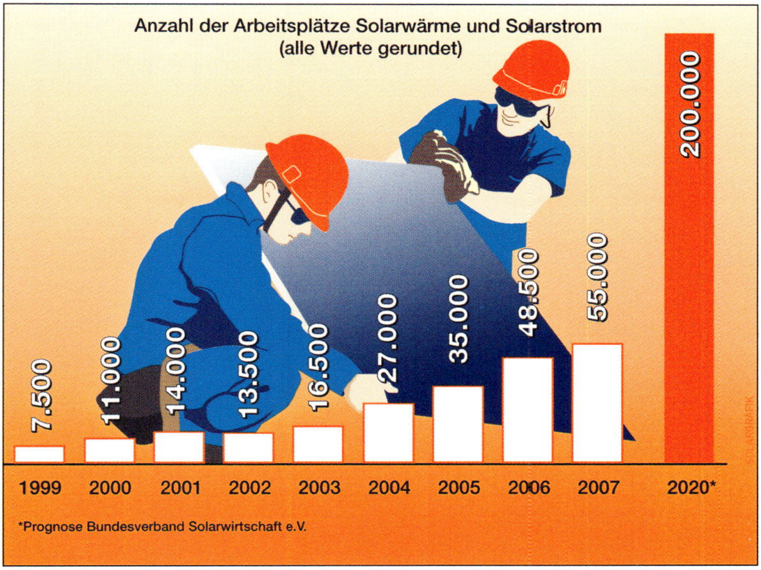

Grafik 20 Solarunternehmen schaffen Arbeitsplätze in Deutschland
(Quelle: BSW-Solar, www.solarwirtschaft.de)

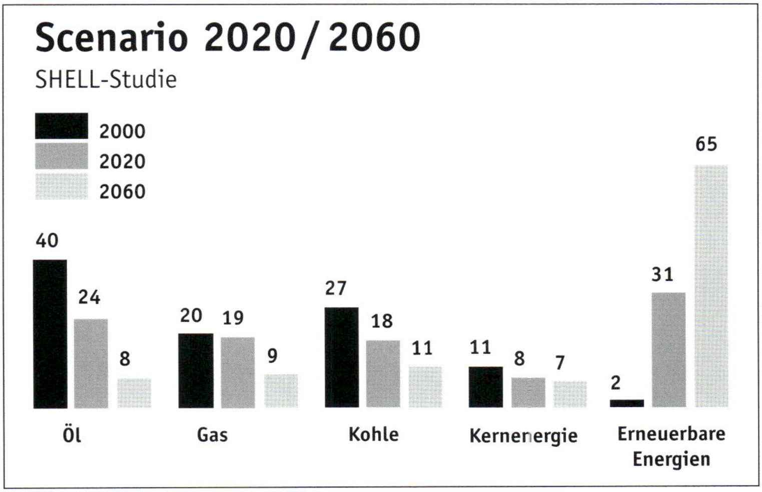

Grafik 21 Shell-Energieszenario bis 2060
(Quelle: Shell-Studie)

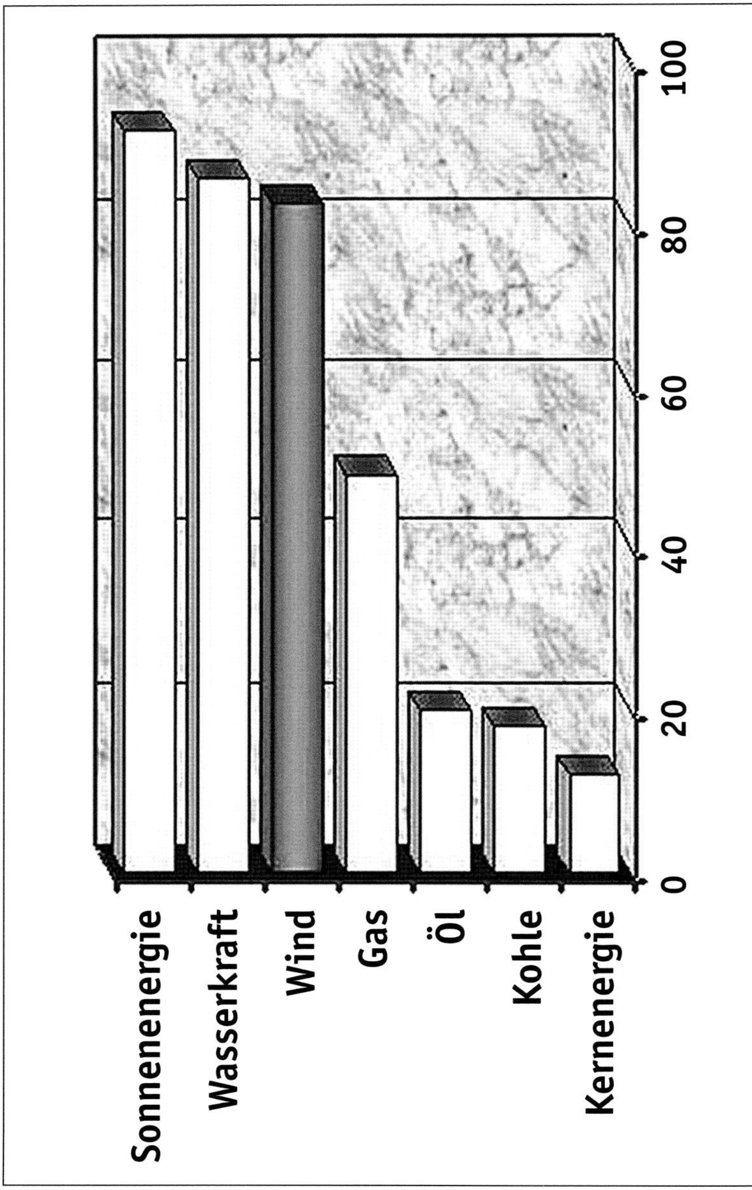

Grafik 22 Wunschenergien der Deutschen

(Quelle: Bundesverband Wind Energie e.V.)

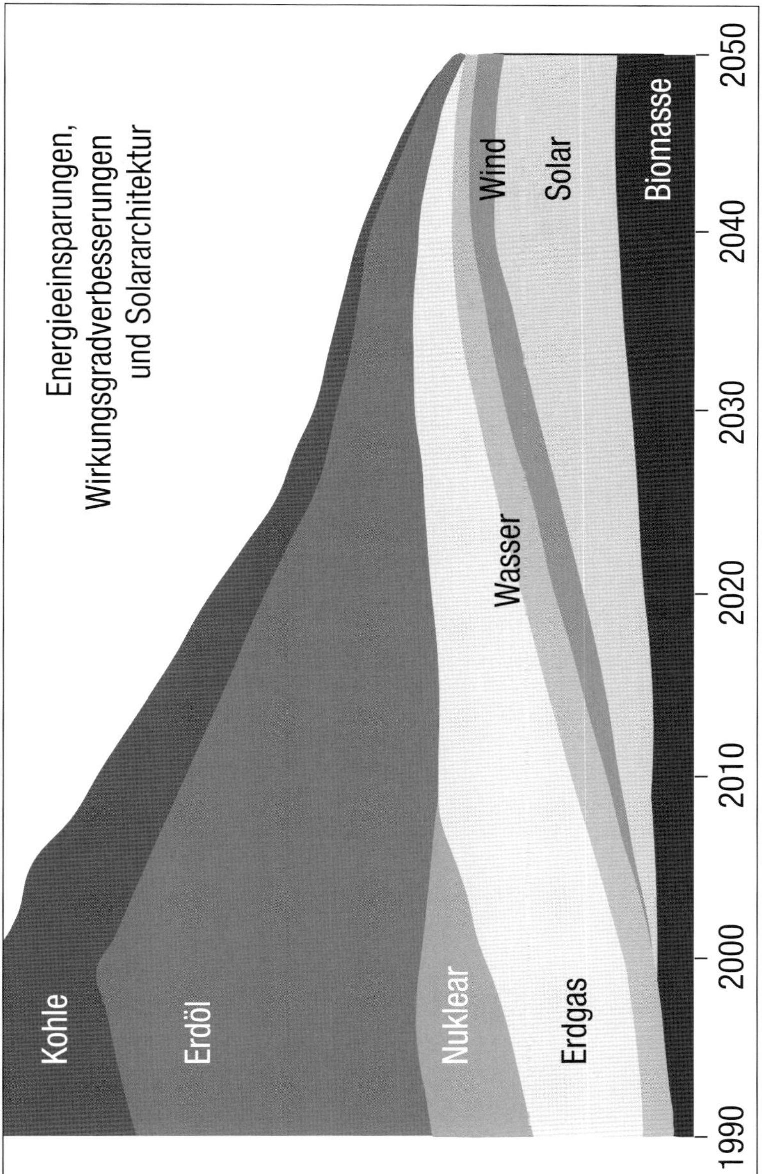

Grafik 23 Energieverbrauch 1990–2050 in der EU

(Quelle: Wuppertal-Institut, Wuppertal)

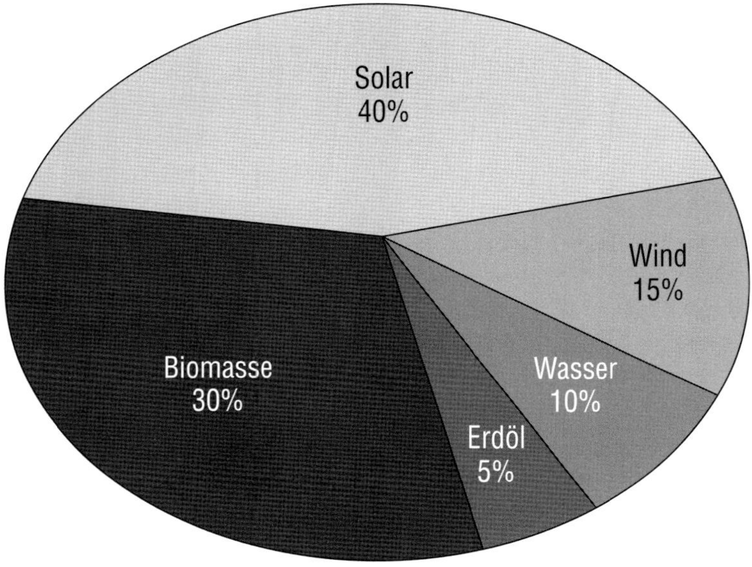

Grafik 24 Energieszenario der EU für 2050

(Quelle: Wuppertal-Institut, Wuppertal)

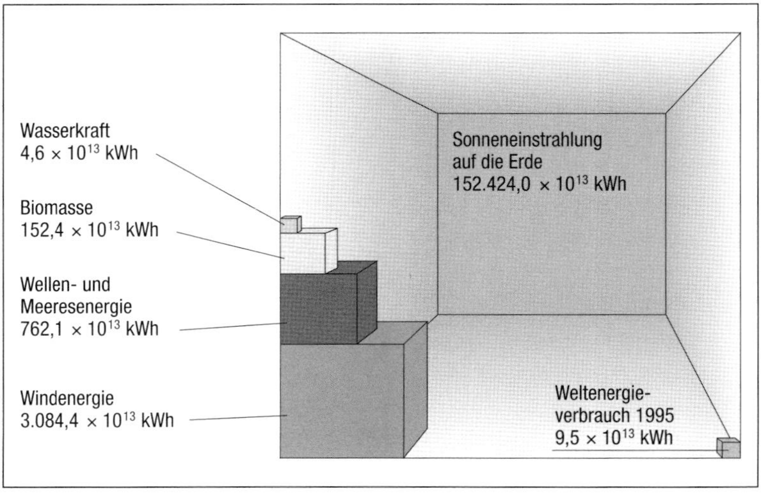

Grafik 25 Angebote Erneuerbarer Energien weltweit

(Quellen: Eurec. Agency / Eurosolar, WIP: Power for the World – A Common Concept)

Stromrebellen: eine klimafreundliche Energieversorgung ohne Atomstrom, eine eigenbestimmte ökologische Energiezukunft. In Schönau ist weder das Vorhandensein einer eigenen Dachfläche noch ein dickes Portemonnaie nötig, um sich für Sonnenstrom zu engagieren. Wichtig sind allein Menschen, denen die Zukunft ihrer Kinder wirklich am Herzen liegt. Christen beider Konfessionen haben für das Schöpfungsfenster zusammengearbeitet. Der Kirchengemeinderat kooperierte mit den politisch Verantwortlichen im Gemeinderat und dem CDU-Bürgermeister, katholische und evangelische Nachbargemeinden halfen ebenso wie Umweltgruppen.

Es gab Benefizkonzerte, Zaubershows von Francesco Altini, Vorträge, Stromseminare und Trödelmärkte zugunsten der Stromrebellen und ihrer Ziele. Fernsehen, Radio und Zeitungen berichteten. Selbst Kinder engagierten sich mit ihrem Taschengeld. Ganz Schönau wurde eine einzige Volkshochschule für Erneuerbare Energien.

Die Schönauer »Schöpfungsfenster« produzieren 40000 Kilowattstunden Strom pro Jahr, sind rentabel, weil sie kein CO_2 ausstoßen, Rohstoffe schonen und nahezu wartungsfrei sind. Sie schaffen Arbeitsplätze, fördern die regionale Wirtschaft und belasten – dank dem Erneuerbare-Energien-Gesetz – den Haushalt der Kirchengemeinde nicht. Sie rechnen sich. Außerdem sind sie umweltfreundlich, weil sie pro Jahr 30 Tonnen CO_2 vermeiden und kein »Restrisiko« bedeuten.

Und revolutionär sind die Schöpfungsfenster deshalb, weil sie am 150. Jahrestag der badischen Revolution, am 28. Juni 1998, trotz des Verbots des Denkmalamtes auf dem Kirchendach angebracht wurden. Das war allerdings die schnellste und erfolgreichste Revolution aller Zeiten. Denn das Denkmalamt zeigte sich durch die Presse und viele politische und kirchliche Fürsprecher so beeindruckt, dass die mündliche Genehmigung noch am Abend des Installationstages gegeben wurde.

Typisch für badische Revolutionäre war die konsequente Haltung des CDU-Bürgermeisters Bernhard Seger, der die Bürger

Schönaus zum Widerstand gegen den zunächst ablehnenden Beschluss der Denkmalbehörde aufforderte: »Ich hoffe, dass der heutige Protest in Schönau mehr Aktivität bewirkt als vor 150 Jahren. Durch die Schöpfungsfenster wird das Erscheinungsbild der Kirche nicht beeinträchtigt. Vielmehr wird die Kirche dadurch erst zu einem Denkmal.« Zuvor waren über 200 Menschen in Revolutionstracht von 1848 mit Pauken und Trompeten von der Gerichtslinde zur Bergkirche gezogen. Sie sangen: »Wir sind Schönaus bunter Haufen, he ja ho ho, wir wollen für die Umwelt raufen. Frisch voran, Leiter dran, schraubt auf dem Kirchendach Module an.«

Unter dramatischem Trommelwirbel wurden die Solarmodule schließlich auf dem Kirchendach montiert. Ein gutes Beispiel dafür, dass wir uns von Bürokraten und Bedenkenträgern nicht alles gefallen lassen dürfen.

Ökologische Wolkenkratzer?

Eine Studie des britischen Solarforschers Robert Hill ergab, dass in Großbritannien der gesamte Strom über Photovoltaikzellen produziert werden kann, wenn nur zehn Prozent der heutigen Gebäudeflächen mit Photovoltaikanlagen ausgestattet werden.

Das beliebte Argument, für die Nutzung von Sonnenenergie stünden zu wenige Flächen zur Verfügung, ist purer Unsinn. Solarfachleute in den USA haben errechnet, dass Solarzellen auf einem Dreihundertstel der Fläche der Vereinigten Staaten den gesamten Strombedarf der Nation liefern könnten. Es ist natürlich ökonomischer, Gebäudeflächen zu nutzen als freie Flächen. Die gesamte Infrastruktur für die solare Energieversorgung steht ja bereits. Eine solche Chance für wirkliche Innovation hat es in der Industriegeschichte noch nie gegeben.

Bei Neubauten können Solaranlagen nicht nur *auf* den Dächern und Fassaden angebracht werden, sondern auch *als* Dächer oder Dachziegel oder Fassaden. Der weltbekannte Ingenieurarchitekt

Norman Foster wollte in Frankfurt am Main ein Zeichen setzen. Für die Zentrale der Commerzbank träumte er von einem »grünen Wolkenkratzer« von 200 Metern Höhe – das erste energieautarke Hochhaus in Deutschland. Die integrierte Solartechnologie sollte für den Energiebedarf des Gebäudes aufkommen und noch Strom abgeben. Kann man tatsächlich ökologische Wolkenkratzer bauen?

Norman Foster wollte zeigen, dass die bisherige Großenergiewirtschaft durch eine Hausenergiewirtschaft abgelöst werden kann. Doch die Bosse der Commerzbank schreckten vor so viel Vision zurück. Aus dem geplanten Nullenergiehochhaus, dem höchsten Gebäude Europas, in dem jetzt 2400 Menschen arbeiten, wurde ein Niedrigenergiehochhaus. Es verbraucht 30 Prozent weniger Energie als die alten Wolkenkratzer in Frankfurt. Und das bedeutet 200 000 Euro Einsparungen im Jahr.

Der »Stararchitekt« Norman Foster will jetzt in Japan, Hongkong und Singapur realisieren, wovon er schon lange träumt: Hochhäuser bauen, die mithilfe von Sonne und Wind mehr Energie erzeugen, als sie verbrauchen.

Im arabischen Masdar baut er jetzt die erste Solarstadt der Welt. Dort wird aller Strom für 50 000 Einwohner und für 1500 Firmen über die Sonne und den Wind gewonnen. Schon für den Bau der Stadt wird ausschließlich Erneuerbare Energie benutzt. Deutsche Firmen bauen die dafür benötigten Solarkraftwerke in die Wüste. In Masdar soll kein einziges Benzinauto fahren, sondern ausschließlich Elektroautos. Norman Foster: »An dieser Solarstadt wird sich künftig die gesamte Architektur der Welt orientieren. Wir werden in Zukunft nur noch Solarstädte bauen.«

Solararchitektur braucht keine Großkraftwerke mehr am Rande der Städte. Selbst dann, wenn Sonnenenergie nicht über ein dezentrales System vieler Dächer, sondern großflächig über Sonnenkraftwerke genutzt werden soll, ist der zusätzliche Landbedarf für eine Sonnenwirtschaft bescheiden.

Nicht fehlende Fläche, Geldmangel oder technische Inkompetenz stehen dem Aufbau von Sonnenenergiefarmen entgegen, sondern Phantasielosigkeit und geistige Trägheit, das Gewinnstreben der alten Energiewirtschaft und die Angst von Politikern vor dem alten Energiekomplex und ihre Verstrickung darin.

Solare Massenproduktion erfordert ein Startkapital von einigen Hundert Millionen Euro. Das ist zu viel für kleine Hersteller. Und die großen haben noch zu wenig wirkliches Interesse. Ihr Hauptinteresse ist noch immer: Propaganda gegen Solarenergie, zumindest solange sich die vielen Milliarden Investitionen in die alten Energieträgersysteme noch nicht amortisiert haben. Jährlich werden weltweit 800 Milliarden Dollar in die alte Energiepolitik investiert. Das objektive Problem freilich ist: Wir haben nicht mehr viel Zeit zur Rettung der Menschheit durch die solare Revolution.

Alle Politiker auf der Höhe der Zeit können ihren Wählern eine aufregende Botschaft vermitteln:

- Die solare Energiewende ist in einer Generation machbar.
- Energie aus Sonne, Wind, Erdwärme, Wasserkraft, Biomasse und solarem Wasserstoff wird auch ökonomisch immer attraktiver.
- Der unschlagbare Vorteil der regenerativen Energie ist ein ökonomischer: Die Rohstoffe Licht, Wind, Erdwärme und Wasser stehen uns kostenlos zur Verfügung.
- Die neuen Energien werden immer preiswerter, die alten immer teurer.
- Nur Erneuerbare Energien und Energieeffizienz bieten noch einen Fluchtweg aus dem Treibhaus.
- Um Sonne, Wind, Biomasse und Erdwärme werden keine Kriege geführt. Die Sonne hat einen Sicherheitsabstand zur Erde von 150 Millionen Kilometern.
- Der Kernfusionsreaktor Sonne hat noch eine Restlaufzeit von etwa fünf Milliarden Jahren. Störungsfrei. Wartungsfrei. Ohne radioaktive Abfälle.

Vom Ölkonzern zum Solarkonzern

Nicht die amerikanischen, aber zwei der großen europäischen Ölkonzerne haben angefangen, von Öl auf Sonne umzusteigen: Shell und BP. Ist das nur ein PR-Gag oder ernst gemeint? Auf der Basis des hier abgedruckten Energieszenarios bis 2060 habe ich vier Fernsehsendungen produziert. Danach sollen in etwa 50 Jahren zwei Drittel des Weltenergieverbrauchs aus Erneuerbaren Energiequellen gewonnen werden, prognostiziert der Ölkonzern Shell. Ein Shell-Vorstand in einer meiner Fernsehsendungen auf die Frage, warum und wofür sein Konzern in den letzten Jahren 500 000 Hektar Wald gekauft habe: »Erdöl geht zu Ende, aber Wald wächst immer.«

In Grafik 21 zeigen die schwarzen Säulen den Energieverbrauch für Erdöl, Erdgas, Kohle, Kernenergie und Erneuerbare Energien im Jahr 2000. Wir sehen: 40 Prozent Erdöl, 20 Prozent Erdgas, 27 Prozent Kohle, 11 Prozent Kernenergie und (ohne die Biomasse) erst 2 Prozent Erneuerbare Energien. Die mittleren Säulen zeigen den möglichen Energieverbrauch im Jahr 2020: Erdöl ist bereits auf 24 Prozent gesunken, und die Erneuerbaren sind auf 31 Prozent angestiegen.

Auffällig ist, dass ausgerechnet nach der Vorstellung des Ölmultis Shell schon in zehn Jahren fast ein Drittel des gesamten Weltenergieverbrauchs aus erneuerbaren Quellen stammen soll. Geradezu sensationell ist aber der Shell-Blick auf das Jahr 2060, dargestellt mit den hellen Säulen ganz links: noch 8 Prozent Erdöl, 9 Prozent Erdgas, 11 Prozent Kohle, 7 Prozent Kernenergie, aber 65 Prozent Erneuerbare Energie.

BP hatte ähnliche Ziele, was die Erneuerbaren Energien betrifft, und war sogar eine Zeit lang Weltmarktführer bei der Produktion von Solarzellen. Doch diese Stellung hat der Ölkonzern zwar noch nicht in seinen Anzeigen über Erneuerbare Energie, doch in der Praxis lange aufgegeben.

Der frühere Shell-Vorstand Fritz Vahrenholt sagte mir in einer Livesendung im Fernsehen: »Shell wird ein Solarkonzern. Wir haben gar keine andere Wahl. Uns geht der alte Stoff aus. Aber wir wollen auch morgen noch Menschen beschäftigen und Geld verdienen. Der Treibhauseffekt beschleunigt den Umstieg auf die Erneuerbaren Energien.«

BP und Royal Dutch/Shell haben sich freiwillig zur Reduktion der eigenen Treibhausgasemissionen im Sinne des Kyoto-Protokolls verpflichtet. Beide Konzerne haben in den USA spektakulär eine Koalition von großen Energieunternehmen verlassen, die Präsident Bush in seiner Anti-Klima-Politik unterstützten.

Der frühere BP-Chef John Browne hatte für BP drei Umweltziele formuliert:

- bis 2010 mindestens zehn Prozent weniger Treibhausgase im eigenen Betrieb,
- BP Solar soll bis 2007 ein Umsatzvolumen von einer Milliarde Dollar erzielen,
- BP will die Forschung und Entwicklung von Brennstoffzellen forcieren.

Leider hört man von den heutigen BP-Bossen fast nichts mehr über Erneuerbare Energien. Nichtregierungsorganisationen kritisieren zu Recht, dass BP noch kein ähnliches Umstiegsszenario vorgelegt hat wie Shell. Auch für seine Investitionen in das Unternehmen PetroChina wurde BP heftig kritisiert. Dadurch wird nämlich Chinas Macht über Tibet gestärkt. Und die Ölpolitik von Shell in Nigeria hat zu unzähligen Menschenrechtsverletzungen beigetragen.

Wie vertragen sich die Ölgeschäfte von Shell und BP mit dem behaupteten Umstieg zu Sonnenkonzernen? Beide Konzerne haben bei Umweltschützern und Menschenrechtsgruppen einen schlechten Ruf. Im Zeitalter wachsender Konsumentenmacht ist ein schlechter Ruf *die* empfindliche Stelle von Großkonzernen.

Die beiden österreichischen Journalisten Klaus Werner und Hans Weiss schreiben in ihrem Globalisierungsbestseller »Das neue Schwarzbuch Markenfirmen – die Machenschaften der Weltkonzerne« über die Ölkonzerne: »In keiner Branche werden Menschenrechte so mit Füßen getreten wie im Erdölbusiness. Für ihre Profite aus dem schwarzen Gold finanzieren unsere Treibstofffirmen Kriege, bezahlen Killertruppen und machen ganze Landstriche unbewohnbar.«

Die Autoren werfen auch Shell und BP die Finanzierung von Bürgerkriegen und Waffenhandel vor sowie die Zerstörung von Lebensgrundlagen in Fördergebieten. Auch die neuen Sonnenfreunde im großen Ölgeschäft sind mitverantwortlich, dass in Tibet, Sudan und in Angola (BP) oder in Nigeria (Shell) Menschen für den Bau von Erdölpipelines vertrieben wurden und zum Teil noch werden. Allerdings haben sowohl BP als auch Shell bekundet, dass sie ihre Finanzströme in »Krisenländern« publik machen wollen.

Im Gegensatz zu Konzernen wie Esso, Aral oder Texaco haben BP-Solar und Shell-Solar zusammen mit Siemens Solar wenigstens einige Hundert Arbeitsplätze im Bereich Erneuerbare Energien geschaffen. Allerdings beschäftigen ihre Mutterkonzerne je über 100 000 Mitarbeiter. Wir verbrauchen einfach noch zu viel Öl und haben zu wenig Skrupel, es zu verschwenden. Immerhin hat Shell schon 1999 in Gelsenkirchen die damals modernste Solarzellenfabrik der Welt gebaut, und zwar an der Stelle, wo früher eine Kohlegrube war. Das Unternehmen plant auch, bald in das Geschäft mit riesigen Offshore-Windparks in der Nordsee einzusteigen.

Die Antwort auf die oft gestellte Frage, warum Ölkonzerne allmählich in Erneuerbare Energien einsteigen, ist einfach: weil sie gewinnen und nicht verlieren wollen. Wer zu spät kommt, den bestraft das Leben. Energiesparendes Sanieren unserer Altbauten, solares Bauen und ökologisches Wirtschaften sind kein modischer Schnickschnack, sondern eine Herausforderung an unseren Überlebenswillen, den langfristig auch die Global Players nicht ignorieren können.

In den USA setzte schon zu Zeiten von Bushs Präsidentschaft eine ganze Reihe von Bundesstaaten auf Erneuerbare Energien. Im bevölkerungsreichsten und wirtschaftsstärksten Bundesstaat Kalifornien soll der Ökostromanteil ohne Wasserkraft im Jahr 2017 schon 20 Prozent betragen – mit Wasserkraft sogar 25 Prozent. Das wäre eine Verdoppelung gegenüber 2003. Los Angeles wirbt mit dem Programm: »Green Power for a green L. A.«

Arnold Schwarzenegger hat als Gouverneur von Kalifornien sogar angekündigt, sein Land werde bis 2020 ein Drittel allen Stroms erneuerbar produzieren und als erste Region der Welt überhaupt ein flächendeckendes Tankstellennetz für wasserstoffbetriebene Autos installiert haben. Manchmal kommen politische Veränderungen von Personen und Parteien, denen es am wenigsten zugetraut wurde. Es gab schon immer auch das andere Amerika, nicht nur das des Umweltignoranten George W. Bush.

Die vier Flughäfen von Los Angeles haben beschlossen, bis zum Jahr 2010 schon 50 Prozent ihres Strombedarfs ökologisch zu erzeugen. Ähnlich ehrgeizige Ziele haben sich 13 weitere US-Bundesstaaten gesetzt. Die Wissenschaftsvereinigung »Union of Concerned« hat errechnet, dass in Kalifornien alle Energie direkt aus Sonnenlicht gewonnen werden könnte. Außerdem gibt es aber noch riesige Potenziale an Windenergie, Wasserkraft, Erdwärme, Biomasse, Wellenenergie und solar erzeugtem Wasserstoff. Al Gore hat eine Studie vorgestellt, wonach der gesamte Stromverbrauch der USA innerhalb von nur zehn Jahren auf Erneuerbare Energien umgestellt werden kann.

Berlin – die erste solare Hauptstadt

Schon 1990 erklärte die Bundesregierung unter Helmut Kohl, es sei ihr Ziel, die CO_2-Emissionen in Deutschland bis zum Jahr 2005 um 25 bis 30 Prozent zu reduzieren. 1991 beschloss die Bundesregierung, beim Bau der Regierungs- und Parlamentsgebäude in der Hauptstadt Berlin beispielhaft auf rationelle Energieverwendung zu achten.

1992 vereinbarten Bundesregierung und Berlin im Artikel 1 des Hauptstadtvertrags, beim Ausbau Berlins zur Hauptstadt ökologisch sensibel vorzugehen. Berlin beschloss, die CO_2-Abgase bis zum Jahr 2010 sogar um 50 Prozent zu reduzieren. Was lag also nach all diesen hehren Absichtserklärungen näher, als in Berlin erstmals in der Welt ein solares Regierungs- und Parlamentsviertel zu bauen?

Berlin, die solare Hauptstadt! Dieses Signal würde weltweit der längst fällige Startschuss für das Solarzeitalter werden. Berlin würde zum Zeichen für ein gewandeltes, verantwortungsbewusstes Deutschland werden, zum Symbol dafür, dass wir den Friedensvertrag mit der Natur in die Tat umsetzen wollen.

Deutschland baut die erste solare Hauptstadt der Welt – dieses Zeichen würde ansteckend wirken, und es würde verstanden werden. Der Deutsche Bundestag hat mit den Ergebnissen seiner Enquête-Kommission zum »Schutz der Erdatmosphäre« in den späten Achtziger- und in den Neunzigerjahren bereits international Beachtung gefunden und würde mit einer Entscheidung für die solare Hauptstadt Berlin für sich selbst die umweltpolitischen Konsequenzen ziehen. So habe ich 1991 in einem offenen Brief an Kanzler Kohl argumentiert.

Die Dächer und Fassaden des Berliner Regierungsviertels sollten zur aktiven und passiven Solarnutzung geeignet sein, die Gebäude natürlich belichtet und belüftet und Energiesparen zur beispielhaften CO_2-Verminderung selbstverständlich sein. Die Neubauten in Berlin sollten nicht nur besonders schön sein, sondern auch vorbildlich ökologisch gestaltet werden. Sonnenenergie vom Dach der Regierung und des Parlaments in Berlin würde viele Nachahmer auf der ganzen Welt finden. Doch was wurde aus dieser Vision?

Immerhin: Auf dem neuen Bundeskanzleramt in Berlin werden etwa 1400 Quadratmeter Solaranlagen installiert, auf dem Bundeswirtschaftsministerium sind es etwa 800 und auf dem Bundespräsidialamt circa 350 Quadratmeter. Auch die drei Abgeordnetenhäuser mit den Büros für die Volksvertreter weisen insgesamt 3400 Quadratmeter und der neue Reichstag über 320 Quadratmeter auf. Mit Solarstromanlagen auf insgesamt acht Ministerien und vielen anderen Bundesbauten in Berlin gilt die neue deutsche Hauptstadt jetzt tatsächlich als die erste solare Hauptstadt der Welt.

Das war so von der Regierung Kohl unter dem Umweltminister Klaus Töpfer geplant und wurde dann von der rot-grünen Regierung realisiert. Damit wird der in Berlin insgesamt erzeugte Solarstrom mit jetzt rund 20 000 Quadratmetern Photovoltaikanlagen verdoppelt. Wenn der Bundespräsident, der Bundeskanzler oder die Bundeskanzlerin und die Abgeordneten sich für Solarstrom entscheiden, ist das ein unübersehbares politisch-ökologisches Signal.

Warum aber wird so wenig damit geworben? Kaum ein Bundesbürger weiß, dass seine Hauptstadt beispielhafte solare Vorzeigeprojekte aufweist. Die meisten Solaranlagen auf den Bundesgebäuden sind von den Straßen Berlins nicht einsehbar. So befindet sich auch das ökologische Glanzstück der solaren Hauptstadt im Keller des Reichstages, wo es ebenfalls kein Besucher zu Gesicht bekommt, wenn er nicht ausdrücklich darum bittet. Dort erzeugt ein Biomasse-Blockheizkraftwerk mit Pflanzenöl fast die gesamtes Energie des Hauses: Strom, Wärme und Kühlung. Pflanzenöl ist als gespeicherte Sonnenenergie absolut klimafreundlich, weil die Pflanzen beim Wachsen genauso viel CO_2-Treibhausgase aufnehmen, wie beim Verbrennen wieder freigesetzt werden – ein geschlossener CO_2-Kreislauf ohne Klimabelastung.

Das Bundeskanzleramt braucht pro Jahr und Quadratmeter nur noch ein Drittel der Energie im Vergleich mit dem Bonner Bundeskanzleramt. Mindestens ebenso wichtig wie Erneuerbare Energie war nämlich den Planern, Architekten und Politikern das Einsparen von Energie.

Über 60 Prozent der Energieversorgung der Regierungs- und Parlamentsgebäude am Spreebogen erfolgt nun durch regenerative Energieträger. Ein energetischer Vergleich dieser staatlichen Gebäude mit den privaten Hochhäusern am Potsdamer Platz ist besonders eindrucksvoll: Die Regierungsgebäude zeigen ganz konkret und praktisch, wie die künftige Energieversorgung aussehen wird. Diese Gebäude weisen deshalb auch neue, zukunftsweisende architektonische Gestaltungskonzepte auf. Nichts davon ist am

Potsdamer Platz zu spüren, der gestalterisch konventionell und beliebig wirkt.

Das solare Regierungsviertel in Berlin hat Vorbildfunktion. Schade nur, dass es bis heute keine Broschüre gibt, die zum Beispiel die Millionen von Reichstagsbesuchern darüber aufklärt. Sie hätten nämlich einen Grund weniger, auf ihre Volksvertreter zu schimpfen.

Klaus Töpfer hat als Umzugsbeauftragter konsequent nach seinem Motto gehandelt: »Ökologisches Bauen heißt möglichst gar nicht bauen, sondern renovieren, restaurieren und sanieren.« Der Ökologe Töpfer achtete darauf, dass kein einziges Ministerium in Berlin neu gebaut wurde. Der einzig wirkliche Regierungsneubau ist das Kanzleramt. So wurde von vornherein viel Energie und Baumaterial eingespart.

In Japan geht die Sonne auf

Als ich im Frühjahr 2003 Japan besuchte, um mein Buch »Das ökologische Wirtschaftswunder« vorzustellen, hielt ich mich zunächst auf einer kleinen südjapanischen Insel auf. Dort standen acht Häuser – fünf davon hatten eine Solaranlage.

In Japan ist eine Solarstromanlage für viele Menschen bereits ein Prestigeobjekt. Für manche Japaner ist die Solaranlage auf dem Dach schicker als ein großes Auto in der Garage. Japans größte Solarsiedlung Kiyomino bei Tokio besteht aus 79 Häusern, die alle eine Solarstromanlage mit einer Leistung von drei Kilowatt haben. Die Solarelemente sind im Dach integriert. Solarintegriertes Bauen ist zukunftsfähiges Bauen.

Rund 287 000 Euro kostet eines der schönen Solarhäuser in Kiyomino. Die Solaranlage, für die 14 300 Euro berechnet sind, erzeugt pro Jahr etwa 2800 Kilowattstunden Strom. Die Hakushin Corporation, ein Mittelständler mit 85 Mitarbeitern, hat die Solarsiedlung gebaut. Die nächste Solarsiedlung mit 84 Häusern wurde 2004 fertiggestellt.

Es ist kein Zufall, dass die drei weltgrößten Solarkonzerne lange in Japan beheimatet waren. Solartechnologie und ihr weltweiter Export können in Japan langfristig eine Million Arbeitsplätze schaffen. Japan öffnet sich aber auch der Windtechnologie und will gegenüber Deutschland in den nächsten Jahren aufholen.

VII. ENERGIE AUS DER LUFT

Viel Wind für die Windenergie

Bis 2020 können Windräder an Land und auf See in Deutschland mehr Strom erzeugen als alle heutigen Grundlastwerke aus Atom-, Steinkohle-, Braunkohle- und Erdgaskraftwerken zusammen. Es seien bis dahin »moderne Windenergieanlagen mit einer installierten Leistung von 45 000 Megawatt an Land und 10 000 Megawatt auf hoher See zu erwarten«. Sind solche Perspektiven aber auch realistisch oder lediglich Wunschdenken eines Interessenverbandes?

In den Segeln unserer Boote fingen wir Menschen schon vor Jahrtausenden die Kraft des Windes ein. Später lernten wir, mit Windkraft Wasser zu pumpen und Weizenkörner zu mahlen. Um 1900 gab es zwischen Holland und Dänemark an der Nordsee etwa 100 000 Windmühlen. Allein in Dänemark produzierte der Wind im Jahr 1910 schon 500 Millionen Kilowattstunden Energie.

Meteorologische Messungen haben ergeben, dass im ständig wehenden Wind etwa 80-mal so viel Energie steckt, wie die Menschheit heute verbraucht. Da der Wind jedoch ungleichmäßig stark weht und häufig seine Richtung ändert, kann nur ein Bruchteil davon praktisch genutzt werden. In Zentralafrika, aber auch in großen Teilen Asiens und Lateinamerikas bläst der Wind mit durchschnittlichen Geschwindigkeiten unter 3,6 Meter in der Sekunde und ist damit für die heutige Energieproduktion uninteressant. In Ostsibirien und Alaska, in Kanada, im Himalayagebiet und in Nordeuropa hingegen ist der Wind meist schneller als 5 Meter in der Sekunde. Das bringt viel Energie. Auch Mittelgebirge sind günstig für die Nutzung der Windenergie: zum Beispiel der Brocken, der Schwarzwald, der Hunsrück und die Schwäbische Alb, aber ebenso die französischen Pyrenäen. Mit der Höhe über dem

Boden nimmt die Luftströmung zu. So ist die Windenergie auf der Spitze des 300 Meter hohen Eiffelturms etwa 15mal stärker als auf einer Höhe von 20 Metern.

Südlich des 40. Breitengrads haben wir auf einem etwa 1000 Kilometer breiten Streifen die wichtigste Windströmung. Mit Geschwindigkeiten zwischen 40 und 50 Kilometern weht der Wind ständig von West nach Ost um die Antarktis. Auf dieser Straße segeln unaufhörlich die Albatrosse mit dem Wind um den Globus. Allein dieser Luftstrom könnte theoretisch den heutigen Weltenergiebedarf decken. Der Wind müsste allerdings bis zu einer Höhe von 100 Metern genutzt werden. Praktisch kann im 21. Jahrhundert in Europa und in den USA ein Drittel des Stroms aus Windkraftanlagen (WKA) gewonnen werden.

Windenergie heißt: keine Treibhausgase, also kein Kohlendioxid, kein Stickoxid, kein Schwefeldioxid, kein Kohlenmonoxid, kein Staub.

Im Jahr 2009 drehen sich über 23 000 Windräder in Deutschland. Sie ersetzen fünf Atomkraftwerke und produzieren über 40 Milliarden Kilowattstunden Strom pro Jahr. Die Windkraftanlagen in Deutschland ersparten 2008 der Umwelt mehr als 25 Millionen Tonnen Treibhausgase.

Auf der Insel Fehmarn stehen 150 Windräder und bringen dreimal mehr Strom, als alle 12 000 Einwohner der Insel und die drei Millionen Übernachtungsgäste zusammen verbrauchen. Ein Bürgermeister auf Fehmarn berichtete mir von anfänglichen Widerständen gegen die Windmühlen, die jedoch abebbten, als sich die Bewohner von den realen Vorteilen einer umwelt- und klimafreundlichen Energiegewinnung vor Ort überzeugen konnten.

1996 durfte ich in der Gemeinde Holtgast in Ostfriesland den damals größten deutschen Windpark mit eröffnen. Die 41 Windräder erzeugen pro Jahr etwa 50 Millionen Kilowattstunden sauberen Strom – das ist der Bedarf von etwa 50 000 Menschen. Dieser eine Windpark erspart der Umwelt pro Jahr

- 55 700 Tonnen Kohlendioxid (CO_2)
- 355 Tonnen Schwefeldioxid
- 140 Tonnen Stickoxid
- 9 Tonnen Staub und
- 5 Tonnen Kohlenmonoxid.

Diesen Windpark baute die Ostwind-Gruppe, die inzwischen als umweltfreundlicher Energieproduzent mit ihren Windmühlen auch in Frankreich und in Polen aktiv ist.

Wenn nach etwa 20 Jahren Laufzeit die Windräder in Holtgast wieder abgebaut werden sollten, kann das Material zum großen Teil wiederverwendet oder problemlos entsorgt werden. Übrig bleibt die grüne Wiese.

Ganz anders beim etwa 80 Kilometer entfernten Atommeiler von Stade. Bei einem meiner Vorträge einige Wochen zuvor waren Vertreter dieses Atomkraftwerks anwesend und priesen natürlich ihren »billigen Atomstrom«. »Ist Atomstrom wirklich billig?«, fragte ich zurück. »Was kostet es zum Beispiel, einen Pförtner zu bezahlen, der circa 24 000 Jahre Atommüll bewachen muss, der in Ihrem AKW anfällt?« Ich werde die hilflosen Gesichter der Atommanager von Stade nie vergessen.

24 000 Jahre Halbwertzeit – nach so langer Zeit strahlt der Atommüll noch immer halb so stark wie heute! Man muss sich diese Zahl einmal konkret vorstellen: 24 000 Jahre Halbwertzeit, das ist zwölfmal so lang wie die Zeit seit Christi Geburt. Erdbeben, Terroranschläge, Kontinentalverschiebungen, Grundwassereinflüsse – wer könnte die nachfolgenden Generationen davor zu 100 Prozent über viele Tausend Jahre schützen?

Vor allem Geologen und Paläontologen halten die heute diskutierten Vorschläge der atomaren Müllentsorgung für reinen Wahnsinn. Es handelt sich um Zeiträume, die wir historisch nicht überblicken können. Und dieses Problem ist nur entstanden, weil wir nicht rechtzeitig auf Erneuerbare Energien umgestiegen sind. Umso rascher und konsequenter sollten wir heute handeln. Wir erlauben uns, 24 000 Jahre lang die nachfolgenden Generationen mit einem unfassbaren Problem zu belasten, das meine Generation geschaffen hat, aber nicht lösen kann.

Windparks im Meer ersetzen Atomkraftwerke

Heute wissen wir: Wer Wind erntet, kann seine Atomkraftwerke schließen. Wenn die Neuauflage dieses Buches erscheint, werden in der Nordsee die ersten deutschen Offshore-Windparks aufgestellt.

Über 15 Jahre lang wurden sie diskutiert, geplant, verworfen, wieder geplant und dann endlich genehmigt. In Dänemark prüfen zwei Behörden die beantragten Offshore-Windparks, in Deutschland prüfen 14 Behörden, und das dauert und dauert und dauert. Auch deshalb drehen sich bei unseren nördlichen Nachbarn Windräder im Meer schon seit 15 Jahren, aber in Deutschland – während ich dieses Buch neu schreibe – immer noch nicht.

Einer der größten genehmigten Offshore-Windparks der Welt ist der Bürgerwindpark Butendiek bei Sylt. Neun Windkraftexperten und Initiatoren haben vor 20 Jahren die kühne Idee entwickelt, 20 000 Anteile an Bürger zu verkaufen und so 400 Millionen Euro zusammenzubekommen. Im Jahr 2001 sind schließlich in nur neun Monaten 8400 Gesellschafter eingestiegen. 55 Prozent davon stammen aus Nordfriesland, 25 Prozent aus dem übrigen Schleswig-Holstein. Damit stand das Finanzierungskonzept für den Bürgerwindpark Butendiek. Im Dezember 2002 hat das Bundesamt für Seeschiffahrt und Hydrografie (BSH) den Offshore-Windpark 34 Kilometer westlich von Sylt genehmigt. Die Wassertiefe beträgt dort 20 Meter. Baubeginn sollte ursprünglich 2004/2005 sein, dann 2006, später 2008 und nun 2011.

Die permanenten Verzögerungen des Baubeginns zeigen auch die technischen, ökologischen und finanziellen Schwierigkeiten der Offshore-Projekte. Die Butendieker schlossen 2008 mit dem englischen Energieversorger Airtricity ein Joint Venture und treiben den Bau des geplanten Windparks jetzt gemeinsam voran.

Ende Mai 2009 bestellten sie bei Siemens die 80 Windräder, die nun ab 2012 in Betrieb gehen sollen. 98 Prozent der Butendiek-Kommanditisten hatten der neuen Partnerschaft zugestimmt.

Die Genehmigung festigt die Position Schleswig-Holsteins als Windenergieland Nummer eins.

Die »Butendieker« gehen davon aus, dass ihre 80 Anlagen mit jeweils 3,6 Megawatt Leistung bald 15 Prozent des Stroms von ganz Schleswig-Holstein produzieren. Die Energiewende kommt von unten.

Der Bürgerwindpark Butendiek wurde von begeisterten Freunden der Erneuerbaren Energien gestartet und soll jetzt bald pro Jahr eine Milliarde Kilowattstunden Ökostrom produzieren. Das ist etwa der Strombedarf von Nordfriesland, Schleswig-Flensburg und Dithmarschen zusammen.

Die Bundesregierung geht davon aus, dass 2030 insgesamt 25 000 Megawatt Windstrom in der Nord- und Ostsee installiert sind. Doch der Windstrom auf See wird beinahe doppelt so teuer wie der Windstrom an Land – hauptsächlich wegen der schwierigen Bauweise, der komplizierten Wartung und wegen der langen Transportwege des Stroms. An Land gibt es noch viele günstige Windstromstandorte und viele Möglichkeiten, kleinere, ältere Windmühlen durch neuere und größere zu ersetzen. Dafür müssen jedoch die Genehmigungen unbürokratischer erfolgen und das Bau- und Planungsrecht in allen Bundesländern geändert werden. In Hessen, Bayern und Baden-Württemberg zum Beispiel sind auf 99 Prozent der Fläche Windräder praktisch verboten – aus reiner Planungswillkür.

Bis 2009 sollten sich ursprünglich vor den deutschen Küsten die Räder von 20 Offshore-Windparks drehen. Doch keine einzige dreht sich. Das zermürbt und frustriert auch die engagiertesten Freunde der Erneuerbaren Energien. So wäre auch der Bürgerwindpark Butendiek längst am Ende, wenn sich mit Airtricity nicht ein finanzstarker, strategischer Partner gefunden hätte, dem auch die Banken eher vertrauen als »einfachen Bürgern«. Selbst 2009 ist die Frage der Netzanbindung von Butendiek immer noch nicht endgültig geklärt, sagt auch Butendiek-Gründer Hans Feddersen, obwohl der Energieriese E.on gesetzlich verpflichtet ist, eine »Steckdose« ins Meer zu legen, um den Windstrom von Butendiek ans Land zu holen.

Eine moderne 1,5-Megawatt-Anlage an Land erzeugt zur Zeit pro Jahr rund 3,5 Millionen Kilowattstunden Strom – genug für 1000 Vierpersonenhaushalte. Hingegen erzeugt eine moderne 3-Megawatt-Anlage auf dem Meer 12 Millionen Kilowattstunden Ökostrom – ausreichend für 5000 Vierpersonenhaushalte.

Das Werk der Butendieker Bürgerbewegung ist ein politisches Beispiel dafür, wie Menschen ihre umweltfreundliche Energieversorgung künftig selber in die Hand nehmen. Die über 8000 Anteilseigner kommen aus allen sozialen Schichten – unter ihnen Bauern, Steuerberater, Lehrer, Handwerker und etwa 2000 Kinder, deren Eltern ein Zeichen für die Zukunftsfähigkeit einer ländlichen Region gesetzt haben. Viel Wind für viele Menschen – aus der Region für die Region.

Das Erneuerbare-Energien-Gesetz garantiert den Anteilseignern eine Rendite für mindestens 20 Jahre. Die 68-jährige Rentnerin Elke Schweighöfer aus Emmelsbüll-Horsbüll sagt: »Wir leben hier mit dem Wind, also können wir auch an ihm verdienen.« Der 36-jährige Tischler Knud Nicolaisen aus Linnau: »Die ganze Familie hat gezeichnet. Windenergie ist zukunftsträchtig.« Die 37-jährige Montagehelferin Gaby Eskildsen aus Ladelund: »Die Idee, dass Bürger sich zusammenschließen, war für mich ausschlaggebend.« Der 37-jährige Berufsschullehrer Erk Roeloffs von Föhr: »Ich möchte vor Ort etwas machen. Windenergie hat Zukunft und schafft ökologische Arbeitsplätze.«

In Husum haben seit 1990 über Tausend Menschen einen Arbeitsplatz in der Windenergiebranche gefunden, sagt die Bürgermeisterin der Stadt. Nach meinem Vortrag höre ich einen etwa neunjährigen Jungen zu seinem Vater sagen: »Papi, gut, dass wir dabei sind.«

Aloys Wobben, Chef des größten deutschen Windradherstellers Enercon bei Aurich, begann 1985 mit einer Halbtagssekretärin.

Das Familienunternehmen beschäftigt heute 14 000 Menschen. Im Bundesland Sachsen-Anhalt, das 2009 36 Prozent seines Stroms über Windräder gewinnt, sind bereits 20 000 Menschen in der Windenergiebranche tätig.

Von den Butendieker Gründungsinitiatoren Hans-Detlef Feddersen und Hans Feddersen will ich wissen, warum sie diese mühsame Arbeit angefangen haben. Ihre Antwort: »Wir engagieren uns für die Zukunft unserer Kinder. Und deshalb macht uns diese Arbeit auch Freude. Es kommt uns so vor, als warte unsere Gesellschaft geradezu auf solches Bürgerengagement. In wenigen Monaten hatten wir mehrere Tausend Unterstützer.«

Die Windgegner werden den Siegeszug des Windstroms nicht mehr aufhalten können. »Wenn der Wind des Wandels weht«, sagt ein chinesisches Sprichwort, »dann bauen die einen Mauern und die anderen Windräder.« Die Zahl der Windräder wird Jahr um Jahr zunehmen – und zwar weltweit.

Ursprünglich hatte die Europäische Windenergie-Vereinigung im Jahr 2000 das Ziel ausgegeben, in Europa bis 2010 etwa 60 000 Megawatt Windstrom zu produzieren. Jetzt wurde diese Zahl auf 75 000 Megawatt erhöht, da die früheren Ziele weit schneller erreicht wurden als erwartet.

Für 2020 werden bereits 180 000 Megawatt erwartet, davon 75 000 offshore, also durch Windräder auf den Meeren. Das wären etwa 13 Prozent des europäischen Strombedarfs oder 450 Milliarden Kilowattstunden und eine Versiebenfachung gegenüber dem Jahr 2000.

Wenn sich ab 2012 die 80 geplanten Windräder der Butendieker drehen, sieht die Umweltbilanz dieses einen Offshore-Windparks sehr günstig aus. Eingespart werden pro Jahr:

- 720 000 Tonnen Kohlendioxind
- 800 Tonnen Kohlenmonoxid
- 6 400 Tonnen Schwefeledioxid und
- 2 400 Tonnen Stickoxide

Außerdem zeichnen sich Windräder durch eine hervorragende Energiebilanz aus: Bereits nach knapp vier Monaten haben die heutigen Anlagen mit dem selbst erzeugten Strom den gesamten Energieeinsatz für ihre Herstellung, ihren Betrieb und ihre Entsorgung ausgeglichen. Mit einer Windanlage lässt sich also während ihrer mindestens 20-jährigen Laufzeit rund 50- bis 70mal so viel Energie gewinnen, wie für ihre Herstellung, Nutzung und Entsorgung gebraucht wird.

Ziel der Landesregierung von Schleswig-Holstein ist, bis 2020 mehr Strom über Wind, Sonne und Biogas zu gewinnen, als dann alle Schleswig-Holsteiner zusammen verbrauchen.

Die weltweite Entwicklung der Erneuerbaren Energien in den letzten zehn Jahren zeigt: Sie können durch Ignoranz, viel Geld in den Händen von Lobbyisten alter Energieträger und fehlende Verantwortung für künftige Generationen immer mal wieder gebremst, ja sogar gestoppt werden, aber verhindert werden können sie nicht mehr. Das Rad kann nicht zurückgedreht werden.

Deutschland – vom Atomstaat zum Windland

Greenpeace geht davon aus, dass etwa 2020 rund zwölf Prozent des weltweiten Strombedarfs mit Windrädern gewonnen werden. Dafür sind etwa 600 Milliarden US-Dollar Investitionen nötig. Zum Vergleich: Aus Atomkraftwerken werden heute etwa acht Prozent des weltweiten Strombedarfs gedeckt.

Deutschland wird bis zum Jahr 2022 seine Transformation vom Atomstaat zum Windstaat abgeschlossen haben – falls die Wählerinnen und Wähler den Atomverrückten immer wieder kräftig auf die Finger klopfen. Letztlich liegt alles in der Hand von aufgeklärten und konsequenten Wählern.

Keine andere erneuerbare Energiequelle wächst weltweit so dynamisch wie die Windenergie. Die Windtechnik kann bereits auf eine hundertjährige Erfahrung zurückblicken. Wer wirkungsvollen Klimaschutz will, kann auf Windräder nicht verzichten. Die großen technologischen Sprünge der Windkraft in den letzten Jahren stehen sowohl der Photovoltaik wie auch der Biomasse-Technologie noch bevor.

Der Beitrag der Windenergie an der Stromversorgung in Deutschland oder Frankreich kann 2020 schon 50 Prozent betragen. Und Atomkraft ist gefährlich; Kohle, Gas und Erdöl zerstören das Weltklima. Sonne und Wind hingegen sind ungefährliche und klimaverträgliche Geschenke des Himmels.

Auch der Wind schickt uns keine Rechnung

Die Zerstörung, welche schon heute – und erst recht morgen – die alte Energiewirtschaft weltweit anrichtet, ist schwindelerregend und rücksichtslos gegenüber Mensch und Natur:

- Jeden Tag verschwinden über 150 Tier- und Pflanzenarten.
- Die Wüsten breiten sich täglich um 60 000 Hektar aus.
- Der Meeresspiegel steigt, und
- der Temperaturanstieg wird unbeherrschbar.

Das Karussell der ökologischen und ökonomischen Wertezerstörung dreht sich immer schneller. Seine Geschwindigkeit ist atemberaubend im wahrsten Sinne des Wortes. Unsere wichtigsten Lebensmittel, Wasser und Luft, werden qualitativ immer schlechter. Wir müssen jetzt das Klima und das Leben auf unserem wunderbaren Planeten gegen die alten Energiemonopole verteidigen, indem wir – das Volk – die Energieversorgung selbst in die Hand nehmen. Dazu will dieses Buch Mut machen.

Die solare Weltwirtschaft wird das kreative Potenzial der Menschheit neu herausfordern: Es entstehen Millionen neue Träger und Förderer der solaren Energiewende im Mittelstand, im Handwerk, bei den Bauern, bei den Hausbesitzern, im ländlichen Raum und durch innovative Unternehmer auf der ganzen Welt. Es gibt keine Gesellschaft, keine Region und kein Land, die nicht zu

100 Prozent auf Erneuerbare Energien umsteigen könnten. Die Vertreter der alten Energiewirtschaft werden diese Wahrheit noch eine Zeit lang zu verdrängen suchen. Es ist ja auch schwer, die Wahrheit zu sagen, wenn man dafür bezahlt wird, sie zu vernebeln.

Wahr ist: Die Sonne scheint für alle. Auch der Wind weht für alle. Und Biomasse wächst fast überall. Das heißt: Klimaschutz ist möglich. Es gibt noch einen Fluchtweg aus dem Treibhaus. 2006 hat die Branche der Erneuerbaren Energien weltweit erstmals über 100 Milliarden US-Dollar umgesetzt. Das solare Zeitalter beginnt.

Die alte Energiewirtschaft war der Garant für den Reichtum weniger. Die neue Energiewirtschaft wird der Garant für den Wohlstand aller. Wie rasch die hundertprozentige solare Energiewelle organisiert werden kann, hatte 2008 Hessens SPD-Ministerpräsidentenkandidatin Andrea Ypsilanti als erste deutsche Spitzenpolitikerin klargemacht: »Wir wollen schon bis 2030 Hessen zu 100 Prozent mit Erneuerbarer Energie versorgen.« Sie hätte zusammen mit ihrem designierten Wirtschafts- und Umweltminister Hermann Scheer dieses Ziel erreichen können, denn dieser ist der weltweit erfahrenste und gewiefteste Solarpolitiker. Die Wähler haben im Januar 2008 Ypsilantis und Scheers ehrgeiziges Energieprogramm für machbar gehalten. Die SPD hatte bei der Wahl acht Prozent zugelegt und die CDU von Roland Koch zwölf Prozent der Stimmen verloren. Koch hatte im Wahlkampf auf Atomkraft und Kohle gesetzt. Doch ihre eigenen Parteifreunde haben Ypsilanti und Scheer einen Strich durch die Rechnung gemacht.

Die überall vorhandenen solaren Ressourcen eröffnen die Chance für das, was Ludwig Erhard für Deutschland erträumte, nämlich »Wohlstand für alle«. Erst wenn wir diese Chancen ergreifen, das heißt die ökologischen Energieträger »in die Hand nehmen«, entsteht erstmals in der Menschheitsgeschichte die Chance, Wohlstand für alle auf der ganzen Welt zu organisieren.

Das alles erscheint Ihnen, liebe Leser, als Zukunftsmusik? Ja klar, es ist ja auch Musik für eine bessere Zukunft und für eine bessere Welt. Und dabei spielt die Windenergie eine zentrale Rolle.

Windenergie – die Dynamische

Der zweitgrößte Erdölkonzern der Welt, BP, beantwortet in einer aktuellen Anzeige die selbst gestellte Frage: »Wird die Windenergie weiter wachsen?« so: »Mit Sicherheit«. Schon heute hat das BP-Windkraft-Portfolio in den USA eine Gesamtkapazität von 15 000 Megawatt – so viel Leistung wie circa fünf Atomkraftwerke. Europas größter Energiekonzern E.ON polemisiert zwar in Deutschland kräftig gegen Windenergie, betreibt aber selbst vorsichtshalber 20 Windparks und baut gerade seinen 21. mit 80 Windrädern – in England. Und Chinas Umweltminister erzählt mir, warum sein Land jetzt in Windeseile auf Windenergie setzt: »Bei keiner Energiequelle haben wir eine solche Investitionssicherheit wie bei der Windenergie. Wir installieren deshalb jetzt viele Tausend Windräder, weil wir schon heute exakt wissen, was der Windstrom in 10 oder 20 Jahren kostet. Wir finanzieren das Windrad und bekommen dann 20 Jahre den Stoff umsonst.«

Nicht nur die Sonne, auch der Wind schickt uns keine Rechnung. Ein unschlagbarer ökonomischer Vorteil der ökologischen Energieversorgung von morgen.

Solarenergie ist die populärste erneuerbare Energiequelle in Deutschland. Aber in den letzten 15 Jahren war die Windkraft die dynamischste aller Energieträger überhaupt – sie hat sich weltweit verzehnfacht, in Deutschland seit 1990 sogar verhundertfacht! Angela Merkel: »Die Windkraft hat eine sehr große Zukunft.« Da hat die Kanzlerin völlig recht. Die Zukunft aller Erneuerbaren Energieträger ist so groß, dass wir weder längere Laufzeiten von AKWs brauchen noch neue Kohlekraftwerke. Mitten in der aktuellen Wirtschaftskrise zeigt sich die deutsche und US-amerikanische Windwirtschaft davon ziemlich unbeeindruckt. Im ersten Vierteljahr 2009 wurden in den USA die Leistungskapazitäten der Windbranche um 2800 Megawatt erweitert. Mittlerweile können über 20 Millionen US-Bürger mit Windstrom versorgt werden. Dadurch werden jedes Jahr 52 Millionen Tonnen CO_2 eingespart.

Das konservativ regierte Dänemark gewinnt bereits 60 Prozent seines Stroms erneuerbar – hauptsächlich über Windräder und Biomasse. Und weil die dänischen Windmühlen zum Exportschlager wurden, sind auch viele Tausend neue Arbeitsplätze entstanden. Die dänische Energieministerin Connie Hedegaard: »Ich gehöre einer konservativen Partei an, die in den Siebzigerjahren für Kernenergie war. Wir hatten eine harte Debatte. Aber 1985 hat das dänische Parlament beschlossen, dass wir uns stattdessen auf Erneuerbare Energien konzentrieren. Wenn wir die Debatte jetzt wieder anfangen, würde sie mit den gleichen Aussichten enden wie damals. Man sollte auch nicht denken, dass nukleare Energie eine billige Option ist. Ökonomisch betrachtet, gibt es günstigere Möglichkeiten.«

Die dänischen Konservativen waren lernfähig. Warum sollten es die deutschen nicht sein? Spätestens unter einer schwarz-grünen Regierung wird auch die CDU/CSU den Atompfad verlassen. Connie Hedegaard sagt: »Die Zukunft ist grün, modisch und macht Spaß.«

In China hat im Jahr 2008 die Produktion von Strom über Windräder um 80 Prozent zugenommen. Bis 2020 will das »Reich der Mitte« seinen Windstrom gegenüber heute mehr als verzehnfachen. »Vorbild ist die Entwicklung in Deutschland«, sagten mir chinesische Gesprächspartner im Herbst 2006 bei der Weltwindkonferenz in Peking.

Deutschland war Windweltmeister – jetzt ist es die USA. Aber auch in Indien, China und Spanien wächst der Ausbau des Windstroms zurzeit schneller als in Deutschland. Vor allem in Süddeutschland haben bürokratische Hürden sowie windiger Protest von nicht informierten Bürgerinitiativen und atomkraftabhängigen CDU-Landesregierungen den zügigen Ausbau der umweltfreundlichen Windkraft bislang verhindert.

Windkraft ist wie die Sonne ein kostenloses Geschenk des Himmels, das uns für alle Zeit zur Verfügung steht – ohne Dieselruß und ohne atomare Abfälle zu hinterlassen. Allein hierzulande erspart sie der Umwelt jedes Jahr schon heute 40 Millionen Tonnen Treibhausgase. Um Öl werden Kriege geführt, aber die Windkraft wird nie ein Kriegsgrund sein. Jedes Windrad ist ein Zeichen des Friedens.

Auch Terroristen werden nie einen Anschlag auf ein Windrad verüben, denn da passiert ja nichts – sie müssten sich eher schämen.

Die Produktion von Windrädern in Deutschland hat bis Mitte 2009 bereits 96 000 Arbeitsplätze geschaffen (in Atomkraftwerken sind noch 30 000 Menschen beschäftigt). 80 Prozent der hier produzierten Windräder gehen inzwischen ins Ausland – auch in die USA, nach Frankreich, China und Osteuropa. In den letzten Jahren habe ich in Australien und Neuseeland, in Indien und China, in Taiwan und Südkorea, in Brasilien und Argentinien deutsche Windräder gesehen. Endlich hat Deutschland wieder einen Exportschlager.

Auf der Ostseeinsel Fehmarn drehen sich 150 Windräder und bringen viermal mehr Strom, als alle 12 000 Einwohner der Insel und die drei Millionen Übernachtungsgäste zusammen verbrauchen. Ein Bürgermeister auf Fehmarn berichtete mir von anfänglichem Widerstand gegen die Windmühlen, der jedoch abebbte, als sich die Bewohner von den realen Vorteilen einer umwelt- und klimafreundlichen Energiegewinnung vor Ort überzeugen konnten.

Am Pfingstmontag 2005 durfte ich in der Gemeinde Dardesheim in Sachsen-Anhalt einen Windpark mit 19 Windrädern einweihen – 2006 kamen weitere 15 dazu, und vor Kurzem wurde dort das größte Windrad der Welt errichtet, eine Sechs-Megawatt-Anlage. Die kleine Gemeinde mit etwa 1000 Einwohnern produziert jetzt sauberen Strom für beinahe 40 000 Menschen. Dieser eine Windpark erspart der Umwelt jedes Jahr 160 000 Tonnen Treibhausgase.

Die Windenergie sorgt heute in Deutschland bereits für etwa acht Prozent des Stroms – Voraussetzung für diesen Erfolg war eine Volksbewegung von unten. Etwa 250 000 Menschen haben ihr Geld in Windräder investiert – es geht jetzt stürmisch aufwärts, sozusagen in Windeseile.

Würden die USA das volle Potenzial an Windkraft zur Energiegewinnung ausschöpfen, könnte pro Jahr dreimal so viel Strom erzeugt werden, wie das Land heute insgesamt verbraucht. Und die USA verbrauchen viel Strom.

Mai 2009. Die Messe »Windpower 2009« in Chicago erzielt einen neuen Besucherrekord. Seit Barack Obama Präsident ist, weht ein neuer Wind durchs Land. »21 000 Besucher und über 1000 Aussteller aus der ganzen Welt, das ist absoluter Rekord«, freut sich Denise Bode, Präsidentin des US-Windverbandes. Die USA, so Frau Bode, sei jetzt das »Saudi-Arabien des Windes«.

Die USA stellen nun 22 Prozent der gesamten Windenergie-Kapazitäten und sind jetzt – vor Deutschland – neuer Weltmeister in Windenergie. In den letzten zwei Jahren hat sich der Zubau von Windrädern vervierfacht. Allein das Wachstum von 2008 kann die Emissionen von sieben Millionen PKWs kompensieren. Der Windradhersteller Nordex aus Rostock hat auf der »Chicago Wind 2009« angekündigt, jetzt in den USA 100 Millionen Dollar zu investieren. Seit Obamas Amtsantritt hat sich das Klima für Investitionen in Erneuerbare Energien wesentlich verbessert. Das wird auch dem Weltklima zugute kommen, denn die US-Bürger produzieren pro Jahr 20 Tonnen CO_2 – die Deutschen 11 Tonnen pro Kopf.

Mit Erzeugungskosten zwischen 5 bis 7 Cent pro Kilowattstunde ist Windstrom bereits die preiswerteste aller erneuerbaren Energien. Klar ist: Wer Windparks ablehnt, nimmt mit dieser Haltung den Bau von Kohlekraftwerken oder Atomkraftwerken in Kauf. Die Deutschen sind zu 70 Prozent gegen Atomkraft. Dann kann man jedoch seriöserweise nicht auch noch gegen Windkraft sein. Denn irgendwo muss ja unser Strom herkommen, der bekanntlich zwar aus der Steckdose fließt, aber dort nicht produziert wird. Ich kenne niemanden in Deutschland, der keinen Strom verbraucht. Nach dem Motto: »Wir sind einfach gegen alles – gegen Atomkraft *und* gegen Windkraft« wird das Land mit Sicherheit nicht zukunftsfähig.

Wer eine Energiepolitik ohne fossil-atomare Energieträger sucht, kann auf Windkraft nicht verzichten.

Windkraft statt Atom

Für den Aufbau einer erneuerbaren Energiewirtschaft ist es höchste Zeit. Der Klimawandel vollzieht sich so dramatisch schnell, dass wir das Denken in den alten Energiestrukturen rasch überwinden müssen.

Das heißt:

- In den Ländern Bayern, Baden-Württemberg, Hessen und neuerdings auch in Nordrhein-Westfalen und Niedersachsen – also überall, wo die konservativen Landesregierungen auf längeren Laufzeiten von Atomkraftwerken bestehen – müssen willkürliche Planungshemmnisse gegen Windräder rasch abgebaut werden. Die Alternative heißt: Windkraft statt Atom. Aber die CDU-Regierung in Hessen hat 2007 den Bau auch nur eines einzigen Windrads verhindert. Dafür will Roland Koch neue Atomkraftwerke bauen. Der Zusammenhang ist offensichtlich.
- Das ebenfalls von einem CDU-Ministerpräsidenten geführte Bundesland Sachsen-Anhalt hingegen hat in wenigen Jahren seinen Windkraftanteil verzehnfacht. Wenn alle Bundesländer, auch die süddeutschen, diesem Beispiel gefolgt wären, hätten wir in ganz Deutschland bereits doppelt so viel Windstrom wie heute.
- Das positive Beispiel des Binnenlandes Sachsen-Anhalt beweist, dass es keine wirtschaftlichen oder technischen Hindernisse beim weiteren Ausbau der Windenergie gibt, sondern ausschließlich politisch-bürokratisch-willkürliche. Wer weiterhin Atomstrom will, wehrt sich gegen Windenergie. Das ist die energiepolitische Realität im heutigen Deutschland. Nur die Wähler werden diesen Dinosaurierzustand ändern können.
- Deutschland hat zurzeit etwa 23 000 Windräder mit durchschnittlich einer Megawatt Leistung. Doch inzwischen werden bereits Windräder von bis zu sechs Megawatt aufgestellt,

und die alten kleinen Windräder können mit der Zeit durch entschieden größere Anlagen ersetzt werden. Allein durch dieses sogenannte »Repowering« kann der Anteil des Windstroms in den nächsten zehn Jahren verdreifacht werden.
- Und diese Menge kann mittelfristig durch Offshore-Windparks in Nord- und Ostsee noch einmal verdoppelt werden, sodass Deutschland bis 2030 über 50 Prozent seines Stroms aus Windkraft gewinnen kann.
- Wenn wir bis dahin jedes Jahr durch Energieeffizienz auch nur ein Prozent des Stroms einsparen, dann können wir in dieser Zeit sogar mehr als zwei Drittel des Stroms über Windräder organisieren.

Unsere Energieprobleme sind umweltfreundlich lösbar. Deutschland kann vom Kohle- und Atomland zum Sonnen- und Windland werden. Eigentlich geht das ganz einfach: Man muss nur die Buchstaben umstellen: WKA (Windkraftanlagen) statt AKW (Atomkraftanlagen)!

Ich bin sicher: Die Zahl der Menschen, die sich künftig an Anlagen erneuerbarer und umweltfreundlicher Windenergie erfreuen und daraus Zukunftshoffnung gewinnen, ist weitaus größer als die Zahl derer, die mit sehr windigen Argumenten viel Wind gegen die Windkraft erzeugen – seien es »Naturschützer« oder Energiemonopolisten und von ihnen abhängige Politiker. Dogmatisierter Naturschutz stellt sich selbst infrage. Ohne Zehntausende zusätzlicher Windenergieanlagen in Deutschland und in vielen Ländern der Welt wird es kein Entrinnen aus der Klimakatastrophe geben. Strom aus Wind ist ein unverzichtbarer Beitrag zur ökologischen, natürlichen Energieproduktion. Windenergie dient dem Umweltschutz *und* selbstverständlich damit auch dem Natur- und Landschaftsschutz. In Zeiten des Treibhauseffektes kann es keinen effektiven Landschaftsschutz ohne Klimaschutz geben. Und zum klimaschützenden neuen solaren Energiemix gehören selbstverständlich Windräder an allen windgünstigen Standorten.

Der heftige Kampf gegen die Windmühlen hierzulande erinnert mich an den irrationalen Widerstand gegen die ersten Eisenbahnen vor 170 Jahren in Deutschland. Damals war auf Flugblättern zu lesen, Eisenbahnen seien unverantwortlich, weil bei den »hohen Geschwindigkeiten von 28 Kilometern pro Stunde die Kühe entlang der Bahnlinien vor Schreck tot umfallen« würden. Über die ersten Züge schrieb der Dichter Flaubert im Januar 1838: »Die schnelle Bewegung muss bei den Reisenden unfehlbar eine Gehirnkrankheit erzeugen. Wollen aber dennoch Reisende dieser grässlichen Gefahr trotzen, so muss der Staat wenigstens die Zuschauer schützen, denn sonst verfallen diese beim Anblick des schnell dahinfahrenden Dampfwagens genau derselben Gehirnkrankheit.«

Häufig höre ich auch das Argument, Wind- und Sonnenkraft seien unsicher. Ist Öl aus Lybien oder Erdgas aus Sibirien etwa sicher? Sicher ist, dass Erdöl und Erdgas in den nächsten Jahrzehnten zu Ende gehen und schon viel früher unbezahlbar werden. Aber die Sonne scheint »ewig«, und der Wind weht noch lange nach dem Öl- und Atomzeitalter.

In Deutschland ist heute kein Argument zu doof, um nicht gegen erneuerbare Energien ins Feld geführt zu werden – wie früher gegen die Eisenbahnen. Der Einwand, Windräder verschandelten die Landschaft, ist besonders peinlich. Keine Form der Energiegewinnung braucht so wenig Platz wie die Windenergie. Zudem finde ich Windräder schöner als Atomkraftwerke oder Braunkohlelandschaften. Deutsche Richter erklären noch am Beginn des 21. Jahrhunderts Windräder zu einer »Gefahr für Leib und Leben von Menschen ...«. Warum werden nach derselben juristischen Logik nicht sofort 44 Millionen PKWs in Deutschland zu einer Gefahr für Leib und Leben von Menschen erklärt? Tatsächlich töten Autos jährlich Tausende und verletzen Hunderttausende, die oft ein Leben lang verkrüppelt bleiben.

Windräder sind schön

Jede Windkraftanlage ist ein vielfacher Gewinn: ein Gewinn an energetischer Unabhängigkeit, ein Gewinn für die Umwelt, ein ökonomischer und meist auch ein ästhetischer Gewinn. In den letzten 15 Jahren habe ich weit über 300 Windräder mit einweihen dürfen. Ich finde Windräder schön. Vielfalt, Eigenart und Schönheit von Natur und Landschaft erfahren durch Windräder keine Abwertung, sondern meist eine Aufwertung. Sie sind ein Glücksfall für ein Land, den Landschaftsschutz und seine Bürger. Landschaften wie der Schwarzwald, schreibt der Freiburger Künstler und Soziologe Richard Schindler, erhalten durch Windräder eine »prägnante Akzentuierung«.

Jeder Reisende, der die sieben Windräder am Rande des Schwarzwalds vom Freiburger Bahnhofsvorplatz aus unvoreingenommen sieht, wird dem Künstler zustimmen. Ich empfehle einen unvoreingenommenen Blick ohne ideologische Scheuklappen. Allein die Bilder in dem Buch »Landschaft verstehen – Industriearchitektur und Landschaftsästhetik im Schwarzwald« von Richard Schindler widerlegen den Vorwurf der »Zerstörung der Landschaft durch Windräder« eindeutig.

Die notwendige Umkehr zu einer hundertprozentigen Selbstversorgung mit erneuerbaren Energien wird uns nur Schritt um Schritt gelingen. So wie bei jener Frau, die mir nach dem vierten Besuch meiner Vorträge in sechs Jahren die Geschichte ihrer Umkehr lachend so erzählte:

»Nach dem ersten Vortrag von Ihnen haben wir eine thermische Solaranlage aufs Dach gesetzt. Nach dem zweiten Vortrag eine Photovoltaikanlage. Nach Ihrem dritten Vortrag installierten wir eine Pelletheizung im Keller, und jetzt, nach Ihrem vierten Vortrag, beteiligen wir uns an einem Windpark.«

Wie der hundertprozentige Umstieg auf Erneuerbare Energie konkret und praktisch organisiert werden kann, zeigten in den letzten 15 Jahren die Bürger von Morbach.

Das Energiewunder von Morbach

Die Gemeinde Morbach im Hunsrück hat ein Energiewunder vollbracht. 11 000 überwiegend konservativ orientierte Bürgerinnen und Bürger produzieren weit mehr Strom ökologisch, als sie selbst verbrauchen.

Das US-Militär hatte hier während des Kalten Krieges Bunker und Bombenlagerplätze und das größte US-Munitionsdepot ihrer Luftwaffe in Europa gebaut.

Heute drehen sich 15 Windräder auf dem ehemaligen Militärlager, das zu einem Energiepark umgebaut wurde. Schwerter zu Windmühlen. CDU-Bürgermeister Gregor Eibes spricht von einem »Strategiewechsel«. Heute werden im Energiepark Sonnenlicht, Wind und Biomasse zur Strom- und Wärmeproduktion genutzt. 4000 Quadratmeter Solarzellen glänzen in der Sonne, Bauern liefern Energiepflanzen, mit der Abwärme einer Biogasanlage werden Holzpellets getrocknet. Morbach nutzt die Symphonie der Erneuerbaren.

In den Ort kommen heute Schulklassen, Kommunalpolitiker und Delegationen aus den USA, der Türkei, Chile und Sri Lanka, um das Energiewunder zu bestaunen. Und Bürgermeister Eibes freut sich über 250 000 Euro jährliche Pacht in seiner Gemeindekasse vom Energiepark.

Ist Morbach also eine Ökomustergemeinde? Der Bürgermeister freut sich primär über die erneuerbare Energie als Wirtschaftsfaktor im ansonsten strukturschwachen ländlichen Raum.

Die rot-weißen Rotoren des Bürgerwindrads »Morbach3« werden nicht, wie ursprünglich vorgesehen, vom Energieriesen RWE, sondern von den Morbacher Bürgern selbst betrieben – eine Beteiligung ist ab 2500 Euro möglich.

Im Nachbarland Hessen kämpft der Konservative Roland Koch einen ideologischen Kampf gegen »zu viel erneuerbare Energie« im Allgemeinen und gegen Windräder im Besonderen. Über den Don Quichotte aus Wiesbaden können die konservativen Bürger von Morbach nur den Kopf schütteln.

Von der Planung bis zur Realisierung eines Atomkraftwerks dauert es 10 bis 20 Jahre. Innerhalb eines Jahres hingegen kann ein Windpark geplant und realisiert werden.

Die hundertprozentige solare Energiewende ist keine ökonomische Last, sondern ein ökonomischer, sozialer, ethischer und ökologischer Gewinn. Es geht um eine neue technologische Revolution, welche die volkswirtschaftliche Produktivität erhöht: Es entstehen neue industrielle und agrarische Arbeitsplätze und neue technologische Dienstleistungen, eine größere Versorgungssicherheit und weniger Umweltkosten. Erneuerbare Energien bieten die riesige Chance neuer ökonomischer Dynamik. Die Entwicklung der Erneuerbaren Energien in Deutschland hat seit dem Jahr 2000 über 75 Millionen Tonnen CO_2 eingespart und insgesamt schon bis Mitte 2009 über 280 000 neue Arbeitsplätze geschaffen.

Viele Studien zeigen, dass und wie das hundertprozentige Ziel in Deutschland, Europa und weltweit erreichbar ist. Dieses Streben nach 100 Prozent Erneuerbarer Energie darf nie wieder aus unserem Blickfeld geraten. Nur dann nämlich wird auch die junge Generation wieder Hoffnung auf Zukunft haben können. Und diese Hoffnung ist die wichtigste Zukunftsressource überhaupt. Jedes Windrad lässt hoffen.

Stromwechsel in Freiburg

In Freiburg gelang im Jahr 2004 der Stromwechsel. Auf dem Schauinsland gingen auf etwa 1000 Meter Höhe zwei 1,8-Megawatt-Windkraftanlagen ans Netz. Sie werden von badisch-elsässischen Bürgerinitiativen betrieben, die schon 30 Jahre zuvor das von der Stuttgarter Landesregierung geplante Atomkraftwerk Wyhl verhindert hatten.

In der Region Freiburg können bereits 20 000 Familien mit Windstrom versorgt werden. Die Windräder ersparen der Umwelt pro Jahr über 33 000 Tonnen Treibhausgase – und das *gegen* den Willen der Landesregierung, die Atomstrom dem ökologisch erzeugten Windstrom noch immer vorzieht. Natürlich gab es auch in Freiburg eine Bürgerinitiative gegen die Windräder. Ihr Hauptargument: »In unberührte Natur gehören keine Windräder.«

Vor einem Fernseh-Streitgespräch schaue ich mir diese unberührte Natur etwas genauer an: Nur 100 Meter von den Windrädern entfernt führt eine vielbefahrene Straße in den Schwarzwald hinauf. Welch ein Geröhre und Gerase. Gegenüber den Autoprozessionen und Motorradrennen, die ich an dieser Straße beobachten kann, strahlen die beiden Windmühlen eine himmlische Ruhe aus. Ihre Geräusche sind während unserer Fernsehsendung kaum zu hören. Wenn man vom Schauinsland ins Land schaut, erblickt man überall den Technomüll von Sendemasten. In der Ferne kann man sich an den wunderschönen Türmen des Atomkraftwerks Fessenheim im Elsass erfreuen. Niemand muss Windmühlen mögen, aber wenn ihre Gegner doch wenigstens zwischen größeren und kleineren Übeln unterscheiden könnten! Dann hätten wir Windfreunde wenigstens eine Basis für sachliche Auseinandersetzungen.

Energiepolitische Geisterfahrer

Die energiepolitischen Geisterfahrer der CDU/CSU, die von der Renaissance der Atomenergie träumen wie Günther Oettinger, Roland Koch oder Horst Seehofer, passen so wenig ins 21. Jahrhundert wie die Kohlefans der SPD. Wir haben im 21. Jahrhundert genug Erfahrung mit erneuerbaren Energietechnologien, um nicht nur aus der Atomwirtschaft, sondern mittelfristig auch aus der Kohlewirtschaft auszusteigen.

Peinlich für die Unionspolitiker: Im letzten Bundestagswahlkampf hat die Atomindustrie selbst gesagt, dass sie gar keine neuen Atomkraftwerke bauen wolle. Wir haben auch ohne Atomkraft genug Strom. Der Sprecher des Essener Stromkonzerns, Bill McAndrews, sagte damals in der »Berliner Zeitung«: »Wir bleiben bei dem Konsens, den wir mit der rot-grünen Bundesregierung geschlossen haben.« Ähnlich äußerten sich die Sprecher von Vattenfall Europe und der EnBW: »Der Konsens gilt.« Doch inzwischen haben alle vier großen deutschen Stromkonzerne diese Zusage verdrängt. Sie produzieren Überkapazitäten an Strom und wollen trotzdem längere Laufzeiten für ihre alten Meiler. Ihren eigenen Ausstiegsvertrag wollen sie vergessen machen, und die Erneuerbaren Energien verschlafen sie noch immer, wie die deutsche Autoindustrie das Elektroauto und das Hybridauto verschlafen hat oder das Politbüro der alten SED die Demokratisierung. Die deutsche Einheit kam dann ohne die SED, und genau so sicher wird der hundertprozentige Umstieg auf Erneuerbare Energien kommen – ohne die alten Konzerne!

Die gefährlichen und lächerlichen Atomspiele der Unionsparteien und der FDP werden von der Mehrheit der Wähler in Deutschland abgelehnt. Über 80 Prozent sprechen sich für die solare Energiewende aus und setzen auf Erneuerbare Energien für die Zukunft.

Ohne Zweifel sind Windkraftanlagen markante, unübersehbare Gebilde, die je nach Einstellung des Betrachters unterschiedliche Reaktionen hervorrufen. Bevor man sie aber als Belastung für unsere Landschaft abtut, sollte man sich neben jeder Windkraftanlage einen etwa gleich hohen Berg von Kohle vorstellen, dessen Verbrennung diese Anlage während ihrer Nutzungsdauer vermeidet und damit auch die damit verknüpften Emissionen des Treibhausgases Kohlendioxid und anderer Schadstoffe. Und danach zumindest überlegen: Welches ist das kleinere Übel?

Moderne Windenergieanlagen haben eine gute Ökobilanz. Bereits nach drei Monaten haben sie mehr Energie erzeugt, als zu ihrer Produktion notwendig war. Mit einem Windrad lässt sich in 20 Jahren Nutzungszeit über hundertmal mehr Energie gewinnen, als zur Herstellung, Nutzung und Entsorgung verbraucht wird.

Der Wind schafft Arbeitsplätze

Deutschland war über viele Jahre der interessanteste und wichtigste Windenergiemarkt der Welt. Das Worldwatch-Institut hat in einer Untersuchung festgestellt, dass je eine Million Kilowattstunden Strom bei Atom- und Kohleenergie etwa 100 bis 115 Arbeitsplätze benötigen. Die Windenergie aber stellt für die gleiche Leistung 542 Arbeitsplätze zur Verfügung. Zurzeit sind in Deutschland 96 000 Menschen in der Windenergie-Branche einschließlich Zulieferern beschäftigt. Tendenz: stark steigend. Dennoch ist Windstrom bereits billiger als Atomstrom, wenn dessen Entwicklungs- und Beseitigungskosten mitberechnet werden. Die Versicherungskosten für ein AKW sind ohnehin unbezahlbar. Die Versicherungskosten für eine WKA sind im Strompreis immer inbegriffen.

Seit Dänemark Anfang der Achtzigerjahre Windkraftanlagen zu exportieren begann, hat sich die Zahl der Arbeitsplätze in der Windbranche innerhalb von drei Jahren versiebzehnfacht.

Diese ökologischen und ökonomischen Vorteile der Windenergie müssen allerdings noch immer von Idealisten und Pionieren gegen starke Widerstände aus Politik, Energiewirtschaft und Behörden durchgesetzt werden. Auch nach dem fortschrittlichen Erneuerbare-Energien-Gesetz werden in Deutschland und Europa noch weit mehr Subventionen für die alte klimazerstörende Energie ausgegeben, als die Erneuerbaren Unterstützung erhalten!

Nicht weil die notwendigen Innovationen und Investitionen schwierig wären, wagen sie die Großkonzerne nicht, sondern weil sie zu ängstlich, zu phantasielos und zu geldgeil sind. Aber weil sie Innovationen und Investitionen an der richtigen Stelle nicht wagen, werden die Geschäfte mit der alten Energie auch für sie immer schwieriger. Offen oder verdeckt, bewusst oder unbewusst handelt und argumentiert die überwiegende Mehrheit der alten Energielobbyisten nach dem Motto »Konfrontation statt Kooperation«, wenn es um Erneuerbare Energien und um die Zukunft einer verantwortbaren Energiepolitik geht.

Für die deutsche Energiewirtschaft ist es ein Armutszeugnis

erster Klasse, dass bis heute die meisten Windkraftanlagen im Besitz von privaten Investoren sind.

Worauf warten die europäischen Unternehmer, die wirklich etwas Sinnvolles und Zukunftsträchtiges unternehmen wollen, eigentlich noch? Elektroautos, Brennstoffzellenautos und Biospritautos werden bald das Benzin- und Dieselfahrzeug ablösen. Sie werden ihren umweltfreundlich erzeugten Strom aus Windkraftanlagen und Solarzellen oder aus Pflanzenenergie beziehen. Die Solartechnologie wird im 21. Jahrhundert eine so große Rolle spielen wie die Eisenbahn im 19. und der Verbrennungsmotor im 20. Jahrhundert. Die Vertreter der alten Energiewirtschaft argumentieren heute so antiquiert gegen Erneuerbare Energien wie einst Kaiser Wilhelm gegen die ersten Autos: »Ich brauche keine Autos, ich setze auf das Pferd.«

Immer mehr Landwirte erkennen: Windanlagen sind ebenso wie der Anbau von Energiepflanzen eine sichere Altersversorgung. Kaum etwas anderes brauchen wir künftig so dringend wie umweltfreundliche Energie. Ökonomie und Ökologie, Wirtschaftlichkeit und Umweltschutz gehen bei der Windenergie ein harmonisches Bündnis ein. 2009 werden in Schleswig-Holstein bereits über 50 Prozent, in Mecklenburg-Vorpommern über 40 Prozent und in Sachsen-Anhalt 36 Prozent des Stroms über Windräder erzeugt. Das ist gut für die Umwelt und gut für viele Tausend neue Arbeitsplätze. Das neue Bündnis heißt: Neue Energie – neue Arbeitsplätze – neue Chancen für den Mittelstand.

Deutsche Windräder sind schon heute ein Exportschlager in die ganze Welt. In Spanien, Italien, Portugal, Frankreich, England, Indien, Japan, China, Australien, Brasilien und wahrscheinlich auch bald in ganz Osteuropa drehen sich deutsche Windmühlen. Je mehr Windräder in Deutschland aufgestellt werden, desto größer sind auch die Chancen für den Export. 100 000 weitere Arbeitsplätze können geschaffen werden, Arbeitsplätze, von denen keine Zerstörung ausgeht wie bei Kohle, Öl oder Atom. Portugal gewinnt 2009 schon zehn Prozent seines Stroms über Windräder.

Indien ist das einzige Land der Welt, das ein eigenes Ministerium für Erneuerbare Energien hat. Shri Kanappan, Minister für Erneuerbare Energien, erklärte im Sommer 2002, dass sein Land bis 2012 mindestens zehn Prozent der Gesamtenergie aus erneuerbaren Quellen produzieren möchte und 20 Prozent bis 2020. Dabei soll die deutsche Windradfirma Enercon mit ihrer indischen Tochter Enercon India helfen. Nach dem rasch wachsenden indischen Markt will Enercon jetzt auch in China aktiv werden.

Windige Proteste

Ein häufig gebrauchtes Argument des Naturschutzes gegen Windkraftanlagen ist der Vogelschutz. Schließlich könnten Vögel gegen die Windräder fliegen.

Ich habe den Windradkonstrukteur Gerd Seel gefragt, der seit 16 Jahren Windkraftanlagen baut: »Einen einzigen toten Vogel« habe er bisher an einer Windkraftanlage gesehen. Von dänischen Bauern, die Windparks betreiben, weiß ich, dass sie in zehn Jahren keinen einzigen toten Vogel dort gefunden haben.

Ich erinnere mich, als Kind gelegentlich tote Vögel an Strommasten gefunden zu haben. Wo bleibt heute der Protest gegen Zehntausende von Strommasten als Vogeltöter im ganzen Land! Wo bleibt der Protest gegen 44 Millionen PKWs in Deutschland, auf deren Scheiben und unter deren Rädern jedes Jahr mehrere Hunderttausend Vögel getötet werden?

Es kann schon sein, dass gelegentlich ein Vogel gegen ein Windrad fliegt und stirbt. Im Normalfall aber fliegen die Vögel so selbstverständlich um die Windräder herum wie seit Jahrtausenden um jeden Kirchturm.

Wegen unserer derzeitigen Energieproduktion stirbt allerdings nicht nur »gelegentlich ein Vogel« – es sterben jeden Tag etwa 150 Tier- und Pflanzenarten komplett aus. Nach Lust und Laune werden in Deutschland Treibhausgase aus Schornsteinen und Auspuffrohren geblasen. Aber ausgerechnet den umweltfreundlichsten

Energieproduzenten werden die schärfsten Naturschutzauflagen abverlangt.

Ein nordrhein-westfälisches Gericht hat verfügt, dass eine Windkraftanlage in Ennepetal wieder stillgelegt werden müsse. Ein Nachbar hatte geklagt. Begründung: Die Windmühle werfe Schatten in seinen Garten. Das Gericht gab dem Kläger recht; dass durch dieses Windrad jährlich 100 Tonnen CO_2 eingespart würden, zählte nicht.

In der thüringischen Gemeinde Frauheim wollte die Windpark GmbH vier Windkrafträder aufstellen. In einer Unterschriftenaktion in dem 1300-Einwohner-Ort sprachen sich 99,2 Prozent der Bevölkerung dafür aus. Doch die amtlichen Naturschützer führten auch hier ihren Kampf gegen die Windmühlen mit landschaftsästhetischen Argumenten. Sie rufen fast täglich zur Rettung des fernen Regenwaldes auf, aber verweigern zugleich mit bürokratischen Mitteln Windmühlen zur Rettung des nahen eigenen Waldes!

Der unsinnige Streit zwischen Naturschutz und Umweltschutz nützt nur der Atomlobby und den Energieriesen, die grundsätzlich gegen jede eigene Stromversorgung sind, weil dadurch ihr Monopol infrage gestellt wird.

Das Landschaftsargument ist dabei besonders peinlich. Keine Form der Energiegewinnung braucht so wenig Platz wie die Windenergie. Ich bin sicher: Die Zahl der Menschen, die sich künftig an Anlagen erneuerbarer und umweltfreundlicher Windenergie erfreuen und daraus Zukunftshoffnung gewinnen, ist weitaus größer als die Zahl derer, die mit sehr windigen Argumenten viel Wind gegen die Windkraft erzeugen – seien es »Naturschützer« oder Energiemonopolisten. 2009 sagen bei Umfragen beinahe 70 Prozent der Deutschen, dass sie für Windräder seien, auch in ihrer Nähe. Die Zustimmung geht quer durch alle Parteien.

Kein Landschaftsschutz ohne Klimaschutz

Dogmatisierter Naturschutz stellt sich selbst in Frage. Ohne Zehntausende zusätzlicher Windenergieanlagen in Deutschland und in vielen Ländern der Welt wird es kein Entrinnen aus der Klimakatastrophe geben. Strom aus Wind ist ein unverzichtbarer Beitrag zur ökologischen natürlichen Energieproduktion. Windenergie dient dem Umweltschutz *und* selbstverständlich damit auch dem Naturschutz. Die »Landschaftsschützer«, die in Windrädern eine Landschaftsverschandelung sehen, müssen sich sagen lassen, dass es in Zeiten des Treibhauseffektes keinen effektiven Landschaftsschutz ohne Klimaschutz geben kann. Und zum klimaschützenden neuen solaren Energiemix gehören nun einmal Windräder.

Wenn es keinen Umstieg auf Erneuerbare Energien gibt, kann es keinen Ausstieg aus der Atomenergie geben. Windparks aufzustellen dauert einige Monate, ein neues Atomkraftwerk zu bauen zehn Jahre. Windräder abzureißen dauert einige Tage. Aber nach dem jahrelangen Abriss eines Atomkraftwerkes strahlt dessen Müll noch 100 000 Jahre.

Die wichtigsten Argumente gegen Windräder sind leicht widerlegbar:

1. Windräder bringen angeblich wenig Strom. Windräder an der Küste, in Mittelgebirgen, in der Nordsee und in der Ostsee können schon in zehn Jahren so viel Strom erzeugen wie heute alle 16 deutschen Atomkraftwerke zusammen. Das Energieministerium in den USA hat errechnet, dass in den Vereinigten Staaten der Wind ausreicht, um mehr Strom zu gewinnen, als 270 Millionen US-Amerikaner verbrauchen.
2. Windkraft ist angeblich zu teuer. An der Küste ist umweltfreundlicher Strom aus Windanlagen bereits konkurrenzfähig gegenüber umweltfeindlichem Strom aus alten Energieträgern. An günstigen Standorten ist Windkraftstrom bereits preiswerter zu erzeugen als Strom aus neuen Kohlekraftwerken. Die neuesten Offshore-Windanlagen in Däne-

mark erzeugen Strom für fünf Cent pro Kilowattstunde. Und dabei entstehen keine Folgekosten für künftige Generationen. Warum investieren immer mehr mittelständische Unternehmen in Windräder? Warum investiert Bill Gates in US-Windaktien? Weil kluge Unternehmer verstehen lernen, dass künftig hauptsächlich mit grünen Ideen schwarze Zahlen geschrieben werden. Windstrom beweist, dass die Ökologie die intelligentere, weil nachhaltige Ökonomie ist. Im Gegensatz zur Kohle- und Atomenergie braucht die Windkraft nur am Anfang eine finanzielle Anreizförderung und wird nicht ewig am Tropf staatlicher Subventionen hängen. Marktwirtschaft geht nur mit Erneuerbaren Energien. Den Stoff zur Energieerzeugung stellt uns die Natur aber nicht nur abgasfrei, sondern auch kostenlos zur Verfügung. Und weite Wegekosten wie für Erdöl oder Erdgas entfallen weitgehend.

3. Windräder sind angeblich zu laut. Das war vor zehn Jahren noch ein ernstzunehmendes Argument. Heute ist das Problem gelöst. Der Wind ist lauter als jedes moderne Windrad. Als ich für Utgast II die Einweihungsrede hielt, drehten sich 40 der 41 Windräder und erzeugten Strom. Die 600 Gäste saßen nur 200 Meter entfernt vom nächsten Windrad. Niemand fühlte sich durch Nebengeräusche gestört. Heutige Windräder schnurren so leise vor sich hin wie der Wind in einem Kornfeld. Jeder LKW, ja sogar jeder PKW macht entschieden mehr Krach.
4. Windräder stören angeblich das Landschaftsbild. Meine Gegenfrage: Wie sexy sind eigentlich Braunkohlelandschaften oder Atomkraftwerke, wie landschaftsästhetisch sind Strommasten oder Garzweiler II? Allein für die umweltschädliche Energiegewinnung aus Braunkohle in Garzweiler II müssen etwa 8000 Menschen aus Dörfern, die 1000 Jahre alt sind, umgesiedelt werden. 6000 zusätzliche Windräder in Nordrhein-Westfalen könnten für alle Zeit die Energie erzeugen, die nur 40 oder 50 Jahre noch aus Braunkohle in Garzweiler II gewonnen werden kann!

Um eine kriminelle Energiepolitik weitertreiben zu können, wird das Aufstellen von Windrädern oder das Reaktivieren von Wasserkrafträdern permanent bürokratisch erschwert, und umweltengagierter Idealismus von Bürgerinnen und Bürgern wird ausgebremst. So wird die Zukunft eines Wirtschaftsstandortes verspielt. Millionen Arbeitslose sind auch die logische Konsequenz solcher Zukunftsblindheit. Die sozialen Diskussionen in Deutschland sind fast ausschließlich Verteilungsdiskussionen. Über Produktion, über Innovation und über zukunftsfähige Technologien wird kaum noch diskutiert.

Das Oberlandesgericht Münster ließ schon 1992 eine von Privatleuten gebaute Windkraftanlage wieder abreißen. Wegen »optischer Einwirkungen« auf die Nachbarschaft und wegen »wandernder Schatten«, den die Anlage auf das Nachbargrundstück warf. Kein Kabarettist könnte solche »Begründungen« erfinden.

91 Prozent der Schwarzwaldtouristen halten die Windkraftnutzung »generell für sinnvoll«, wie die Wissenschaftlerin Mareike Weber für ihre Examensarbeit ermittelt hat. Im Rahmen ihrer Examensarbeit befragte sie Urlauber und Touristen an den drei Windmühlen auf der Hornisgrinde im Nordschwarzwald. 26 Prozent der Besucher gaben sogar die Windräder als Motivation für ihren Besuch an. Insbesondere junge Leute befürworten Windstrom, ergab die Diplomarbeit. »Besser als Atomkraft« war die häufigste Antwort.

Viele Umweltfreunde verzweifeln, weil es so viele Widerstände gegen die solare Energiewende gibt. Realistischerweise muss man aber immer davon ausgehen, dass jede neue Idee zunächst auf Widerstand stößt. Wir leben in einer Welt der Polaritäten. Das Alte und die Vertreter des Alten haben noch nie kampflos die Arena für das Neue geräumt. Trotzdem hat sich jede neue Idee durchgesetzt, wenn sie für den Fortschritt der Menschheit wichtig war, wenn viele Menschen redlich dafür gearbeitet und notfalls gekämpft haben. Der Geist der Wahrheit und Redlichkeit, von dem Jesus im Johannesevangelium spricht, wird sich letztlich immer durchsetzen.

Tröstlich bei dieser Überlegung ist: Den wirklichen Zukunftsarbeitern geht nie die Arbeit aus. Dafür sorgen schon unsere Gegenspieler. Manchmal möchte man ihnen richtig dankbar sein. Der Dalai Lama sagte mir einmal: »Richtig verstandene Feindesliebe meint: Wir müssen unseren Feinden dankbar sein, denn von ihnen können wir am meisten lernen.«

Der Dalai Lama »näselt« mit Franz Alt.

Wir alle sind Werkzeuge des Geistes der Wahrheit. Unser Problem ist, dass wir unsere wahre Bestimmung nur allzu gerne vergessen, verleumden und verdrängen. Die Folgen sind Kriege, Umweltzerstörung, Naturkatastrophen, Massenarbeitslosigkeit und soziales Elend. Täglich verhungern mehrere Zehntausend Menschen. Die heutige Politik verwaltet das weltweite Elend. Erst wenn wir lernen, in Harmonie mit der Natur zu wirtschaften, ergibt sich die Chance, dass auch alle Menschen in Harmonie miteinander leben.

Argentinien – Kuwait des 21. Jahrhunderts?

Wasserstoff, mit Strom aus einem riesigen Windpark gewonnen, könnte zukünftig zu einem Exportartikel Argentiniens werden: Die Argentinische Gesellschaft für Windenergie hat bereits Pläne für ein solch ehrgeiziges Projekt ausgearbeitet. Flüssiger Wasserstoff aus Patagonien könnte dann als Energieträger in die ganze Welt verkauft werden.

Stark und stetig wie sonst an nur wenigen Orten auf der Welt weht der Wind in Patagonien im Süden Argentiniens. Kalte Luft von der Westküste des südamerikanischen Kontinents strömt über den Gebirgszug der Kordilleren hinüber auf die wärmere Ostseite. Hier, im Herzen der Provinz Santa Cruz, sollen einmal mit Windenergie riesige Mengen Wasserstoff produziert und in flüssiger Form in die ganze Welt exportiert werden. Als Hersteller dieses Energieträgers der Zukunft könnte Argentinien zum »Kuwait des 21. Jahrhunderts« werden. Diese Vision vertritt Erico Spinadel, Präsident der Argentinischen Gesellschaft für Windenergie, die bereits Pläne für das Projekt ausgearbeitet hat.

Nach dem Konzept der Organisation sollen auf einer Fläche von rund tausend Quadratkilometern mehrere Tausend Windkraftanlagen mit einer Gesamtleistung von zehn Gigawatt entstehen. Das ist nicht viel weniger Leistung als alle Windräder Deutschlands von der Nordseeküste bis zu den Alpen zusammengenommen.

Der Vorteil des abgelegenen Standorts in Patagonien liege im extrem hohen Nutzfaktor der Windkraftanlagen, erläutert Spinadel, Professor an der Staatlichen Technologischen Universität in Buenos Aires. Mit Windgeschwindigkeiten von durchschnittlich 10 bis 12 Metern pro Sekunde fällt die »Windernte« äußerst üppig aus. Zum Einsatz sollen Windkraftanlagen kommen, wie sie sich bereits an den europäischen Nordseeküsten bewährt haben.

Den Strom aus dem riesigen Windpark können die Argentinier allerdings nicht in das Stromnetz des Landes einspeisen. Dafür sind die Entfernungen zu den viel weiter nördlich gelegenen Ballungszentren des riesigen Landes zu groß. »Das wäre, als wolle man den Strom für Deutschland auf Madeira gewinnen«, illustriert Spinadel die Größenverhältnisse. Bislang gibt es ohnehin keine Netzverbindung von der südlichsten Provinz Patagoniens in den Norden.

Statt Energie für das eigene Land wollen die Argentinier mit Windkraft daher Wasserstoff für den Export erzeugen. Mit dem in den Anlagen erzeugten Strom wird Wasser in seine Bestandteile Wasserstoff und Sauerstoff zerlegt.

Der Sauerstoff kann für technische Anwendungen, beispielsweise in der Abwasserbehandlung, verwendet werden; viel wichtiger ist jedoch der energiereiche Wasserstoff, der nach den Plänen in 250 bis 400 Kilometer langen Pipelines bis an die Atlantikküste geleitet wird. Dort, in einer der Hafenstädte Puerto Deseado oder Puerto Santa Cruz, wird das Gas in einer Großanlage verflüssigt, indem es auf Temperaturen von minus 253 Grad Celsius abgekühlt wird. Flüssiger Wasserstoff muss zwar aufwendig in besonders isolierten Tanks gelagert werden, hat jedoch den Vorteil einer sehr viel höheren Energiedichte.

Spezielle Tankschiffe sollen das verflüssigte Gas aufnehmen und beispielsweise nach Japan transportieren – wie die Öltanker, die heute schon von den Ölländern im Nahen Osten aus die Industrieländer anlaufen. Dort kann der Wasserstoff für zahlreiche industrielle Zwecke genutzt werden und natürlich auch Brennstoffzellen für Autos und Heizungsanlagen antreiben.

Rund 20 Milliarden US-Dollar würde das Gesamtprojekt kosten, haben die Windenergieexperten hochgerechnet. Mit dem bislang noch billigeren Energieträger Erdöl könnte der Wasserstoff aus Wind konkurrieren, wenn der Ölpreis auf dem Weltmarkt die 40-Dollar-Marke übersteigt – ein Wert, der beispielsweise Anfang der Achtzigerjahre schon einmal erreicht wurde, von den derzeitigen rund 30 Dollar pro Barrel jedoch weit entfernt ist.

In Frankreich werden über 70 Prozent des Stroms aus 72 Atomkraftwerken gewonnen. Doch auch das atombesessene Frankreich entdeckt jetzt die Windenergie, nachdem das Parlament in Paris für die Förderung von Erneuerbarer Energie ein dem deutschen Erneuerbare-Energien-Gesetz vergleichbares Gesetz verabschiedet hat. Die französische Wirtschaftszeitung »La Tribune« berichtet unter Berufung auf das Pariser Wirtschaftsministerium, dass Frankreich zehn Milliarden Euro in den Ausbau der Windkraft investieren werde. 40 Prozent der geplanten Windräder sollen an der Atlantikküste errichtet werden.

Damit soll der Anteil des regenerativen Stroms von heute 15 Prozent in Frankreich auf 20 Prozent bis 2010 steigen. Da Frankreich wegen seines riesigen Atomstromanteils lange Zeit den Ausbau von Windenergie vernachlässigt hat, werden jetzt hauptsächlich deutsche Firmen die französischen Windräder produzieren.

Energie aus der Region für die Region

Die heutige Windenergieszene wird beherrscht von Anlagen, die über 100 Meter Bauhöhe und einen Rotordurchmesser von 30 Metern haben. Kleinere Windanlagen, mit denen schon vor Jahrtausenden alles angefangen hat, spielen in der aktuellen Diskussion kaum eine Rolle. Es wird in Zukunft aber wieder viele Energieselbstversorger mit kleinen Windmühlen geben: Rotordurchmesser bis 10 Meter, Masthöhe bis 20 Meter, Generatorleistung 20–30 Kilowatt. Damit können Millionen Menschen ihren Strom und ihr Warmwasser selbst erzeugen.

Kombiniert mit Solarzellen kann die eigene Kleinwindanlage eine intelligente, schadstofffreie und preiswerte Energieerzeugung werden, meint Reiner Trimborn aus Wittmund, Besitzer eines Miniwindrades, das er aus Schrottteilen selbst gebastelt hat. Wenn erst mal im örtlichen Baumarkt Bausätze für den Eigenbau angeboten werden und im Handel die entsprechenden Fachzeitschriften zu kaufen sind, dann gibt es in Deutschland einen Markt für vielleicht Hunderttausende Kleinwindräder.

Windkraftanlagen im Eigenbau werden wesentlich billiger werden. Zudem bringt dieses anspruchsvolle und herausfordernde Hobby viel Spaß und Freude – wie die Selbstbauer bezeugen.

Hunderttausende Windräder werden dann von der Gesellschaft akzeptiert werden, wenn sie schön anzusehen sind. Deshalb ist das Design wichtig für die Windräder. Sie können sich in jeder Größe harmonisch in die Landschaft einfügen. Tüftler und Kreative finden hier sinnvolle Freizeitbeschäftigung! Der Eigenbauer Reiner Trimborn ist schon heute kein Kunde mehr beim örtlichen Energieversorgungsunternehmen.

Viele von uns geben heute 20 000 Euro für ein neues Auto aus. Warum künftig nicht 5000 Euro in den Bau eines kleinen Windrades zur eigenen Stromerzeugung investieren oder 5000 Euro als finanzielle und auch noch gewinnbringende Beteiligung an einer großen Windkraftanlage?

Inzwischen profitieren viele kleine Gemeinden mehrfach von »ihren« Windparks. Es gibt Aufträge für das lokale Handwerk, die beteiligten Bürger freuen sich über interessante Geldanlagemöglichkeiten vor Ort und die Gemeindekämmerer über Gewerbesteuereinnahmen. Die Nutzung eines regionalen heimischen Rohstoffs sorgt dafür, dass in der Region Arbeitsplätze entstehen und Geld in der Region bleibt. 2008 hat die Windbranche in Deutschland einen Umsatz von 18 Milliarden Euro erwirtschaftet.

Kommt die Windbranche auf den Holzweg?

Auch moderne Windmühlenbauer müssen gelegentlich dazulernen: Auf der Internationalen Windmesse 2003 in Husum wurde ein Windradprojekt aus Holz präsentiert, dem Fachleute gute Chancen geben, die Windradtechnik zu revolutionieren und die Akzeptanz von Windrädern bei der Bevölkerung zu erhöhen. Windräder künftig aus Holz? Die Forstwirtschaft und das Zimmererhandwerk hoffen auf Großaufträge. Die Windbranche ist verblüfft und verunsichert zugleich, denn bisher hatte sie auf Stahl und Beton gesetzt.

Grundlage des ungewöhnlichen Vorschlags ist eine Machbarkeitsstudie von Professor Julius Natterer von der Eidgenössischen Hochschule Lausanne in der Schweiz. Natterer gilt als der »Holzbaupapst« in Europa.

Natterer rechnet vor, dass selbst 98 Meter hohe Holztürme, wie sie auf dem Schauinsland errichtet wurden, realisiert werden könnten. Dieser Vorschlag ist deshalb so revolutionär, weil die florierende Windbranche heute schon mehr Stahl verbaut als der gesamte Schiffbau in Deutschland. Nach Einschätzung Natterers, der seine Studie im Auftrag des Innungsverbandes des Zimmererhandwerks Westfalen anfertigte, ist der Baustoff Holz den Materialien Stahl und Beton »stark überlegen«. Die statischen Forderungen könnten ohne Probleme erfüllt werden, und die Untersuchungen über die dynamische Belastbarkeit seien sehr positiv.

Der schweizerische Holzbaufachmann geht davon aus, dass der nachwachsende Rohstoff Holz bei Windrädern eine Haltbarkeit von »mindestens 100 Jahren« habe. Also künftig Ökoenergie über einen Biobaustoff? Wächst hier zusammen, was von Natur aus zusammengehört? Die Idee, nachwachsende Rohstoffe künftig für Windradtechnik einzusetzen, hat die Windbranche in Husum geradezu elektrisiert.

Das Holzzentrum im nordrhein-westfälischen Schmallenberg ist bereits dabei, eine Demonstrationsanlage der Megawattklasse zu konstruieren. Die Holzbranche geht davon aus, dass Windräder aus Holz eine größere Akzeptanz in der Bevölkerung erfahren, obwohl sich schon bisher bei Umfragen 80 Prozent der Bevölkerung für Windenergie aussprachen. Dennoch gibt es dort, wo Windräder oder Windparks errichtet werden, häufig Bürgerproteste.

Waldreiche Kommunen sowie Forstbetriebe erhoffen sich eine wirtschaftliche Perspektive, denn bisher wird viel nachwachsendes Holz wirtschaftlich nicht genutzt. Für den Turm einer Megawattanlage werden immerhin 600 Kubikmeter Fichtenholz benötigt.

Die westfälische Zimmererinnung will aber Windräder aus Holz künftig nicht nur an Land, sondern auch Offshore bauen. Ab 2005 sind in Nord- und Ostsee große Windparks geplant. Stahltürme werden vom aggressiven Seewasser stark angegriffen, während das Salzwasser auf Holz konservierend wirkt.

Die Kraft des Windes wird niemals versiegen. Die weltweit mögliche Windkraftproduktion beträgt pro Jahr 53 000 Terrawattstunden. Das ist weit mehr als das Doppelte dessen, was die ganze Menschheit heute an Strom verbraucht. Die Europäische Windenergie-Vereinigung prognostiziert, dass bis zum Jahr 2020 die Windkraft global mehr Strom produzieren wird als heute die Atomkraft.

Die besten Voraussetzungen für die größte Stromgewinnung über Windräder auf dem Meer haben die US-amerikanische und die chinesische Ostküste, aber auch Japan und Taiwan. Das wichtigste Argument für Wind- und Solarenergie wird mehr und mehr neben ihrer Umweltfreundlichkeit auch die Freude an der eigenen Initiative werden.

Wenn die Regierungen es nur wollten: Allein aus Sonnenstrahlen, Wind- und Wasserkraft könnte in wenigen Jahrzehnten der Strombedarf der gesamten Menschheit gedeckt werden. Hinzu kommen aber noch riesige Potenziale an Biomasse.

VIII. ENERGIE VOM ACKER UND WALD

Strom und Wärme wachsen auf dem Acker

Hauptsächlich die Länder der sogenannten Dritten Welt brauchen im 21. Jahrhundert viel mehr Energie als bisher, um ihre Volkswirtschaft zu entwickeln und den Hungertod zu besiegen. Ökonomische Entwicklung ist jedoch nur möglich mit viel Energie aus erneuerbaren Quellen. Pflanzen und Bäume wachsen immer wieder nach und können umweltfreundlich in Energie verwandelt werden, ohne das Klima zu belasten. Die Biomasse vom Acker und vom Wald ist gespeicherte Sonnenenergie und fast auf der ganzen Welt in Fülle vorhanden.

Der Schlüssel zu einer kompletten Energieversorgung über Erneuerbare Energien ist eine dezentrale, regionale Versorgung. Und am Beginn einer dezentralen Energiewirtschaft steht die Land- und Forstwirtschaft, der primäre Wirtschaftssektor.

Das Riesenpotenzial an Energie aus nachwachsenden Rohstoffen wird ebenso sehr unterschätzt wie die Landwirtschaft und ihre Bedeutung an der Gesamtwirtschaft einer Gesellschaft. Die intellektuellen Eliten der Industriegesellschaften in Politik, Wirtschaft und Journalismus haben kaum Kontakt zum ländlichen Raum und zur Landwirtschaft. Auch deshalb wird der künftige Anteil der Biomasseenergie am solaren Energiemix permanent vernachlässigt.

In den Strategiepapieren von Parteien, Regierungen und Wirtschaftsverbänden für eine zukünftige Energieversorgung spielt Energie vom Acker und Wald fast immer eine untergeordnete Rolle. Auch rot-grüne Regierungen vernachlässigen in Deutschland die Biomasseenergie. Ganz anders in Österreich: Dort werden 2008 bereits 20 Prozent aller Energie aus nachwachsenden Rohstoffen gewonnen, in Deutschland 2 Prozent.

Was Landwirtschaft und Forstwirtschaft mithilfe der Natur produzieren und wachsen lassen, ist Vermehrung von Gütern und nicht Abbau oder Ausbeutung, wenn ökologisch und nachhaltig gewirtschaftet wird. Die Gesamtwirtschaft wird von der Forst- und Landwirtschaft lernen müssen, was es heißt, mit der Natur zu wirtschaften. Das gesamte sogenannte wirtschaftliche Wachstum von heute ist genau betrachtet gar kein Wachstum, sondern eine Umwandlung von Ressourcen.

Jedes nachhaltige Wirtschaften setzt eine regionalwirtschaftlich strukturierte Landwirtschaft voraus. Ohne eine revitalisierte Landwirtschaft kann es keine nachhaltige Wirtschaft geben. Und ohne eine nachhaltige Wirtschaft werden wir Menschen von dieser Erde verschwinden. Naturgesetze können wir nicht ändern. Wir werden lernen müssen, von dem zu leben, was nachwächst.

Biomasse – die Vielseitige

Nachwachsende Rohstoffe werden künftig nicht nur zur umweltfreundlichen Energiegewinnung verwendet werden, sondern auch als Rohstoffquelle in der chemischen Industrie, in der Bauindustrie und in der Autoindustrie: für Häuser und Autos, Fernsehgeräte und Dämmstoffe sowie als Verpackungsmaterial für Geräte aller Art, zum Fahrradbau und zunehmend für Produkte der grünen Chemie und des ökologischen Bauens.

Aus Schilfgras Benzin und Wärme, aus Hanf Baumaterial und Textilien, aus Sonnenblumen Schmierstoffe und Autositze – das alles ist keine Utopie, sondern eine realisierbare Vision, die zum Teil heute schon umgesetzt wird. 1992 wurden in Deutschland auf etwa 75 000 Hektar nachwachsende Rohstoffe für Industrieprodukte angebaut, 2003 waren es schon über 750 000 Hektar und 2008 mehr als 1,5 Millionen.

Freilich: nachwachsende Rohstoffe sollen in den Regionen als Energieträger eingesetzt werden, in denen sie wachsen. Palmöl aus Indonesien für deutsche Stadtwerke und Mais aus Mexiko oder Brasilien für deutsche Autos sind keine Lösung. Wenn biologisch auch ökologisch sein soll, dann heißt die Devise für Bioenergie: Aus der Region für die Region!

Zudem: Lebensmittelproduktion hat grundsätzlich Vorrang vor Bioenergie. Das viel diskutierte Flächenproblem unter dem Motto »Teller oder Tank?« gibt es – zumindest weltweit – noch lange nicht. Zurzeit wird auf etwa zwei Prozent der Weltackerfläche Bioenergie angebaut, aber 30 Prozent der gesamten Weltackerfläche liegen gleichzeitig brach. Die Armut der Millionen Bauern in den Dritte-Welt-Ländern ist das Problem, sie haben kein Geld für Saatgut. Und ein noch viel größeres Problem ist der viel zu hohe Fleischkonsum in den reichen Ländern. Dafür und nicht für Bioenergie wird die meiste Ackerfläche verbraucht.

Schweinischer Treibhauseffekt

Wer sich mit wenig Fleisch oder vegetarisch ernährt, schont das Klima. Kaum jemand macht sich klar, dass die Produktion von Schweinen, Kühen und Schafen Milliarden Tonnen Methangas verursacht, das noch weit klimaschädlicher ist als das berüchtigte CO_2. Die Treibhausgasemissionen durch Massentierhaltung sind mit 20 Prozent am Treibhauseffekt beteiligt – mehr als zum Beispiel der weltweite Autoverkehr.

Was die Biomasse energetisch zu leisten vermag, beweist die bayerische Gemeinde Pfaffenhofen an der Ilm seit dem Jahr 2001. Hier wurde eines der modernsten Biomasse-Heizkraftwerke (BHKW) errichtet, in dem pro Jahr 80 000 Tonnen regional erzeugte Hackschnitzel eingesetzt werden. Das BHKW erzeugt jährlich 42 Millionen Kilowattstunden Ökostrom – das ist Strom für 10 000 Familien – und für 120 Kunden Wärme, unter anderem für den Babynahrungsproduzenten Hipp, das Krankenhaus und eine Brauerei. Allein mit diesem BHKW werden 65 000 Tonnen CO_2 vermieden – das sind 32 Prozent der Treibhausgase von Pfaffenhofen. 50 ähnliche Blockheizkraftwerke sind in den nächsten vier Jahren in Deutschland geplant.

Die großen deutschen Automobilkonzerne VW und DaimlerChrysler, Ford und BMW erforschen im großen Stil alternative Energiequellen aus nachwachsenden Rohstoffen, Biokraftstoffe der sogenannten zweiten Generation. Nachwachsende umweltfreundliche Rohstoffe sollen die Räder ins Rollen bringen.

Im sächsischen Freiberg betreiben VW und Daimler gemeinsam ein Forschungsprojekt, bei dem Stroh- und Holzabfälle zu Biokoks vergast werden. Daraus wird teerfreies Synthesegas gewonnen, mit dem Automotoren angetrieben werden können.

Energie aus Biomasse gilt in der Autobranche neben Strom und Wasserstoff als Antriebsenergie der Zukunft. In den USA gibt es bereits Ethanol aus Maiskorn, in Brasilien seit Jahrzehnten Ethanol aus Zuckerrohr und in Europa Methylester und Pflanzenöl aus Rapspflanzen. In Brasilien fährt bereits jedes zweite Auto mit Bioethanol. Deutschlandweit kann man bereits an 1000 Tankstellen Biosprit tanken, und in Österreich ist Ökodiesel in der Landwirtschaft schon selbstverständlich. BMW geht davon aus, dass auch Wasserstoff künftig aus Biomasse vom Acker und Wald gewonnen werden wird.

Die Europäische Kommission in Brüssel schätzt, dass in einigen Jahrzehnten ein Drittel aller Energie in Europa aus nachwachsenden Rohstoffen gewonnen werden kann – eine bessere Energieeffizienz als heute vorausgesetzt.

Schon heute werden Briketts aus Stroh gewonnen ebenso wie Wärme aus schnell nachwachsenden Pflanzen, Strom aus Holz in Blockheizkraftwerken, Autosprit aus Pflanzenöl und Biogas aus Luzernen. Es gibt viel zu tun – pflanzen wir's an!

Obwohl Biomasseenergie die natürlichste Energiequelle der Welt ist, bleibt Deutschland bis heute ein Biomasse-Entwicklungsland. Bioenergie wächst über Pflanzen und Bäume direkt vor unserer Haustür – aber wir übersehen diese nachwachsende Energiequelle mit riesigen Potenzialen noch immer. So entfremdet sind wir der Natur!

Im deutschen Wald wächst 2009 40 Prozent mehr Holz nach, als genutzt wird. Viel Holz verrottet zur Freude der Borkenkäfer und belastet durch CO_2-Emissionen das Klima, ohne energetisch genutzt worden zu sein.

Mehrere Hundert Millionen Tonnen Treibhausgase können wir jährlich der Umwelt ersparen, wenn wir endlich lernen, die Rohstoffe von Forst- und Landwirtschaft energetisch intelligent zu nutzen. Denn Bäume und Pflanzen nehmen beim Wachsen über die Photosynthese genauso viel Kohlendioxid auf, wie sie beim Verbrennen, Verstromen oder Vergasen wieder freisetzen. Wir haben bei der Energiegewinnung aus Biomasse einen geschlossenen CO_2-Kreislauf, während bei Kohle, Erdöl oder Erdgas in einem Jahr verbrannt wird, was in 500 000 Jahren »gewachsen« ist.

Einer der entscheidenden Vorteile des zentralen Sonnenenergieträgers Biomasse ist seine einfache Speicherbarkeit. Biomasse steht fast überall speicherbar wie Öl oder Kohle und dezentral in allen Aggregatzuständen zur Verfügung – fest, flüssig oder gasförmig. Dabei kann Biomasse als Brennstoff gespeicherte Sommersonne für den Winter sein.

Die Sonne bildet jeden Tag so viele organische Substanzen auf unserer Erde, dass wir damit einen Güterzug füllen könnten, der eine Länge von der Erde bis zum Mond hat. Theoretisch verfügen wir also Jahr für Jahr über zehnmal mehr Biomasseenergie, als die Menschheit überhaupt Energie verbraucht. Bäume und Pflanzen sind die effektivsten Sonnenkollektoren. In den meisten westeuropäischen Ländern – hauptsächlich aber in Österreich, Schweden, Dänemark und Frankreich – werden bereits Biokraftstoffe als benzinähnliche Produkte in Verbrennungsmotoren eingesetzt. In Österreich sammelt McDonald's jährlich 10 000 Tonnen Restspeiseöl ein, um es in Dieselmotoren als Biofahrzeugsprit zu nutzen. An dieser Stelle ist McDonald's vorbildlich.

Biogas – ein Produkt aus Grünmasse oder organischen Rohstoffen aus Küche, Feld und Wald – kann ebenfalls thermische, mechanische oder elektrische Energie erzeugen. Zurzeit laufen in Deutschland etwa 4000 Biogasanlagen.

In einer Biogasanlage geschieht biologisch genau das, was in einem Kuhmagen passiert. 2009 wird in Güstrow in Mecklenburg-

Vorpommern die größte Biogasalage der Welt gebaut. Sie ist etwa 40-mal größer als die bisherigen durchschnittlichen Biogasanlagen in Deutschland. Die Biokraftstoffe werden aus der Umgebung von 30 Kilometern angefahren. Vier Prozent der Ackerfläche in dieser Gegend werden dafür gebraucht. Aber 25 Prozent der Fläche in derselben Umgebung liegen brach. 46 Millionen Kubikmeter Biogas – ausreichend für den Bedarf einer Kleinstadt mit 50 000 Einwohnern – wird künftig ins öffentliche Gasnetz eingespeist. Dabei entsteht kein Abfall, weil die Reste als hochwertiges Tierfutter und als Dünger benutzt oder zu Pellets verarbeitet werden. Diese neue große Anlage arbeitet doppelt so effizient wie die bisherigen Biogasanlagen, hauptsächlich durch Fortschritte bei der Pflanzenzucht, nicht zu verwechseln mit Gentechnik. Solche Fortschritte wird es auch in Zukunft noch geben.

Zurzeit werden in Deutschland erst 0,06 Prozent Biogas – gemessen am Gesamterdgasverbrauch – gewonnen. Doch die Bundesregierung will bis 2020 den Anteil verhundertfachen, also auf 6 Prozent erhöhen. Dafür müssten etwa 1200 bis 1800 Anlagen der neuen Größenordnung gebaut werden. Genügend Biopotenzial dafür ist vorhanden. Schon heute arbeiten 10 000 Menschen in der Biogasbranche. 20-mal so viele können es werden, schätzt die Deutsche Energie-Agentur. Wie mit Biogas die Energiekosten einer Stadt reduziert werden können, zeigt die Hamburger KTG Agrar im brandenburgischen Putlitz. Hier betreibt das Unternehmen sieben Biogasanlagen mit einer Leistung von fünf Megawatt. Die Wärme wird an Haushalte der nahe gelegenen Stadt zum halben Preis von Erdgas geliefert. Der Strom für 10 000 Menschen wird in das öffentliche Stromnetz eingespeist. Neben Mais und Müll, Gülle und Gras wird auch Stroh in die Gärbehälter gesteckt. Viel bisheriger Abfall kann künftig energetisch genutzt werden.

Biogas ist eine umweltfreundliche Alternative zu Erdgas und kann einen wertvollen Beitrag zur Versorgungssicherheit leisten. Wenn Wladimir Putin den Europäern auch künftig auf der Leitung stehen will, dann soll er sein Erdgas einfach behalten. Mit heimischer Energie bekommen wir eine viel größere Energiesicherheit.

Gas und Wärme und Strom und Treibstoff für unsere Autos können auch über die eigenen Äcker direkt vor der Haustür gewonnen werden. Welch eine ökonomische Chance durch ökologische Energieerzeugung für die heimische Landwirtschaft!

Landwirte werden Energiewirte

Landwirt – das ist der Urberuf jeder Gesellschaft. Allerdings sterben allein in Deutschland jedes Jahr etwa 15 000 Bauernhöfe. Ich halte den derzeitigen politischen und gesellschaftlichen Umgang mit dem Urberuf jeder Gesellschaft für eine Kulturschande.

Doch die Bauern können in ihrem Beruf wieder eine Berufung für eine bessere Zukunft sehen. Sie werden künftig nicht nur ökologische Lebensmittel erzeugen, sie werden auch Energieproduzenten und Rohstofflieferanten der gesamten Gesellschaft sein. Landwirte werden Energiewirte. Sie werden verschiedene Sorten von Schilfgras, Leinöl, Hanf, Sonnenblumen, Raps, Flachs, schnell wachsende Bäume und Hölzer zur Energie- und Rohstoffgewinnung anbauen. Alles, was das Erdöl kann, können Hölzer und Pflanzenöle auch.

In einer Zeit, in der nicht nur das brutale Bauernsterben fortschreitet und Landwirte durch die EU-Osterweiterung noch mehr Konkurrenz bekommen, bietet umweltfreundliche Energie vom Acker den Bauern eine Zukunftsperspektive:

- Neue Arbeitsplätze entstehen im ländlichen Raum.
- Die Landflucht kann gestoppt werden, und ländliche Räume können wirtschaftlich gesunden.
- Die Vegetation wird gefördert anstatt vernichtet.
- Organischer Müll, Gülle und Klärschlamm können sinnvoll und gewinnbringend genutzt werden.
- Junge Leute finden ihr Dorf wieder attraktiv und bleiben auch.

18 Gemeinden bei Graz in Österreich setzen zu 100 Prozent auf Energie aus nachwachsenden Rohstoffen. Schon 1996 hatten mich die 18 Bürgermeister eingeladen, diese Aktion für Biomasseenergie zu eröffnen. Das Ziel: Bis 2012 soll alle Energie in dieser ländlichen Region vom Acker und vom Wald kommen: Strom, Heizenergie, Kühlung und Fahrzeugsprit.

In diesen Dörfern wird in fast keinem Neubau mehr eine Erdölheizung eingebaut. Strom, Wärme und Kühlung werden aus Pellets- und Holzhackschnitzelanlagen gewonnen und Biodiesel aus Pflanzen. 2008 liefern Bauern und Förster bereits 60 Prozent des gesamten Energieverbrauchs – junge Landwirte haben dazu Energiefirmen gegründet.

Als ich fragte, warum sie heute Bioenergie verkaufen, bekam ich diese Antwort: »Aus drei Gründen. Wir wollen unsere Energie aus der Region, die Arbeitsplätze entstehen bei uns in der Region, und das Geld bleibt bei uns in der Region.«

Das war die intelligenteste Antwort, die ich je auf die Herausforderung der Globalisierung gehört habe. Anstatt zu jammern, stärken diese jungen österreichischen Bauern ihre Heimatregion dadurch, dass sie heimische Energiequellen nutzen. Über höhere Benzin- und Heizölpreise in der Zukunft, über die sich viele ärgern, werden sie sich freuen, denn ihre regionalen, umweltfreundlichen Produkte werden mit jeder Ölpreiserhöhung attraktiver.

In Österreich sind bereits 40 000 Pelletheizungen installiert. Zwei Kilo Pellets – kleine Holzstückchen, die aus Säge- und Hobelspänen gepresst werden – entsprechen energetisch einem Liter Heizöl. Pellet- oder Holzhackschnitzelheizungen bieten den gleichen Komfort wie Ölheizungen, aber sorgen im Haus für eine viel bessere Raumluft.

Schilfgras statt Atom

Im Landkreis Konstanz haben engagierte Bürger die Energiewendegruppe »Solarkomplex« gegründet. Ihr Ziel: Bis 2030 soll der Landkreis Konstanz komplett mit Erneuerbaren Energien versorgt werden. Allein mit Holz und Pflanzen sollen jährlich 185 Millionen Kilowattstunden Strom und Wärme produziert werden. Das entspricht 18 Millionen Litern Heizöl. Hinzu kommen 67 Millionen Kilowattstunden Energie aus Biogas über Kuhmist.

Der Anbau und die energetische Nutzung von Energiepflanzen könnten in den Industriestaaten ein ähnlich starkes Symbol für eine sanfte Energiepolitik werden, wie es das Spinnrad von Mahatma Gandhi in Indien war. Gandhi war zwar gegen industrialisierte Massenproduktion, aber sehr für die Produktion durch die Massen. Eine riesige Chance für viele neue Arbeitsplätze in der Landwirtschaft: Bioenergie statt Atom – Bioenergie statt Kohle und Erdöl. Auch hier heißt neue Energie neue Arbeit!

Energie aus Biomasse und Biogas bildet einen wichtigen Anteil an der gesamten solaren Energiewende. Eine besondere Bedeutung haben dabei die am schnellsten wachsenden Gräser der Welt, die C_4-Schilfgräser. Sie heißen so, weil die Moleküle dieser Gräser vier Kohlenstoffatome enthalten, im Gegensatz zu den bei uns heimischen C_3-Pflanzen mit drei Kohlenstoffatomen.

Schon 1989 habe ich erstmals in der Sendung »Report Baden-Baden« über Energie aus C_4-Schilfgräsern berichtet und den Biomassefachmann Dr. Wolfgang Ständer dazu interviewt. Etwa sieben Millionen Zuschauer sahen die Filme zum Thema »Schilfgras statt Atom«.

Die öffentliche Reaktion war auch für mich überraschend: Über 2400 Wissenschaftler, Studenten, Institute, Firmen, Politiker und Landwirte wollten mehr wissen. Bundeskanzler Kohl schrieb mir, er habe drei Ministerien beauftragt, sich mit dem Thema zu befassen. Die damalige Bundesregierung gründete eine »Fachagentur für nachwachsende Rohstoffe« und stattete sie mit einem Jahresetat von 50 Millionen DM aus. 30 Radio- und Fernsehsender griffen das Thema allein in Deutschland auf. Es gab Reaktionen aus den USA und Japan, von der EU-Kommission, von afrikanischen Ländern, aus der Türkei, von Auto- und Fahrradproduzenten und von Energiekonzernen.

Der große Vorteil von C_4-Pflanzen ist ihre Fähigkeit, Wasser, Licht und Nährstoffe effektiver zu nutzen als die üblichen C_3-Pflanzen. Sie können im Unterschied zu C_3-Pflanzen die Aufnahme von Licht und CO_2 entkoppeln. Auch nachts nehmen sie CO_2 auf und verbrauchen dabei weniger Wasser. (Mehr darüber in meinem Buch »Schilfgras statt Atom«, Piper, München 1999.)

Die perennierenden – also immer wieder nachwachsenden – C_4-Pflanzen werden in Deutschland bis zu vier Meter hoch und bringen jährlich bis zu 25 Tonnen Trockenbiomasse pro Hektar. C_4-Gräser produzieren etwa zehnmal mehr Biomasse als der Wald. Die Landesanstalt für Pflanzenbau in Baden-Württemberg hat nach zwölf Jahren Forschungsarbeit mit C_4-Gräsern berechnet: Wenn in einem Dorf zehn Bauern je 15 Hektar C_4-Schilfgräser anbauen, dann kann so viel Energie erzeugt werden wie mit 2,7 Millionen Litern Heizöl. Die Landesanstalt für Bodenkultur und Pflanzenbau in Bayern hat herausgefunden: Miscanthus-Schilfgräser erreichen ab dem dritten Anpflanzjahr 20-mal mehr Tonnen Trockenmasse als C_3-Pflanzen und benötigen weder Düngemittel noch Schädlingsbekämpfungsmittel. Außerdem entfällt der jährliche Umbruch durch das Pflügen. Durch den Anbau von C_4-Schilfgräsern werden erosionsbelastete Böden wieder saniert, wie Forschungen in Bayern und Baden-Württemberg ergaben.

Wolfgang Ständer hat der Europäischen Kommission und den Bauernverbänden vorgeschlagen, große Energiepflanzenplantagen mit verschiedenen C_4-Pflanzen auf stillgelegten Flächen anzubauen und diese mit unterirdischen Bewässerungssystemen zu versorgen.

Ähnlich ehrgeizige Energiekonzepte für die Landwirtschaft hat in Brasilien der ehemalige Umweltminister José Lutzenberger entwickelt. Sein Lebensmotto: Die Natur weiß es besser. Die Europäische Kommission nimmt an, dass durch eine Ökologisierung der Landwirtschaft in Europa und über Energie vom Wald und Acker etwa zwei Millionen neue Arbeitsplätze entstehen werden. Die Realisierung dieser Zukunftsperspektiven würde nicht nur das Bauernsterben stoppen, sie kann vielmehr zu einer Renaissance der gesamten Landwirtschaft beitragen.

Die heutige Landwirtschaft lässt 70 bis 80 Prozent der Pflanzen als Reststoffe ungenutzt. Klärschlämme und Gülle bereiten häufig ökologische Probleme. Die energetische Nutzung dieser Reststoffe ermöglicht eine Sekundärverwertung der land- und forstwirtschaftlichen Produkte, die klimafreundlich ist, die Böden entlastet, Monokulturen vermeiden hilft und Arbeitsplätze im ländlichen Raum schafft.

Energie aus Biomasse ist die bisher am meisten unterschätzte künftige Energiequelle. 2006 durfte ich bei der Installationsfirma Stöver in Himmelpforten bei Bremen eine Schilfgrasheizung einweihen. Die dynamische Mittelstandsfirma baut mit ihren Mitarbeitern das schnellwüchsige Schilfgras selbst an, hat die alte Gasheizung ausrangiert und spart jetzt gegenüber früher 90 Prozent der Heizkosten für das Firmengebäude und für ihr Wohnhaus ein.

Machen wir's den Pflanzen nach

Die Photosynthese ist die Ideallösung für die ökologische Energieproduktion. Sonne schafft Leben, denn ohne Zuführung von Sonnenenergie würden alle komplizierten Strukturen zerfallen, jede Ordnung sich in Chaos verwandeln. Mithilfe der Sonne stand und steht Energie so reichhaltig zur Verfügung, dass sich das Leben üppig und milliardenfach entfalten kann. »Der Mechanismus, durch den Bakterien und Pflanzen Lichtenergie für den Aufbau energiereicher organischer Verbindungen verwerten – die Photosynthese –, war der eigentliche Startschuss für alles höhere Leben«, schreibt Helmut Tributsch, Professor für physikalische Chemie in Berlin. Erst die biologische Nutzung der Sonnenenergie schafft eine lebensfreundliche Umwelt.

Atomkraftwerke sind so überflüssig wie die Zerstörungsenergie aus Öl, Kohle und Gas. Die wichtigste »Energiequelle« ist sicher das Energiesparen. Aber Energiesparen allein reicht nicht. Eine Politik, die nur auf Energiesparen und nicht zugleich auf das Ablösen der alten Energien durch erneuerbare setzt, verlängert lediglich das alte Energiesystem. Wenn wir die Hälfte der alten Energien einsparen und sonst nichts unternehmen (wofür viele Ökologen plädieren), dann verdoppeln wir lediglich die Fristen, in denen die alten Energieträger zu Ende gehen.

Diejenigen, die allein auf das Energiesparen setzen, vergessen in ihrem Konzept die Dritte Welt. Sollen ausgerechnet wir den Menschen in Afrika, Lateinamerika und Asien Energiesparen empfehlen, wir, die wir 20- bis 30-mal so viel Energie verbrauchen wie sie!

Für ihre landwirtschaftliche und ökonomische Entwicklung brauchen China und Indien, Bangladesch und Tansania, Somalia und Brasilien in Zukunft selbstverständlich nicht weniger, sondern viel mehr Energie als heute. Die Biomassetechnologie ist in ihrer Naturnähe und technischen Einfachheit geradezu ideal für die Länder der Dritten Welt.

Die einzige Lösung der Weltenergieprobleme heißt also: Solarenergie für die Dritte Welt sowie Energiesparen *und* Solarenergieumstieg bei uns.

In Brasilien fährt schon jedes zweite Auto mit Biosprit aus Pflanzen. Das brasilianische Ethanol-Treibstoffprogramm ist aus sozialen Gründen umstritten, denn wegen des Anbaus von großen Zuckerrohrfeldern wurden viele Kleinbauern vertrieben. Andererseits hat der Aufbau der Ethanolproduktion 500 000 Arbeitsplätze gebracht, durch geringere Ölimporte der Zahlungsbilanz geholfen und durch CO_2-Minderung ganz entschieden das regionale Klima verbessert. Unumstritten ist dagegen die Biomasse-Energieproduktion in Schweden: Bereits 15 Prozent der Energie werden dort aus land- und forstwirtschaftlichen Reststoffen gewonnen.

Giuliano Trebbi, früherer Forschungschef des weltweit zweitgrößten Stromkonzerns, ENEL in Italien, sagte mir nach einem Besuch von Schilfgrasfeldern in Brandenburg: »Mein Konzern hat gar keine andere Wahl, als sich mit C_4-Pflanzen zu beschäftigen. Das ist nach meiner Überzeugung *die* Energie der Zukunft. Deshalb werden wir jetzt Versuchsfelder mit verschiedenen C_4-Pflanzen in Italien, Spanien und Südfrankreich anbauen. Das ist für ENEL die wichtigste Zukunftsinvestition der nächsten Jahre. Ich bin sicher, dass wir in zehn Jahren aus Biomasse der C_4-Gräser Strom und Benzin herstellen werden.«

Biogene Treibstoffe bieten zur Zeit die interessanteste praktische Möglichkeit für den Einsatz Erneuerbarer Energien im Verkehr. An über 1000 Tankstellen kann 2008 in Deutschland bereits Biodiesel getankt werden. Zwischen 1992 (5000 Tonnen) und 2002 hat sich der Absatz für Biodiesel in Deutschland mehr als verhundertfacht (550 000 Tonnen). Biodiesel hat 2008 einen Anteil von etwa fünf Prozent am Markt für Dieselkraftstoff insgesamt, Tendenz steigend. Leider hat die Große Koalition die von rot-grün früher zugesagte Steuerbefreiung von Biosprit zu früh aufgehoben. Dadurch wurde der rasante Anstieg nicht nur gebremst, Tausende kleinere Betriebe gingen bankrott.

Je teurer aber Benzin und Diesel in den nächsten Jahren werden, desto schneller wächst der Anteil an biogenen Treibstoffen. Die Windenergie ist zurzeit die dynamischste aller erneuerbaren Energiequellen, die Biomasse aber holt auf, weil sie die vielseitigste ist. Landwirte nutzen heute schon die gesamte Palette der Erneuerbaren: Photovoltaikanlagen auf Scheunen und Kuhställen, Energiepflanzen auf dem Acker, Windräder auf der Wiese, Biogasanlagen neben dem Haus.

Strohfeuer gegen das Treibhaus

Viele Bauern wissen nicht, wohin mit dem Stroh: In den Ställen brauchen sie nicht alles, unterpflügen dürfen sie es nicht, und einfach verbrennen wollen sie es auch nicht. Auch hier zeigen unsere dänischen Nachbarn den Ausweg. Bereits in 80 Fernwärme- und Heizkraftwerken wird in Dänemark Energie aus Stroh gewonnen. Dänische Energieexperten haben errechnet, dass allein mit den drei Millionen Tonnen Überschussstroh sieben Prozent des gesamten dänischen Energiebedarfs gedeckt werden können. Auf der Insel Jütland steht das größte Strohkraftwerk, eine 100-Megawatt-Anlage, zu der Bauern aus einem Umkreis von 80 Kilometern ihr Stroh bringen. 70 000 Tonnen werden jährlich verfeuert. Selbstverständlich wird aus Stroh nicht nur Strom gewonnen, sondern über das Kraft-Wärme-Kopplungssystem auch Wärme.

Die ersten Strohfeuer gibt es auch in Deutschland. Im Herbst 1993 wurde im thüringischen Schkölen ein Drei-Megawatt-Strohkraftwerk in Betrieb genommen. 294 Haushalte, 15 Gewerbebetriebe, eine Schule und alle öffentlichen Gebäude des Dorfes werden mit Energie aus 3600 Tonnen Stroh pro Jahr versorgt. Vorher wanderten jedes Jahr 3500 Tonnen Braunkohle in die Öfen der Schkölener und verpesteten die thüringische Luft. Jetzt wird in dem 1750-Einwohner-Dorf die besonders klimabelastende Braunkohle zu 95 Prozent durch eine klimafreundliche Energie ersetzt.

2003 wurde auch in Groß Breesen, Mecklenburg, ein Minikraftwerk errichtet, das mit Stroh betrieben wird, ein Großballenstrohvergaser. Das 200-Kilowatt-Kraftwerk in dem 30-Zimmer-Hotel von Udo und Conny Weiß ersetzt jährlich 44 000 Liter Heizöl. Dazu werden hundert Tonnen Stroh verbraucht. Das Stroh liefern die Landwirte aus der Umgebung in 250-Kilogramm-Ballen. Diese Biomasseenergie ist nicht nur umweltfreundlich, sondern auch preiswert. Familie Weiß berichtet, dass sie jährlich 8000 bis 10 000 Euro gegenüber einer Ölheizung einspart. Jetzt will die Herstellerfirma Herlt aus Vielist in Mecklenburg größere Strohheizkraftwerke bauen.

Bei den neu entwickelten Strohheizkraftwerken fällt keine Schlacke mehr an, sondern Asche. Und diese kann als Dünger auf die Felder ausgebracht werden. In Mecklenburg fallen jährlich 2,9 Millionen Tonnen Stroh an. Mindestens ein Drittel könnte energetisch genutzt werden, meint Uwe Weiß. Je teurer künftig das Erdöl, desto attraktiver wird Energie aus Biomasse.

Strom und Wärme aus Eierschalen

Allein in Deutschland fallen Jahr für Jahr etwa zwei Millionen Tonnen Speisereste an. Sie sind viel zu wertvoll für den Abfalleimer. In einer Biogasanlage kann man daraus sauberen Strom und Wärme gewinnen. Speisereste sind kein Müll.

»Bei uns werden jährlich 8000 Tonnen Speisereste vergoren«, sagt zum Beispiel der Diplomingenieur Dr. Rainer Gottschalk, Geschäftsführer der Biogas System Technik in Donaueschingen. Mit dem sauberen Strom aus Biogas können 720 Haushalte versorgt werden.

Die Donaueschinger Firma bezieht die Reste über einen bundesweit tätigen Entsorger. »Wir trennen die Speisereste vom Verpackungsmaterial«, berichtet Rainer Gottschalk. Zerkleinert und danach vergast werden nicht nur Essensreste aus Kantinen und Großküchen, sondern auch Fette, Eierschalen sowie Nahrungsmittel mit abgelaufenem Haltbarkeitsdatum. Auch in Eierschalen steckt noch jede Menge Energie.

Biogas entsteht, indem organische Stoffe unter Luftabschluss gären oder faulen. Mehrere Bakteriengruppen arbeiten eng zusammen und wandeln biogenes Material in Biogas. Dieses Biogas entsteht zu zwei Dritteln aus brennbarem Methan und zu einem Drittel aus Kohlendioxid und Restgasen.

Die uralten Bakterienstämme bauen alles biogene Material ab außer Holz. Die in den Speiseresten enthaltene Energie stammt aus der Photosynthese, also der umgewandelten Lichtenergie der Sonne. Die Nutzung von Biogas ist eine indirekte Solarenergiequelle. Landwirte wissen, dass mit jeder Kuh über Mist und Gülle pro Jahr 500 Liter Heizöl eingespart werden können.

Das Jahrhundert der Biomasse

In 40 Jahren, meint ein optimistisches Energieszenario von fünf wissenschaftlichen Instituten im Auftrag der EU-Kommission in Brüssel, werden 30 Prozent des Energieverbrauchs in der Europäischen Gemeinschaft vom Wald und Acker kommen. Voraussetzung sei freilich, dass wir bis dahin in Westeuropa 60 Prozent des heutigen Energieverbrauchs durch Energiesparen, Energieeffizienz und Solararchitektur einsparen. Ich halte dieses Ziel für realisierbar, wenn es politisch wirklich gewollt ist.

Zum Beispiel werden seit 2004 die 20 000 Menschen in der Berliner Gropiusstadt von einem Heizkraftwerk versorgt, das mit Abfallholz aus der Region betrieben wird. Auch RWE, E.ON, die EnBW und VEAG engagieren sich beim lukrativen Betrieb von Biomassekraftwerken. Schon 2002 stellte der Mannheimer Energieversorger MVV Energie AG ein Vier-Megawatt-Biomasse-Kraftwerk im oberbayerischen Bad Endorf fertig, in Königs Wusterhausen und Mannheim sollen es 20-Megawatt-Kraftwerke werden.

Die Kombination von Windenergie und Biomasseenergie ist wegen der problemlosen Speicherbarkeit von Biomasse geradezu ideal und findet in vielen ländlichen Regionen inzwischen Nachahmer. Der Wind weht nicht immer, aber die Biomasse steht jederzeit zur Verfügung – eine sinnvolle Ergänzung. Gülle, Mist, Bioabfälle und schnell nachwachsende Pflanzen zur Energiegewinnung auf sonst brachliegenden Flächen gibt es überall. Allein über Küchen-, Stall- und Gartenabfälle könnten in Deutschland 20 Prozent des Stroms gewonnen werden.

Da in Gemeinschafts-Biogasanlagen oft verschiedene Güllesorten zusammengemischt werden, ist das Resultat ein Dünger, bei dem die Nährstoffe Stickstoff, Phosphor und Kalium ausgeglichen sind. Durch den Abbau von organischen Säuren wird außerdem ein pflanzenverträglicher Dünger produziert, dessen pH-Wert deutlich höher ist als der von unvergorener Gülle.

Neben umweltfreundlicher Energie wird also durch Biogasanlagen zusätzlich wertvoller Dünger gewonnen, und Naturkreisläufe werden geschlossen. Nitrateintrag ins Grundwasser wird vermieden. Landwirte, die jetzt Energiewirte und Rohstofflieferanten werden, berichten vom Prestigegewinn ihres uralten Berufes. In ländlichen Räumen entstehen Wirtschaftskraft und neue, zukunftsfähige Arbeitsplätze.

Energie vom Acker und vom Wald gilt zwar noch immer als Schmuddelkind der Erneuerbaren Energien – doch seine Karriere ist nicht aufzuhalten. Schon mittelfristig werden wir auch viel Energie aus Biowasserstoff gewinnen können.

Erdwärme – je tiefer, desto mehr

Ähnlich unterschätzt wie die Biomasse wird auch die Energie aus Erdwärme. 99 Prozent der Erdmasse sind mindestens 1000 Grad Celsius heiß. Unter der Erde ist viel Wärme gespeichert. Je tiefer, desto mehr.

In Island werden 85 Prozent der Wärmeversorgung über Erdwärme gewonnen. Öl und Gas zum Heizen sind dort praktisch verschwunden.

Die frühere DDR war in der Erdwärmeforschung und -anwendung weiter als die Bundesrepublik. Ganze Dörfer wurden in Ostdeutschland mit Erdwärme beheizt. Mit zehn Megawatt läuft heute in Neubrandenburg die größte Geothermie-Heizzentrale Deutschlands.

In Paris werden seit 25 Jahren etwa 250 000 Wohnungen mit Wärme aus der Tiefe versorgt. San Francisco erzeugt seinen Strom komplett über Erdwärme. In Gegenden vulkanischen Ursprungs wird über Erdwärmekraftwerke der gesamte Stromverbrauch organisiert: zum Beispiel auf den Azoren, in Nicaragua und in El Salvador. Auf den Philippinen liefert Erdwärme bereits 23 Prozent des gesamten Energieverbrauchs.

Seit 2008 erzeugt in Soultz-sous-Forêts das Europäische Geothermie-Projekt 1,5 Megawatt elektrische Leistung. Das ist Strom für 1500 Haushalte.

Schon seit Jahren setzen viele Bürgermeister auf beiden Seiten des Rheins ihre Energiehoffnungen auf dieses Projekt. Badische und elsässische Kommunen wollen künftig Heizenergie aus Erdwärme gewinnen. Viele Städte und Dörfer können komplett damit beheizt werden, wenn die unterirdischen Wärmevoraussetzungen gegeben sind. Seit 2009 ist in der 40 000-Einwohner-Stadt Bruchsal ein großes Geothermiekraftwerk in Betrieb. Seit 2007 beziehen in München 20 000 Menschen ihren Strom umweltfreundlich über die Wärme aus der Erde.

Bei Temperaturen über 100 Grad Celsius lässt sich aus der Erdwärme auch Strom gewinnen. Kühles Wasser wird über ein Loch in 5000 Meter Tiefe geführt, wo es sich im Granit aufheizt und über ein anderes Loch wieder hochgepumpt wird. Oben treibt eine Turbine damit einen Generator an, der Strom erzeugt.

Seit in Soultz die Stromgewinnung gelingt, kommen wir der Erschließung einer nahezu unerschöpflichen Energiequelle ein gutes Stück näher. Die Geothermische Vereinigung schätzt, dass mit Erdwärme ein Viertel des deutschen Strombedarfs gedeckt werden könnte – mehrere Tausend Jahre lang. (Mehr Informationen dazu unter www.soultz.net.)

In Deutschlands Erdkruste schlummern enorme Potenziale für geothermischen Strom. Das jedenfalls ist das wesentliche Fazit einer Studie des Büros für Technikfolgenabschätzung (TAB) des Deutschen Bundestages. Der Sachstandsbericht »Möglichkeiten geothermischer Stromerzeugung in Deutschland« des Autorentrios Herbert Paschen, Dagmar Oertel und Reinhard Grünwald setzt sich neben einer Abschätzung und Bewertung der Potenziale auch mit dem Stand der Technik, der Wirtschaftlichkeit und den Umweltfolgen eines breiten Einsatzes dieser Technologie auseinander.

Die Kernaussagen sind eindeutig: Die bis in sieben Kilometer

Tiefe unter unseren Füßen vorhandene Erdwärme würde ausreichen, mehr als das Sechshundertfache des deutschen Jahresstrombedarfs zu decken. Bei einer Nutzung der Abwärme könnte dies noch einmal um das Dreihundertfünfzigfache und unter Einsatz von Großwärmepumpen sogar um das Sechshundertfache unseres jährlichen Wärmebedarfs gesteigert werden. Nur ein sehr geringer Teil davon würde tatsächlich benötigt, selbst wenn sämtliche Wärme und sämtlicher Strom in unserem Land aus erneuerbaren Energiequellen gedeckt werden würden.

In einem solchen Energiemix stellt die Geothermie als Grundlast-Energieträger die ideale Ergänzung zu Wind, Sonne, Wasserkraft und Biomasse dar. Geothermische Kraftwerke lassen sich wie herkömmliche gas-, öl- oder kohlebefeuerte Anlagen ohne großen regelungstechnischen Aufwand in das Stromverbundnetz eingliedern. Dafür notwendige Technologien stehen zur Verfügung oder befinden sich unmittelbar vor der Einsatzreife.

IX. ENERGIE MIT WASSERKRAFT

Viele kleine Räder

Bis 2003 war die Wasserkraft der größte regenerative Energieproduzent in Deutschland. 22 Milliarden Kilowattstunden Strom pro Jahr aus Wasserkraft ersparen der Umwelt 20 Millionen Tonnen CO_2, neben der Abwärme und anderen Schadstoffen. Inzwischen ist die Windenergie die stärkste erneuerbare Energiequelle. Wasserkraft liefert etwa 4 Prozent der Elektrizität für Deutschland. Weltweit liefern Wasserkraftanlagen etwa 16 Prozent des Stroms. Norwegen, Island und Ghana produzieren ihren Strom zu fast 100 Prozent aus Wasserkraft, Österreich zu 72 und die Schweiz zu etwa 50 Prozent. Da der Bau riesiger Wasserkraftanlagen in der Dritten Welt oft zur Vertreibung von Menschen und zu Umweltproblemen führt und meist einen empfindlichen Eingriff in die Natur bedeutet, ist es sinnvoller, Wasserkraft dezentralisiert zu nutzen.

In Deutschland können viele Tausend stillgelegte kleine Wasserkraftwerke reaktiviert werden. Wer allerdings mit einem kleinen Wasserrad seinen Strom selbst und umweltfreundlich erzeugen will, hat oft gegen ähnliche Ideologen in den Naturschutzbehörden zu kämpfen wie die Windradbauer. Auf einer Tagung der Bayerischen Akademie für Naturschutz und Landschaftspflege sagte ein Regierungsdirektor einem Bauern, der gerne sein altes Wasserkraftwerk reaktivieren möchte: »Die Frage, ob durch Wasserkraftanlagen positive Effekte für die Erhaltung des Klimas verbunden sind, kann im Rahmen einer Naturschutzverwaltung aufgrund der gesetzlichen Grundlage nicht behandelt werden.« Dann muss eben so rasch wie möglich das Gesetz geändert werden. Ein »Naturschutz«, der nicht begreift, dass wir einer Klimakatastrophe entgegenrasen, verdient seinen Namen nicht. Nur ein *ganzheitlicher* Naturschutz schützt die Natur wirklich.

Vernetztes Umweltdenken wird deutlich machen müssen, dass die Qualität des Bodens und des Wassers eng mit der Luftqualität zusammenhängen. Der Schutz von Fischen, Weichtieren und Wasserinsekten ist wichtig, aber auch sie brauchen gute Luft. So falsch wie der grundsätzliche Gegensatz von Ökonomie und Ökologie ist auch der angebliche Gegensatz von Naturschutz und Umweltschutz. Das zeigt sich oft erst langfristig.

Ein Beispiel: Am Inn haben sich im Lauf der Jahrzehnte, nachdem Staustufen angelegt worden waren, neue Auwälder und ausgedehnte Feuchtgebiete gebildet. Weite Flusswasserzonen bieten Raum für eine vielfältige Vogelwelt. Die Innstaustufen sind heute Vogelschutzgebiet und Europareservat. Der Wunsch der Naturschützer, möglichst viele unberührte Flussgewässer zu erhalten, kann mit dem Klimaschutz also durchaus in Einklang gebracht werden.

In Bayern werden mit der Wasserkraft zwölf Prozent des Strombedarfs umwelt- und klimafreundlich erzeugt: Wasserkraft bezieht ihre Energie aus dem natürlichen Kreislauf des Wassers, der durch Verdunsten, Regnen und Abfließen entsteht. Dieser Kreislauf wird von der Sonne aufrechterhalten. Wasserkraft ist regenerative Sonnenenergie. Deshalb sollten in Deutschland viele Tausend stillgelegte kleine Wasserräder wieder in Schwung kommen.

Teile der ersten Auflage dieses Buches schrieb ich auf Schloss Elmau bei Garmisch-Partenkirchen. Hier in der wunderschönen Landschaft am Wetterstein liefert ein Kleinwasserkraftwerk, 400 Meter vom Schloss entfernt im Wald gelegen, die Hälfte des Stroms für 100 000 Übernachtungsgäste jährlich. Das Kraftwerk ist beinahe 80 Jahre alt. Mit moderner Technik könnte es den gesamten Strom für das Elmauer Hochtal liefern. Immerhin wohnen hier ständig etwa 350 Menschen. Die Gäste genießen neben der Natur in einer der ökologisch wertvollsten Landschaften Deutschlands und neben täglichen kulturellen Veranstaltungen den Komfort eines modernen Hotels, der sich nicht zuletzt dem kleinen Wasserwerk verdankt.

Zu Beginn des 20. Jahrhunderts gab es in Baden-Württemberg und Bayern etwa 70 000 kleine Wasserkraftwerke. Heute sind es nur noch wenige Hundert. Die Energiemonopolisten haben sie fast alle verdrängt. Die Großen haben eine Heidenangst vor den Kleinen. Und so fließt bis heute viel Wasser ungenutzt den Bach hinunter. Überall, wo Mittelgebirge sind, kann Wasserkraft noch reaktiviert werden: nicht nur in Bayern und Baden-Württemberg, sondern auch in Rheinland-Pfalz und Hessen, in Sachsen und Sachsen-Anhalt, in Thüringen und in Nordrhein-Westfalen.

Schon 1998 ergab eine Umfrage in Deutschland, dass sich immer mehr Deutsche für Erneuerbare Energien und gegen Kohle und Atom aussprechen (siehe hierzu Grafik 22).

Klein oder mega?

In Deutschland kann der Anteil der Wasserkraft sicher verdoppelt werden. Global liegen in den Ländern der sogenannten Dritten Welt die meisten Wasserkraftreserven, zum Beispiel in China, Indien, Indonesien, in Lateinamerika und in Bergstaaten wie Nepal und Tibet. Regenerative Energien sind in der Dritten Welt Voraussetzung für ökonomische Entwicklung, Gerechtigkeit, Wohlstand und Demokratie. Und nur durch ökonomische Entwicklung sind in den armen Ländern Hunger und Bevölkerungswachstum überwindbar. Überall auf der Welt bekommen Menschen weniger Kinder, wenn materiell ihr Überleben gesichert ist.

Allerdings: »Small is beautiful«. Megawasserkraftwerke in China und Indien, in Brasilien und Ägypten gegen den Willen von Millionen Menschen, die umgesiedelt werden müssen, führen eher zu Umweltproblemen und sozialen Spannungen als zu wirklichen Lösungen. Aber viele kleine Hydroanlagen sind nicht nur »beautiful«, sie sind auch »powerful«.

Seit dem Jahr 2000 haben wir in Deutschland nicht nur »Solarenergie-Plus-Häuser«, sondern auch die erste »Plusenergie-

Fabrik«. Für die Wasserkraftwerke Volk AG in Elztal im Südschwarzwald begann ein neues Zeitalter. Die erste energieautarke Schwermaschinenfabrik Europas ging in Betrieb. Die gesamte Energie für diese Fabrik wird regenerativ erzeugt, über Wasserkraft, Solaranlagen und Wärmepumpen. Und darüber hinaus wird noch ein Teil der Ökoenergie verkauft.

Auch hier wurde zunächst von einer seltsamen Koalition aus typisch deutscher Behördenwillkür und deutschem Ökofundamentalismus versucht, die umweltfreundliche Energiegewinnung zu verhindern. Sogenannte Umweltschützer hatten den Bau dieser Zukunftsfabrik um mehrere Jahre verzögert. Das Ökosystem des Flusses Elz werde durch ein Wasserkraftwerk geschädigt, so die Argumentation der »Umweltschützer«.

Ein Gutachten bestätigt jedoch, dass die Wasserqualität noch gewonnen hat und die Fische über Fischtreppen nach wie vor wandern können. Die Fabrik belastet weder das Wasser der Elz noch die Luft. Die hier produzierten Wasserturbinen werden in mehr als ein Dutzend Entwicklungsländer exportiert.

Der Chef der Wasserkraftfabrik, Manfred Volk, seine Mitarbeiter sowie über 1400 Aktionäre haben beschlossen, mindestens fünf Prozent des Gewinns in ökologisch-soziale Projekte hauptsächlich in Entwicklungsländern zu investieren. »Was wir weltweit empfehlen, müssen wir zuerst selbst hier bei uns realisieren«, sagte Manfred Volk bei der Einweihung seiner Zukunftsfabrik. Allein in Baden-Württemberg könnten noch mindestens 3000 Wasserkrafträder zur umweltfreundlichen Stromgewinnung gebaut werden.

Deutschlands größtes Projekt zur Gewinnung regenerativer Energie aus Wasserkraft ist der Neubau des Naturenergie-Kraftwerkes in Rheinfelden. Allein damit können 165 000 Familien oder über eine halbe Million Menschen mit regenerativer Energie versorgt werden. Wir können eben bei jedem Wetter sauberen Strom gewinnen: durch Regen, mit der Sonne und über den Wind. Häufig ergänzen sich die regenerativen Energiequellen, je nach Wetter- und Windverhältnissen. Wir können eine Allwetterökologie nutzen: Regen ist gut für die Wasserkraft, Wind gut für den Windstrom sowie die Windaktien, und bei Sonne wächst Biomasse und laufen die Solaranlagen.

Im Gegensatz zu vielen New-Economy-Projekten gilt die Wasserkraft bei vielen Aktionären als krisenfest. Die zehn größten Wasserkraft-Stromproduzenten der Welt sind heute: Kanada mit etwa 340 Milliarden Kilowattstunden im Jahr, Brasilien und USA mit je 305, China mit 230, Russland mit 160, Norwegen mit 120, Japan mit 85 sowie Indien, Frankreich und Schweden mit je 80 Milliarden Kilowattstunden pro Jahr.

Energiereserven im Meer

In seinem Standardwerk »Rückkehr zur Sonne« beschreibt Helmut Tributsch zwei Visionen. Die erste Vision: automatische schwimmende Windmaschinen, die das Strömungsgefälle an der Meeresoberfläche zur Energiegewinnung ausnutzen können. Die erste schwimmende Kombination von Wind- und Wasserkraft gibt es als Prototyp vor Englands Küste.

Tributschs zweite Vision: Energie aus dem Wärmegefälle der Meere. Riesige Plattformen schwimmen auf dem Meer und senken Rohre in die Tiefe. »Sie pumpen nur Wasser und fördern dennoch gewaltige Mengen an Energie. Die hochtourig laufenden Turbinen erzeugen Elektrizität, mit der Meerwasser zersetzt wird, um die wartenden Schiffe mit wertvollem Wasserstoff in flüssiger Form zu versorgen.«

Tributsch meint, das Temperaturgefälle zwischen der Oberfläche des Meeres und tieferen Meeresschichten reiche aus, um die Turbinen zum Rotieren zu bringen.

Die Sonne speichert riesige Mengen Energie in den Meeren. Befürworter thermischer Meereskraftwerke sind der Meinung, dass wir nur das Meer anzuzapfen brauchten, um beispielsweise auch über Gezeitenkraftwerke für alle Zeiten ausreichend regenerative Energie zu bekommen. Das theoretische Energiepotenzial des

Meeres ist achtzigmal so groß wie der heutige Energiebedarf der Menschheit.

Die Meereswärme ist eine Schwester der Sonnenenergie. Meereswärme ist unser großes Reservepotenzial. Wahrscheinlich brauchen wir es gar nicht. Weil Wasserkraft preiswert und umweltfreundlich ist, produziert Norwegen seinen Strom zu 98 Prozent mithilfe des Wassers – trotz reicher Öl- und Gasvorkommen. In der US-Westküstenstadt Seattle zum Beispiel, in der so energieintensive High-Tech-Unternehmen wie der Luft- und Raumfahrtkonzern Boeing arbeiten, kostet Strom aus Wasserkraft nur einen Bruchteil des Kilowattstundenpreises des Atomstroms in New York oder Chicago.

Wellenenergie – ein Titan erwacht

Im Meer schlummert unendlich viel Energie: theoretisch etwa 76-mal mehr, als die heute 6,6 Milliarden Menschen insgesamt verbrauchen.

In allen Zeiten wurden die Kraft des Meeres und die Macht der Wellen, der Gezeiten und Meeresströmungen als eine der stärksten Kräfte auf unserem Globus geschätzt und gefürchtet. Das Energiepotenzial der Meere ist ähnlich unerschöpflich wie Sonnen- und Windenergie oder auch Erdwärme. Dabei kann Wellenenergie effizienter genutzt werden als Windenergie – sie hat eine größere Stetigkeit und ist leichter vorauszusehen. Mehr als 75 Prozent der Erdoberfläche werden durch Wasserflächen bedeckt, das meiste davon ist Meer. Bei der herkömmlichen Wasserkraftnutzung sind die meisten Ressourcen – zumindest bei großen Kraftwerken – weltweit erschlossen, während Energiequellen in den Weltmeeren in gigantischem Ausmaß noch brachliegen.

Eine Meeresfläche von der Größe Spaniens würde theoretisch ausreichen, um den gesamten Weltenergiebedarf zu decken – Wellenenergiefachleute haben ausgerechnet, dass eine Meeresfläche von zwei Quadratkilometern Größe bereits ein Atomkraftwerk ersetzen kann. Nach Berechnungen des portugiesischen Wave Energy Centre können einzelne Länder wie Irland ihren Strombedarf zu 100 Prozent über Wellenkraft erzeugen. Der wissenschaftliche Dienst des Deutschen Bundestags geht davon aus, dass in der Praxis 15 Prozent des gesamten Weltstrombedarfs über Wellenkraftwerke gewonnen werden können.

Die Natur stellt uns insgesamt theoretisch vieltausendfach mehr Energie zur Verfügung, als heute alle Menschen verbrauchen: Allein die Wasserkraft bietet uns theoretisch die Hälfte unseres derzeitigen Verbrauchs, die Bioenergie 15-mal mehr, als wir derzeit weltweit verbrauchen, die Strömungs- und Wellenenergie der Ozeane – wie gesagt – 76-mal mehr, die Windenergie 308-mal mehr und die Sonne 15 000-mal mehr.

Das heißt: Auch in der Praxis haben wir für alle Zeit, was alle Menschen verbrauchen, ohne unlösbare Probleme. Es gibt also gar kein Energieproblem – es gibt nur falsches Energieverhalten. Aber das können wir ändern – so wie es frühere Generationen beim Umstieg von Holz auf Kohle oder von Kohle auf Öl auch taten.

Übrigens: Gegen ähnlich irrationale Widerstände, wie sie heute die Vertreter der Erneuerbaren Energien erleben. Die Geschichte wiederholt sich oft!

Das Zusammenspiel von Sonne und Mond

Die Kraft aus dem Meer kann durch das natürliche Zusammenspiel von Sonne und Mond genutzt werden. Die Sonne bewirkt Verdunstung, Regen und Temperaturunterschiede, welche die Winde verursachen – der Mond organisiert durch Gravitation die Gezeiten im Zusammenspiel mit der Erddrehung.

Deshalb können wir die Meeresenergie nutzen über:

- Gezeitenkraftwerke, wie sie zum Beispiel schon lange in der Bretagne in Frankreich zum Einsatz kommen,

- Wellenkraftwerke, wie sie in England und in den USA entwickelt und erprobt werden, und
- Strömungskraftwerke.

Die portugiesische Regierung hat als erste Regierung Europas in ihrem Erneuerbare-Energien-Gesetz die Wellenenergie bereits berücksichtigt. Jürgen Schmid, Experte für Rationelle Energiegewinnung an der Universität Kassel, sagt: »In den Wellen der Meere steckt ein unglaubliches Energiepotenzial.« Doch diese Energie wird von Menschen noch kaum genutzt. Schmid ist überzeugt, dass etwa ein Drittel des heutigen Energieverbrauchs künftig über die Wellenenergie gewonnen werden kann.

An den Küsten Frankreichs, Irlands, Islands, Norwegens, Spaniens, Portugals, bei Gibraltar und am Nordkap, aber auch an der deutschen Nordseeküste kann künftig über die Kraft der Wellen ein Teil unserer Stromversorgung organisiert werden. Nach ersten Versuchen sind die Wissenschaftler davon überzeugt, dass der Wellenstrom bald für 10 Cent pro Kilowattstunde erreicht werden kann. Dieser Preis ist heute zwar noch nicht konkurrenzfähig gegenüber den alten Energiequellen, aber in 10 oder 15 Jahren sehr wahrscheinlich.

Zum Vergleich: Strom aus Solarzellen kostet heute noch 30 bis 40 Cent und wird dennoch eine große Zukunft haben. Jürgen Schmid ist überzeugt: »Wenn wir großtechnisch rangehen an die gewaltigen Potenziale der Wellen, dann wird auch der Preis für Wellenenergie weiter sinken.« In England wird Strom aus Wellen bereits mit 15 Cent pro kWh vergütet.

In Deutschland, das auch in der Meeresenergieforschung zusammen mit England weltweit führend ist, ist die staatliche Förderung praktisch gleich null, beklagt der forschungspolitische Sprecher der Grünen im Bundestag, Hans-Josef Fell, zu Recht. Im Gegensatz zu Windrädern sind bei Strömungskraftwerken, die praktisch Windmühlen unter Wasser sind, auch keine Einwände von »Landschaftsschützern« zu erwarten. Dennoch ist »Seaflow«, eine Unterwasserwindmühle vor der britischen Westküste, das einzige Meeresenergieprojekt, das die Europäische Union zurzeit fördert. Aber immerhin will der Stromkonzern EnBW mehrere Wellenkraftwerke – beinahe unsichtbar – an der niedersächsischen Nordseeküste bauen lassen. Nicht nur Wind, Sonne, Wald und Acker, sondern auch der Meeresboden könnte künftig eine gigantische »Steckdose« für die Menschheit werden – erneuerbar, preiswert und für alle Zeit nutzbar.

Die oben genannten Zahlen der Energiepotenziale von Sonne, Wasser, Wind, Bioenergie und Wellenkraft machen deutlich, dass mit entsprechendem politischen Willen und vorhandener Lernbereitschaft der Energieverbraucher die hundertprozentige Energiewende in wenigen Jahrzehnten möglich ist. Wenn wir gut und lernfähig sind: bis zum Jahr 2040!

Wir haben in diesem Buch bisher die sechs großen Pfeiler künftiger Energieversorgung bedacht: Sonnenenergie, Wasserkraft, Bioenergie, Windkraft, Erdwärme und Meeresenergie. Alle diese Energiequellen stehen uns »ewig« zur Verfügung. Der fundamentale Unterschied zu Kohle, Gas, Öl und Uran ist dieser: Die neuen Energiequellen können wir nicht mehr *ver*-brauchen, wir *ge*-brauchen sie nur noch. Sie stehen unseren Kindern und Enkeln und deren Kindern und Enkeln ebenso zur Verfügung wie uns. Erstmals haben wir eine Energielösung für alle Zeit und für alle Menschen. Welch eine Chance! Welch eine Herausforderung für unsere heutigen Generationen!

Die alten Energiequellen haben wir nicht *ge*-braucht, sondern *ver*-braucht. Wenn wir Benzin verbrauchen oder Öl verfeuern, dann sind diese Rohstoffe für nahezu alle Zeit verbraucht. Deshalb verbrennen wir mit den fossil-atomaren Rohstoffen die Zukunft unserer Kinder. Jetzt aber haben wir mit den Erneuerbaren Energien erstmals die Möglichkeit, die Energiefrage für alle Zeit zu lösen. Jetzt kann wahr werden, was die Naturvölker schon immer wussten: »Wir haben diesen Planeten nicht von unseren Eltern geerbt – wir haben ihn von unseren Kindern geliehen.«

Nur mit Erneuerbaren Energien können wir tun, was wohl der

Sinn unseres Hierseins ist: mithelfen bei der Bewahrung der Schöpfung. Die Energiefrage ist *die* moralische Herausforderung unserer Zeit.

Solarer Wasserstoff – saubere Energie und reines Wasser

Das Hauptproblem bei der Nutzung der Sonnenenergie besteht darin, die wenig konzentrierte und unregelmäßig einfallende Energie zu sammeln, zu speichern und zu transportieren. Mit Ausnahme der Biomasse, der großen Wasserkraftwerke, der Geothermie und der Solarthermie ist Ökoenergie nur mit hohem Aufwand speicher- und transportierbar.

Die solare Technologie wird weltweit die fossilen und atomaren Energieträger nur dann vollständig ersetzen können, wenn es gelingt, einen Energieträger zu finden, der diese Nachteile der Sonnenenergie auf umweltfreundliche Art ausgleichen kann. Ein solcher Energieträger sollte – aus technischen Gründen – eine brennbare chemische Verbindung sein. Der chemische Energieträger für eine solare Zukunft muss allerdings mehrere wichtige Voraussetzungen erfüllen:

- Der Brennstoff sollte aus einem Rohstoff gewonnen werden, der reichlich vorhanden ist,
- seine Produktion muss umweltfreundlich sein, und
- er sollte beim Verbrennen keine giftigen Abfallprodukte hinterlassen.

Sind diese hohen Anforderungen überhaupt miteinander vereinbar? Ja, und zwar beim leichtesten aller chemischen Elemente, dem Wasserstoff. Wasserstoff ist die Grundsubstanz des Universums, der Stoff, aus dem auch unsere Sonne besteht. In gebundener Form füllt Wasserstoff als Bestandteil des Wassers die Weltmeere. Wenn Energie zugeführt wird, kann über die Elektrolyse aus Wasser Wasserstoff in nahezu unbegrenzter Menge gewonnen werden. Und wenn dieser wunderbare Brennstoff verbrannt wird, entsteht aus der Verbindung von Wasserstoff und Sauerstoff als einziges Produkt wieder reines Wasser.

Die Moleküle des Wassers bestehen aus zwei Wasserstoffatomen und einem Sauerstoffatom. Die Nutzung dieses Wasserstoffs als Energieträger ist die »logische Endstation auf der Suche der Menschheit nach technisch idealeren Energieträgern« (Helmut Tributsch). Die Entwicklung von Brennholz, Kohle, Erdöl und Erdgas bis zu Wasserstoff zeigt, dass unsere Energieträger immer problemloser verbrennen und immer weniger Schadstoffe freisetzen. Unser heutiges Problem ist in erster Linie die Höhe des Energieverbrauchs für immer mehr Menschen. Schadstofffreie Wasserstoffenergie ergänzt und komplettiert die schadstofffreie Solarenergie auf ideale Weise und für alle Zeiten.

Was vor gar nicht langer Zeit noch unmöglich schien, ist in greifbare Nähe gerückt: Wir können nicht nur unser Energieproblem, sondern auch unsere Mobilitätsprobleme ökologisch lösen. BMW, Daimler-Chrysler und Opel setzen kurzfristig auf das Elektroauto und mittelfristig auf das Wasserstoffauto. Testwagen laufen seit vielen Jahren. Aber es gibt mindestens noch in den nächsten zehn bis zwanzig Jahren technische, aber auch logistische Probleme, wie den Aufbau eines Tankstellennetzes, zu lösen. Vor 2015 oder 2020 werden kaum Brennstoffzellenautos, die mit solarem Wasserstoff betrieben werden, auf unseren Straßen zu sehen sein.

Solarer Wasserstoff vereint die Vorteile der alten Energien – er ist speicherbar und leicht zu transportieren – mit den Vorteilen der Sonnenenergie. Außerdem ist er ökologisch zu verantworten, erneuerbar, risikoarm und steht nahezu unbegrenzt zur Verfügung.

Wasserstoff wird sich als Energieträger durchsetzen, wenn sein Preis mit Kohle und Erdöl konkurrieren kann. 1974 waren in den USA die Kosten für Wasserstoff, der aus Kohle gewonnen wurde, noch um 50 Prozent höher als die vergleichbaren Kosten von Erdöl.

Wasserstoff, der elektrolytisch aus Wasser gewonnen wird, ist allerdings teurer. Der Transport von Wasserstoff über Pipelines ist wiederum preisgünstiger als der von Strom über Hochspannungsleitungen. Wasserstoff, der mithilfe von Solarenergie gewonnen wird, ist dann preisgünstig, wenn die Preise für die alten Energieträger ökologisch ehrlich berechnet werden.

Wasserstoff kann als »gespeicherte Sonne« zur Stromversorgung, aber auch als Brennstoff zum Heizen und als Treibstoff für Schiffe und Flugzeuge, für Busse und LKWs eingesetzt werden. Der frühere EU-Kommissionspräsident Romano Prodi sagte im Juni 2003: »Wie effizient unsere Motoren und Kraftwerke auch sein mögen – wenn wir weiterhin im bisherigen Tempo Energie verbrauchen, dann müssen künftige Generationen den Preis dafür zahlen. Wasserstoff kann ein Teil der Lösung sein. Es ist ein vielversprechender Energieträger, aber sein Potenzial muss noch voll erschlossen werden. Dies erfordert einen festen politischen Willen und mehr Mittel. Wir werden diese Herausforderung bewältigen. Unser Ziel ist ein schrittweiser Übergang hin zu einer vollständig integrierten Wasserstoffwirtschaft im Laufe weniger Jahrzehnte.«

Energie für alle Menschen

Kein Treibstoff ist so problemlos und ohne Verluste in Fernleitungen oder auch in Schiffen zu transportieren wie Wasserstoff. Die Umwandlung von Wasserstoff in Strom kann sowohl in Großkraftwerken wie auch in kleinen dezentralen Anlagen erfolgen. In Wasserstoffkraftwerken wird nicht nur – wie in den heutigen Großkraftwerken – 33 Prozent der eingesetzten Energie, sondern mithilfe der Brennstoffzellentechnik 75 Prozent direkt in Strom umgesetzt. Der Rest kann als Wärme zum Heizen verwendet werden.

Helmut Tributsch schlägt vor, solaren Wasserstoff nicht nur als Energieträger im Verkehr, zum Heizen und als Antriebskraft von Maschinen zu nutzen, sondern auch in der industriellen chemischen Produktion. Ihm schwebt vor, durch Einsatz von Wasserstoff in der chemischen Industrie »den Wasserstoffkreislauf mit dem Kohlenstoffkreislauf zu einem geschlossenen Zyklus zu verbinden«. Wir müssten dann unseren oft giftigen Chemiemüll nicht verbrennen, sondern könnten ihn mit Wasserstoff wieder zu erdölähnlichen Produkten umsetzen. »Die Kombination von solarer Hochtemperaturwärme, solarem Wasserstoff und intensiver Strahlung ist in bemerkenswerter Weise geeignet, für die Aufarbeitung chemischer Abfälle eingesetzt zu werden.«

Was Tributsch vorschlägt, ist die praktizierte Ökologisierung der chemischen Industrie. Ein Prozess, welcher der Photosynthese der Pflanzen abgeschaut ist. Wenn Solarchemie und Solarenergie sich ergänzen, dann können *alle* Umweltprobleme für *alle* Menschen gelöst werden.

Man stelle sich vor: Abfallprodukt einer Autofahrt mit solarem Wasserstoff ist reinstes Trinkwasser. Abfallprodukt eines Solarkraftwerks mitten in der Wüste: reines Wasser zum Begrünen. Abfallprodukt eines Flugs mit solarem Wasserstoff: reinstes Wasser und sonst nichts.

Helmut Tributsch weist darauf hin, dass nicht nur die absolut umweltfreundliche Verbrennung des Wasserstoffs von Vorteil ist, sondern dass auch das Verbrennungsprodukt Wasser in der heutigen überbevölkerten Welt einen Segen darstellt. Welche Konsequenzen könnte allein dieses Nebenprodukt der Wasserstofftechnologie für Menschen, Tiere und Pflanzen, ja sogar für die Wüsten unseres Planeten haben! Schließlich wird der Sonnenreichtum am Äquator dafür sorgen, dass die Völkerwanderung von Süd nach Nord aufhört. So gibt es Hoffnung, dass viele Zukunftsprobleme der Menschheit im Solarzeitalter gelöst werden können.

Solarer Wasserstoff kann aus Meerwasser, aber auch aus Abwasser gewonnen und verbrannt werden. Erst damit hat die solare Energiewirtschaft jenes Potenzial erreicht, das nötig ist, um sicher, sozialverträglich und umweltfreundlich nicht nur wie die heutigen

Energieträger ein Fünftel der Menschheit, sondern *alle* Menschen ausreichend mit der für ein menschenwürdiges Leben benötigten Energie zu versorgen.

Der amerikanische Ökonom Jeremy Rifkin sieht im Wasserstoff »die neue Energie für eine gerechte Weltwirtschaft«. Danach kann jeder mithilfe von Brennstoffzellen Energie produzieren und in ein weltumspannendes Wasserstoffnetz einspeisen. Der größte Schwachpunkt dieser These: Wasserstoff ist ein Energiespeicher, aber kein Primärenergieträger wie Kohle oder Öl. Wasserstoff muss – wie Strom – mithilfe von Primärenergie erst erzeugt werden. Der Aufwand dafür ist enorm.

Die in diesem Buch beschriebenen alternativen Energien sind wesentlich einfacher, preiswerter und rascher zu gewinnen. Solar erzeugter Wasserstoff wird wahrscheinlich ab 2020 eine gewisse Rolle als Speichermedium für Solarenergie spielen, aber keine dominante oder gar ausschließliche, wie Rifkin vermutet. Warum kompliziert, wenn es einfacher geht?

Der gegenwärtige Stand der Entwicklung der Photovoltaik in Kombination mit solarem Wasserstoff entspricht etwa der Entwicklung der Eisenbahn in der Mitte des 19. Jahrhunderts: Die Züge fahren noch langsam, es gibt nur einige Fahrstrecken, zu wenige Verbindungen und viele Anfeindungen. Wann in der Geschichte hat es das Neue leichtgehabt, sich gegen das Alte durchzusetzen?

Ein Vergleich der sozialen Kosten und Nutzen der alten und der neuen Energieträger sieht so aus:

	fossile Energien	Atom	Sonne	Wind	Wasser	Bio-masse
unbegrenzt verfügbar	nein	nein	ja	ja	ja	ja
reduziert CO_2	nein	ja	ja	ja	ja	ja
landschafts-schonend	nein	nein	ja	ja	ja[1]	ja
risikolos	nein	nein	ja	ja	ja[1]	ja
reduziert internationale Konflikte	nein	nein	ja	ja	ja[1]	ja
neue Arbeitsplätze	wenige	ja	ja	ja	ja	ja
erhöht die Energie-autonomie	nein	ja[2] nein[3]	ja	ja	ja	ja

[1] = bei Kleinkraftwerken
[2] = für Industrieländer
[3] = für Entwicklungsländer

Quelle: Hermann Scheer, Sonnen-Strategie, München 1993

Es ist unbestreitbar, dass die rot-grüne Bundesregierung in Deutschland die solare Energiewende eingeleitet hat. Die konservative Regierung Kohl hatte dazu schon 1991 mit dem Gesetz über die Einspeisevergütung für Windstrom gute Vorarbeit geleistet. Inzwischen aber ist der Atomausstieg beschlossen, und alle Erneuerbaren Energien gewinnen immer höhere Anteile an der Gesamtenergieversorgung. Die Große Koalition hat das erfolgreiche Erneuerbare-Energien-Gesetz fortgeschrieben und in der Intention bestätigt.

Zur Energiewende gehört freilich auch die ökologische Verkehrswende. Dabei hatte Rot-Grün bemerkenswert wenig wirkliche Fortschritte vorzuweisen. Unter dem Autokanzler Gerhard

Schröder (»Ich bin der Kanzler aller deutschen Autos«) war das auch nicht zu erwarten. Aber auch die große Koalition hat mehr Auto- als Verkehrspolitik gemacht. Doch über unsere Automobilität produzieren wir fast 20 Prozent aller Treibhausgase.

X. WENIGER AUTO – MEHR LEBENSQUALITÄT

Der Autokrieg

Sommerferien in Deutschland: Überall Stau, Stress und lange Wartezeiten – so beginnt für Millionen die Fahrt in den Urlaub. Auf vielen Autobahnen Staus und stockender Verkehr, an den Grenzübergängen stundenlanges Warten. 83 Millionen Deutsche haben 44 Millionen PKWs. Deutschland eine PS-Gesellschaft – mit allen Konsequenzen.

Wir wissen um den eigentlichen Wahnsinn des Autos und fahren es trotzdem. Wir wissen, dass in Deutschland jährlich Tausende Menschen bei Autounfällen getötet und verletzt werden und nennen es trotzdem Fortschritt. Wir wissen, dass das Auto der Umweltsünder Nummer eins ist – und nehmen dieses Zerstörungsinstrument als naturgegeben hin.

Warum ist dem Mythos Auto nicht mit rationalen Argumenten beizukommen? Verkehrsunfälle passieren halt. Doch das ist falsch. *Wir* verursachen sie. Das verdrängen wir. Der Sommerozonsmog entsteht nicht. *Wir* Autofahrer produzieren ihn. Und die Politik handelt nach dem Motto: Leute, sperrt eure Kinder ein, damit die Autos draußen weiterspielen können!

In Deutschland sterben auch in diesem Jahr etwa 5000 Menschen im Straßenverkehr, in Westeuropa 60 000 und weltweit 400 000. Allein in Deutschland werden auch in diesem Jahr wieder 30 000 Menschen durch das Auto dauerhaft verstümmelt – das sind so viele Menschen, wie in einer Kleinstadt leben! Viele von ihnen verbringen den Rest ihres Lebens im Rollstuhl, sind arbeitsunfähig und belasten ihre ganze Familie schwer. Seit 1949 sind in Deutschland mehr als 640 000 Menschen im Straßenverkehr getötet und über 20 Millionen verletzt worden. Soll das wirklich Fortschritt sein?

Das Auto ist der größte Feind der Kinder. Jedes vierte Kind, das stirbt, ist ein Todesopfer des Straßenverkehrs. Etwa jedes zweihundertste heute geborene Kind wird im Laufe seines Lebens von einem Auto getötet. Jeder tausendste Autofahrer tötet im Laufe seines Lebens einen Menschen, und jeder achte PKW-Fahrer verletzt einen Mitmenschen.

Außerdem werden allein in Deutschland jedes Jahr durch den Straßenverkehr 220 000 Rehe, 200 000 Hasen und Kaninchen, 30 000 Wildschweine und 15 000 Hirsche getötet. Das sagt die Statistik. Nicht aufgeführt in der Statistik sind Millionen von Vögeln, Fröschen, Kröten, Igeln, Eichhörnchen, Füchsen, Katzen und Hunden.

Auch ökonomisch ist das Auto ein Desaster: Wir Autofahrer benutzen ein »Fahrzeug«, das überwiegend steht: Die PKWs werden im Schnitt 2,8 Prozent der Zeit genutzt, 97,2 Prozent der Zeit stehen sie ungenutzt auf einem Parkplatz oder am Straßenrand. Auch ohne Staus sind unsere »Fahrzeuge« in Wirklichkeit Stehzeuge. Welcher Unternehmer, der rechnen kann, kauft sich Maschinen, die nur zu 2,8 Prozent der Zeit genutzt werden? Auch unter ökonomischer Betrachtung ist unser Verhältnis zum Auto absolut irrational.

Das heutige Auto ist ökonomisch, ökologisch und gesellschaftspolitisch die größte Fehlkonstruktion der Industriegeschichte:

- Zwischen 1913 und 2002 sind in den USA mehr als viermal so viele Menschen im Straßenverkehr ums Leben gekommen wie in allen Kriegen, welche die USA in ihrer ganzen Geschichte geführt haben.
- Zwischen 1922 und 2002 wurden in England circa eine halbe Million Menschen im Straßenverkehr getötet. Das sind mehr Tote, als England während des Zweiten Weltkrieges zu beklagen hatte.
- Das Auto trägt wesentlich dazu bei, dass Jahr für Jahr in Deutschland der Umwelt Schäden zwischen 100 und 300 Milliarden Euro zugefügt werden.

Dass ein Auto ein billiges Fortbewegungsmittel sei, ist ein frommer Selbstbetrug: Ein durchschnittlicher Arbeitnehmerhaushalt zahlt in Deutschland ein Viertel seines Nettoeinkommens für das Auto. Autofahren ist teuer, umweltzerstörend und lebensgefährlich. Wir leben in einer Autodiktatur mit schrecklichen Konsequenzen, die wir verdrängen. Doch alle Diktaturen gehen einmal zu Ende. Freiheit und Überlebenswille sind stärker. Freie Fahrt für freie Bürger statt Autodiktatur!

Die Autowerbung auf der ganzen Welt ist sentimental und besonders verlogen. Sie verspricht Freiheit, Abenteuer und Schnelligkeit. In Wahrheit bewegen wir uns in deutschen Innenstädten mit dem Auto im Durchschnitt gerade noch mit 16 Stundenkilometern und haben dadurch gerade keine Freiheit und keine Zeit für Abenteuer. Übrigens: Pferdefuhrwerke im Mittelalter fuhren 17 Kilometer pro Stunde.

Wir müssen uns klarmachen, dass in Deutschland nur etwas mehr als ein Prozent der Weltbevölkerung lebt. Dieses eine Prozent fährt fünfmal so viele Autos wie die Menschen aller afrikanischen Staaten zusammen. In wissenschaftlichen Studien wurde festgestellt: Wenn sich das Auto auf der ganzen Welt so ausbreitet wie heute in Deutschland, dann kollabiert der Planet innerhalb von wenigen Jahren – wir hätten schon nach kurzer Zeit keine Luft mehr zum Atmen!

Weltweit verfügt ein Fünftel der Menschheit über vier Fünftel der Autos. Das Auto ist in Wahrheit ein Luxus für wenige auf Kosten aller. Vor allem mit dem Auto nehmen wir den Menschen in der Dritten Welt und unseren Kindern und uns allen die Luft zum Atmen.

Obwohl diese Erkenntnis den meisten Politikern und vielen Lesern dieses Buches bekannt ist, wird das Modell der Autogesellschaft Deutschland anderen, vor allem den »unterentwickelten« Gesellschaften als Vorbild hingestellt. Wie gut, dass diese unser Modell noch nicht ganz so ernst nehmen wie wir selbst. Das ist nämlich bis jetzt auch unsere Rettung. Nur: wie lange noch?

In Deutschland fahren heute 1000 Menschen etwa 550 Autos. In

China kommen heute auf 1000 Menschen 25 Autos. Aber die 1,3 Milliarden Chinesen wollen und werden aufholen. Die Chinesen schweben zurzeit im Autorausch wie die Deutschen vor vierzig und fünfzig Jahren. Nirgendwo wächst heute der Automarkt so schnell wie im Reich der Mitte und in Indien, dem zweiten Milliardenvolk auf unserer Erde.

Auf Chinas Straßen herrscht immer häufiger ein Chaos zwischen Fußgängern, Radfahrern und Autofahrern. Im Jahr 2002 gab es in China 109 381 Verkehrstote, in Deutschland bei dreimal mehr Autos 6842 Tote. Für Chinesen, die seit über fünfzig Jahren im Geist des Kollektivismus erzogen wurden, ist das Auto tatsächlich ein Stück neu gewonnener Individualität. Aber zu welchem Preis?

Die Bahn stirbt stumm

Seit 1950 wurde das Schienennetz der Bundesbahn um 20 Prozent reduziert. In derselben Zeit hat der Straßenbau um 50 Prozent zugelegt. Der neue Bundesverkehrswegeplan geht von einer Steigerung des PKW-Verkehrs um weitere 30 Prozent und einer Verdoppelung des LKW-Verkehrs aus. Das ist politisch beinahe kriminell. Bis 2015 sollen in Deutschland 11 500 Kilometer neue Fernstraßen gebaut werden.

Fast alle Politiker sagen in ihren Wahlreden: Die Bahn hat Priorität. Doch die Berliner Autodiktatoren fördern in Wahrheit noch immer den Autowahn. Sie haben sich mit Zustimmung ihrer Wählerinnen und Wähler damit abgefunden, dass in Deutschland jede 90 Minuten ein Mensch durch ein Auto getötet wird. Dieser Wahnsinn kann nur durch Wahlen und das eigene veränderte Verhalten abgeschafft werden. Eine Vervierfachung des öffentlichen Verkehrs könnte nach Berechnungen von Professor Heiner Monheim an der Universität Trier in etwa 25 Jahren rund eine Million neue Arbeitsplätze schaffen.

Doch die Bahn stirbt stumm. Seit 1960 hat sie die Zahl ihrer Beschäftigten halbiert und seit 1980 jährlich 400 Kilometer Strecken stillgelegt. Dabei steht fest: Im Vergleich zum LKW verbraucht die Bahn im Güterverkehr neunmal weniger Energie und erzeugt 30-mal weniger Schadstoffe. Im Personenverkehr verbraucht die Bahn 3,5-mal weniger Energie pro Person und verursacht achtmal weniger Schadstoffe. Und die Sicherheit im öffentlichen Verkehr ist etwa 100-mal höher als im Autoverkehr.

Noch vor Kurzem förderten auch die Gewerkschaften noch die offizielle Autopolitik mit dem verlogenen Slogan: »Die Straßen sind für alle da.« Gehören Kinder, alte Menschen, Behinderte und Millionen, die sich ohne Autos fortbewegen, nicht auch zur Gesellschaft? In Deutschland leben 83 Millionen Menschen. Es gibt 46 Millionen PKWs. Und trotzdem wird immer so getan, als seien »alle« Autofahrer.

Die Politik lebt in einem Autowahn und vernachlässigt die Eisenbahn. Die real existierende Autodiktatur zwingt die meisten Menschen ins Auto – zum Beispiel durch Streckenstilllegungen bei der Bahn. Nur eine Politik, die langfristig fünfmal drei- oder viermal so viele Menschen wie heute durch attraktive Angebote in öffentliche Verkehrssysteme lockt, garantiert freie Fahrt für freie Bürger.

Auto oder Umwelt – die falsche Alternative

Im Juli 1990 forderten die Mitarbeiter von Porsche mit einem Go-in im Stuttgarter Rathaus »Arbeitsplätze und Parkplätze«. Für neue Parkplätze zogen sie auf die Straße und in die Gemeinderatssitzung. Doch für die 1500 neuen Parkplätze sollte eine der letzten Grünflächen in Zuffenhausen verschwinden.

Zeitgleich demonstrierten die Anwohner gegen die Parkplätze und für den Erhalt ihrer grünen Restumwelt. Eine geradezu klassische Konfliktsituation. Gemeinsam hätten sie für ein attraktives öffentliches Nahverkehrssystem demonstrieren können. Doch von dieser Idee wollte der damalige Porsche-Betriebsratsvorsitzende Franz Steinbeck nichts wissen: »Für solche Probleme sind die Politiker zuständig.«

Es geht auch anders: In Schwäbisch Hall hat die Bausparkasse gleichen Namens zur selben Zeit aus der gleichen Not an Parkplätzen eine Tugend gemacht. Die Tiefgarage war sanierungsbedürftig und zu klein geworden. Kosten: geschätzte sechs Millionen Mark. Da kam der Personalchef des größten Unternehmens am Ort auf die Idee, seinen 3500 Kolleginnen und Kollegen eine Alternative zum Auto schmackhaft zu machen: den Nulltarif für den Bus. So sparte die Bausparkasse die Investitionen für ein neues Parkhaus und bezuschusste jetzt stattdessen den öffentlichen Nahverkehr. Der Betriebsausweis gilt als Netzkarte für die kostenlose Benutzung aller Buslinien. Wer zwischendurch mal mit dem Auto kommt, darf noch auf die alten Parkplätze. Die sanfte Methode hatte Erfolg. Die Zahl der Busfahrer hat sich innerhalb von drei Monaten verdoppelt.

Auto und Psyche

Neue Verkehrspolitik braucht positive Botschaften und überzeugendere Alternativen. Das Auto, sagt der Psychoanalytiker Micha Hilgers, »stellt eine ideale Abwehr individueller und kollektiver Schwierigkeiten dar und ist aus vielfachen Gründen Quelle infantiler Lustbefriedigung«. Jede alternative Verkehrspolitik muss also erhebliche psychologische Widerstände einkalkulieren. Das Auto hat nach Hilgers einen »hohen Unterhaltungswert«, aber einen »geringen Beförderungswert«. Es wird hauptsächlich von der Attraktivität der öffentlichen Verkehrsmittel abhängen, ob es gelingt, das Auto vom ersten Platz der Personenbeförderung zu verdrängen – was notwendig ist.

Werbung *gegen* das Auto wird eher zur Bildung einer Autofahrerpartei wie in der Schweiz führen als zu weniger Autos. Auch hier reicht es nicht, einfach dagegen zu sein. Dass Autofahren für viele Menschen in ihrer alltäglichen Erlebnisarmut eine wichtige Lustquelle ist, wollen Umweltfundamentalisten nicht wahrhaben. Es ist sinnlos, mit Verzichtsappellen gegen die Lustkomponente

Auto ankämpfen zu wollen. Für Autofans wirken Umwelt-Ayatollahs wie Spielverderber. Sie fühlen sich angegriffen und – fahren weiter Auto. Es muss ersichtlich werden, dass es Spaß macht, Lust bringt, billiger und vernünftiger ist, mit Bahn und Bus zu fahren. Moralapostel können diese positive Botschaft nicht vermitteln.

Die Zürcher Verkehrsbetriebe zeigten öffentlich den Zuwachs der Fahrgastzahlen bei ihrer attraktiven Tram an. So bekamen die Benutzer eine Art Wir-Gefühl – es ist schließlich spannend, eine Entwicklung zu verfolgen, an der man aktiv teilnimmt. Plötzlich machten sogar Autokonzerne wie VW und Nissan mit bei der Reklame fürs öffentliche Verkehrsmittel.

»Tramfahren ist okay, Autofahren ist okay. Auf das richtige Verhältnis kommt es an«, meinte Nissan in Anzeigen und schenkte Nissan-Käufern ein Jahresabo der öffentlichen Verkehrsmittel für den gesamten Kanton Zürich.

Eine völlig neue Verkehrspolitik ist Voraussetzung für den Abschied vom Auto: mehr Haltestellen, kurze Zeittakte, Umsteigen ohne Zeitverlust, Vorrang für Busse und Bahnen vor dem Individualverkehr. Und wer aufs Fahrrad steigt, muss auch damit rechnen können, lebend anzukommen. Kommunalpolitiker wissen: Wer Radwege baut, wird viele Radfahrer erzeugen, wer aber Straßen baut, wird noch mehr Autos ernten. Die gleiche Erfahrung haben viele Kommunen in der Vergangenheit mit Fußgängerzonen gemacht: Die Zahl der Fußgänger war immer weit höher als zuvor prognostiziert.

Die Analyse, Autofahren sei eine Sucht und eine Droge, ist sicher richtig. Aber es spricht sich allmählich herum, dass man Süchten nicht mit Verboten beikommen kann. Autowahn ist auch nicht mit gutem Zureden zu kurieren, sondern nur mit einer attraktiven Alternative, die ansteckend wirkt. Wo Züge pünktlich sind und regelmäßig fahren, da stellen sich auch Fahrgäste ein – sogar auf Nebenstrecken!

Die Deutsche Bahn hat diese Zusammenhänge bis heute nicht eingesehen. Der ehemalige Bahnchef Mehdorn setzte beim Ausbau fast ausschließlich auf schnelle Fernverbindungen und vernachlässigte sträflich die Regionen. Vielleicht helfen Mehdorns Nachfolger bald private Konkurrenten wie Connex, die erfolgreich regionale Zugverbindungen betreiben, zu besseren Einsichten. Für jede dritte neu ausgeschriebene deutsche Regionalstrecke erhält Connex bereits den Zuschlag.

Schweizer Bahn – von Misthaufen zu Misthaufen

In privaten Gesprächen schütteln Schweizer Bahnchefs fassungslos den Kopf über die ignorante deutsche Bahnpolitik. Die Schweizer fahren pro Kopf etwa dreimal mehr Bahnkilometer als ein Mensch in Deutschland. Bei der Schweizer Bahn stimmen eben die Vernetzung und Vertaktung aller öffentlichen Verkehrsmittel, es stimmt der Service, und es stimmen die Tarife. Ein Schweizer Bahnchef sagte mir mal über seine deutschen Kollegen, die in der Regel selbst große Autos fahren: »Sie lieben ihr Produkt nicht, und sie kennen es nicht.« Wie sollte die Deutsche Bahn auch funktionieren, wenn Hartmut Mehdorn verkündet hat: »Bei Strecken über 400 Kilometern benutze ich das Flugzeug.« Der langjährige Bahnchef redete sein eigenes Produkt schlecht. So schlecht ist es doch gar nicht! Die Deutsche Bahn ist – zumindest im Fernverkehr – weit besser als ihr Ruf!

In einer Fernsehsendung mit den drei Bahnchefs aus Deutschland, Österreich und der Schweiz sagte mir der deutsche Bahnchef: »Ich kann doch nicht an jeder Milchkanne anhalten.« Eine total gegensätzliche Philosophie gab der Schweizer Bahnchef, Benedikt Weibel, zum Besten: »Wir fahren von Misthaufen zu Misthaufen – und zwar im Stundentakt.« Das ist das Erfolgsgeheimnis der Schweizer Bahn, von der die Deutsche Bahn einfach nichts lernen möchte.

Arrogant und ignorant äußerten sich Pressesprecher der Deutschen Bahn in ihrem vornehmen Hochhaus am Potsdamer Platz in Berlin: »Die Deutsche und die Schweizer Bahn sind überhaupt nicht miteinander zu vergleichen. Gemessen an Deutschland betreibt die Schweiz doch höchstens eine verlängerte S-Bahn.«

Diese Argumentation zeigt das ganze Missmanagement der Deutschen Bahn auf. Die DB-Manager rechnen nur mit dem Fernverkehr und vernachlässigen komplett den Nahverkehr. Aber 90 Prozent der Fahrgäste pendeln im Nahverkehr, egal ob in Deutschland oder in der Schweiz: die meisten Bahnfahrer müssen nicht 300 Kilometer pro Tag, sondern 10 oder 30 Kilometer zur Arbeit fahren. Da gibt es grundsätzlich keinen Systemunterschied zwischen den Bahnen in Deutschland und in der Schweiz. Der Unterschied ist allerdings: Die Schweizer denken und rechnen intelligenter als ihre deutschen Kollegen. Sie haben eindeutig das bessere und kundenfreundlichere und deshalb erfolgreichere Konzept.

Bahnfahren in der Schweiz ist ein Volkssport. Und dafür gibt es gute Gründe. Fast 50 Prozent aller Schweizer haben ein Generalabo oder ein Halbtaxabo, was etwa unserer Bahncard entspricht, aber nur etwa vier Prozent der Deutschen fahren mit einer Bahncard.

Für die Schweizer Bahnpolitik gilt der Grundsatz: Die Bürger haben das Recht auf eine Grundversorgung mit öffentlichem Verkehr. Auch unrentable Nebenstrecken werden erhalten, noch ins letzte Bergtal fährt ein öffentliches Verkehrsmittel. Natürlich erfordert die Bahnphilosophie öffentliche Gelder, aber die Schweizer Bahn fährt rentabler als die Deutsche. Von der schönen heilen Schweizer Bahnwelt können wir in Deutschland nur träumen. Deutschland gilt in Europa als das klassische Land der Autoideologen. Sie wollen nicht wahrhaben, dass die Bahn meist bequemer, preiswerter, umweltfreundlicher, sicherer und bei Mittel- und Langstrecken auch schneller ist als das Auto.

Wie aber könnte ein realistisches und attraktives Verkehrskonzept der Zukunft aussehen?

Die Autofalle – wie entkommen wir ihr?

Bisher galt folgende Prioritätenliste:

1. Auto
2. Bus
3. Bahn
4. Fahrrad
5. Fußgänger

Eine langfristige Politik muss diese Prioritäten umkehren.

Also:

1. Fußgänger
2. Fahrrad
3. Bahn
4. Bus
5. Auto

Diese neuen Verkehrsprioritäten waren für viele »Realpolitiker« bisher undenkbar. Doch vielleicht helfen die immer längeren Staus und höhere Benzinpreise, kombiniert mit einem wachsenden Bewusstsein für mehr Lebensqualität im dichtbesiedelten Deutschland, doch noch zu einem neuen Verkehrsverhalten und einer modernen Verkehrspolitik. Vielleicht helfen auch die Wähler nach. Ein bewussteres Wählerverhalten war schon immer die beste Entwicklungshilfe für eine neue Politik.

Mit Stammtischparolen und einer autofixierten Verkehrspolitik kann man in Deutschland zwar Wahlen gewinnen, aber nicht die Zukunft. Auch führende Konservative und Liberale sollten endlich den Mut aufbringen, ihren ökologiefeindlichen Populismus zu überwinden und sich an den Vorschlägen Klaus Töpfers zu orientieren. Nur mit einer weiteren Ökologisierung der Verkehrs- und Energiepolitik, der Steuer- und Landwirtschaftspolitik, der Bau- und Arbeitspolitik sowie durch den Abbau umweltschädlicher Subventionen und eine Stärkung des Verursacherprinzips wird ein Land wieder zukunftsfähig und erreicht Vollbeschäftigung. Um diese Zukunft über ein ökologisches Wirtschaftswunder zu organisieren, braucht Deutschland einen überparteilichen Reformkonsens, wie er zu Beginn der Neunzigerjahre in der Zeit des Rio-Umweltgipfels einmal vorhanden war. Ökonomische und ökologische Vernunft gegeneinander auszuspielen ist weder ökonomisch noch ökologisch, sondern zukunftsfeindlich.

Vielleicht aber hat in einigen Jahren eine größere Mobilitätsintelligenz doch noch eine Chance. Männer, die morgens fünf Kilometer joggen und anschließend fünf Kilometer mit dem Auto ins Büro fahren, finden sportliches Radfahren hoffentlich irgendwann intelligenter, bequemer und zeitsparender. So wie gestern die Mountainbikes ein Renner waren, werden vielleicht auch bald Citybikes massenhaft gekauft. Es könnte wieder schick werden, Rad zu fahren, wenn im Stau gar nichts mehr geht.

Ich möchte an zwei Szenarien aufzeigen, wie das Mobilitätsproblem in Zukunft attraktiver und intelligenter gelöst werden könnte und gleichzeitig viele neue Arbeitsplätze entstünden. Im kurzfristigen Szenario I gehe ich von Einzelbeispielen aus, die es alle irgendwo in Deutschland schon gibt. Niemand soll also sagen: Es geht nicht. Die Praxis beweist: Es geht sehr wohl.

Im längerfristigen Szenario II denke ich weniger über die Zukunft des Autos nach als vielmehr über eine, deren Mobilität weitgehend ohne Autos gewährleistet ist.

Szenario I: Mobilität im Jahr 2015

1. Rückgang des motorisierten Individualverkehrs durch
   - erhöhte Energiepreise,
   - Geschwindigkeitsbegrenzungen,
   - mehr Investitionen im öffentlichen Verkehr,
   - Beginn mit dem Rückbau von Straßen zugunsten der Schiene,
   - weniger Parkplätze,
   - autofreie Innenstädte,

- Fahrverbot bei Sommersmog,
- Taxis, die nachts zum öffentlichen Verkehrsmittel werden.

2. Ausbau des öffentlichen Verkehrs durch
   - mehr Investitionen für Bahn und Bus,
   - Ausbau des Straßenbahnnetzes,
   - grundsätzliche Vorfahrt für Bus und Straßenbahnen,
   - Umwandlung von Kfz-Spuren in Bus- und Taxispuren,
   - überdachte Fahrradabstellplätze an öffentlichen Haltestellen,
   - variablen Busausstieg im Spätverkehr,
   - Taxiruf in Bussen und Straßenbahnen,
   - bessere Wagenqualität und Komfort: Zeitungsverkauf und Kinderbetreuung im Zug, besseres Essen im Fernverkehr, Frühstück in Straßenbahn und Nahverkehrszug,
   - bessere Vernetzung zwischen Fern- und Nahverkehr,
   - mehr Züge im Nahverkehr,
   - bessere Kundeninformation.

3. Ausbau von Fahrradwegen:
   - Fahrradwege und Fahrradnetze in allen Städten durch die Umwandlung von Kfz-Spuren,
   - Vernetzung von öffentlichem Verkehr und Fahrrad,
   - Öffnung aller Einbahnstraßen für Fahrräder in beiden Richtungen,
   - Fahrradzentren an Bahnhöfen,
   - bequeme Radmitnahme in Zügen, Bussen und Straßenbahnen,
   - Autofahrverbot auf besonders schönen Straßen in der Ferienzeit.

4. Ausbau des Fußgängerverkehrs:
   - mehr Zebrastreifen,
   - kein Parken auf Gehwegen,
   - verbreiterte Bürgersteige,

- Umbau von Parkplätzen in Spiel- und Aufenthaltsplätze,
- Bau von Spielstraßen,
- Sofortgrün bei Anforderungsampeln.

Es gibt in ganz Deutschland keine Kommunalpolitikerin und keinen Kommunalpolitiker, die nicht noch heute mit dem Umsetzen dieses Verkehrskonzeptes 2015 beginnen könnten! In Münster und Freiburg, in Karlsruhe und Oberstdorf, in Bremen und Solingen, in Heidelberg und Berlin, in Rostock und auf Rügen, in Homburg (Saar) und Bielefeld sind diese Vorschläge in einigen Details schon realisiert – aber nirgendwo komplett. In Tokio geht 90 Prozent des gesamten Verkehrs bereits über öffentliche Verkehrsmittel – warum nicht in Deutschland? Wenn ich in Japan Vorträge halte und von Tokio nach Kyoto muss, benutze ich so selbstverständlich wie fast alle Japaner den schnellen und bequemen Shinkansen – ich spare Zeit, Geld und Nerven und schone die Umwelt. In Tokio ist 90 Prozent des gesamten Verkehrs öffentlicher Verkehr. Immer weniger Japaner nutzen im Inland noch das Flugzeug. Im verkehrspolitisch rückständigen Deutschland ist es umgekehrt. Es wird im Inland immer mehr geflogen, obwohl es immer weniger Sinn macht.

Die Praxis zeigt: Mobilität mit weniger Autos und Flugzeugen wäre schon heute möglich, wenn die Politik die Weichen richtig stellt. Zum Beispiel durch eine Flugbenzinsteuer. Doch darüber wird seit 30 Jahren diskutiert, aber nichts ist passiert, weil Politiker gegenüber der Autolobby einfach feige sind.

Szenario II: Mobilität im Jahr 2030

Wie können wir langfristig ohne Autos einkaufen, zur Arbeit fahren, Güter transportieren, Urlaub und Freizeit gestalten?

Ich kann mir vorstellen, dass eine Politik der kurzen Wege im Jahr 2030 dafür sorgt, dass viel Arbeit zu Hause getan wird, die Arbeitszeit auf weniger Tage verteilt ist als heute, dass Arbeitsplatz und Wohnplatz in der Regel näher zusammenrücken und Deutschland mit einem dichten Netz schienengebundener Verkehrsmittel überzogen ist – ähnlich dem Straßensystem von heute. Das heißt:

1. Die Arbeitswege sind kürzer geworden. Wir können unseren Arbeitsplatz leichter als heute zu Fuß, mit dem Fahrrad oder den öffentlichen Verkehrsmitteln erreichen.
2. Dienst- und Geschäftsreisen mit dem Auto sind durch bessere Qualität und guten Service in der Bahn nicht mehr attraktiv. Es ist unrentabel geworden, einen PKW zu unterhalten. Wo der Schienenverkehr nicht ausreicht, hilft das Taxi.
3. Einkaufen ist für Fußgänger und Radfahrer zu einem Vergnügen geworden, denn Autos sind weitgehend aus unseren Städten verschwunden. Die Stadt wird ohne Autos wieder zum sozialen Raum für alle: auch für Kinder, Alte, Arme und Behinderte. Der Einzelhandel organisiert wieder einen gut funktionierenden Bring- und die Bahnen einen pünktlichen Gepäckservice. Es ist sinnvoller, dass ein LKW zu 200 Kunden fährt, als dass 200 Kunden mit 200 PKWs vor die Stadt zum Supermarkt fahren.
4. Wir verbringen mehr Freizeit zu Hause als heute, denn Straßen und Plätze sind für sportliche, kulturelle und festliche Veranstaltungen wieder offen. Nicht nur die Ferne, sondern auch die Nähe bietet Ruhe und Erholung. Wir werden weniger als heute in die Ferne fliehen wollen, wenn unser Umland als Landschaft erleb- und erfahrbar wird.

Autofahren ist heilbar

Vor 30 Jahren gingen in Deutschland noch 80 Prozent aller sechs- bis zehnjährigen Kinder zu Fuß zur Schule – heute noch 6 Prozent! Hauptursache dafür, dass mehr Kinder mit dem Auto zur Schule gefahren werden, ist die Angst vor dem Auto! Ergebnis: Noch mehr Autos auf den Straßen!

Ich konnte als Kind in meinem badischen Heimatdorf Untergrombach noch auf der Straße Fußball, Fangen und Verstecken spielen. Heute machen Autos die Straßen unserer Großstädte kinderfrei. Kinderfreie Straßen – eine Schande für unsere politische Kultur! In vielen Großstädten gibt es zehnmal mehr Autos als Kinderwagen. Ich wünsche unseren Enkeln, dass sie die Straße wieder als Ort der Lernerfahrung und die Großstadt als Heimat erleben, in der Fremdes sich miteinander verbindet: Jung und Alt, Freund und Gegner, Arm und Reich, Deutsche und Ausländer.

Bei den oben skizzierten alternativen Verkehrsszenarien geht es um weniger Energie, eine bessere Umwelt und um zukunftssichere neue Arbeitsplätze. Das hat nichts mit Verzicht oder Askese zu tun, wie uns viele Ökofreaks predigen, sondern mit mehr Lebensqualität, mehr Freiheit, mehr Sicherheit, mehr Gesundheit und mehr Lebensfreude für alle!

Die Bahn hat Zukunft

In ihrem aus Verärgerung über die Bahn geschriebenen Buch »Das Bahnhasserbuch« haben Claus-Peter Hutter, Traugott Markert und Lutz Ribbe dennoch eindrucksvolle Beispiele einer gut funktionierenden Bahn mit steigenden Fahrgastzahlen beschrieben, unter anderem:

- »Kraichgaubahn« (Heilbronn–Eppingen): Anstieg um 122 Prozent von 1995 bis 1999
- »Hochrheinbahn« (Basel–Singen): Anstieg um 65 Prozent von 1995 bis 1999
- »Gräfenbergbahn« (Nürnberg/Ost–Gräfenberg): Anstieg um 380 Prozent von 2001 bis 2003
- »Taunusbahn« (Bad Homburg–Gräfenwiesbach–Brandoberndorf): Anstieg um 600 Prozent von 1991 bis 2001
- »Dürener Kreisbahn« (Düren–Heimbach): Anstieg um 121 Prozent von 1989 bis 1998

- »Vogtlandbahn« (Zwickau–Plauen–Bad Brambach): Anstieg um 121 Prozent von 1997 bis 1998
- »Vogtlandbahn« (Zwickau–Adorf und Reichenbach–Klingenthal): Anstieg um 360 Prozent von 1996 bis 1998

Auf der Insel Usedom sollten 1992 die Eisenbahnen stillgelegt werden. Damals fuhren 260 000 Fahrgäste mit der Bahn. Doch mithilfe von Investitionen, einem modernen Marketing und vor allem durch die Einführung des Stundentaktes im Winterhalbjahr und des Halbstundentaktes im Sommerhalbjahr benutzen heute 2,6 Millionen Fahrgäste jährlich die Usedomer Bäderbahn – das ist ein Zuwachs um 1000 Prozent in zehn Jahren.

Es geht also doch! Wo die Bahn modernisiert und wirklich um die Kunden wirbt, kommen auch die Fahrgäste. Millionen warten auf eine attraktivere Bahn. Eigentlich sind die Deutschen nämlich ein Volk von Eisenbahnfreunden.

Autofahren ist heilbar. Bis heute haben wir in Deutschland jedoch keine Verkehrspolitik, sondern nur Autopolitik. Doch ohne Verkehrswende schaffen wir die überlebensnotwendige Energiewende nicht. Und mit einer Energie- und Verkehrswende entstehen zugleich Millionen neue Arbeitsplätze. Der neue Dreiklang für mehr Lebensqualität: neue Energie, neue Mobilität, neue Arbeit.

Das Auto neu denken

Selbstverständlich werden wir auch in Zukunft noch Auto fahren, aber es werden andere Autos sein und sein müssen. Warum eigentlich hat bisher nur der Solarkonzern Solarworld den angeschlagenen Autobauer Opel übernehmen und aus dem maroden Laden den »ersten grünen Autohersteller der Welt« machen wollen? Warum sehen die Energieriesen E.ON oder RWE diese Chance nicht? Sie haben das Geld dafür, denn sie kassieren Jahr für Jahr Milliarden Gewinne, und sie müssten daran interessiert sein, dass es bald Millionen Elektroautos gibt! Aber sie machen lieber das weiter, was sie seit Jahrzehnten am besten können: Sie verschlafen die Zukunft! Die Energieriesen und die Autobauer sind Deutschlands Problembranchen.

35 Jahre lang haben es die deutschen Autobauer abgelehnt, ein Hybridauto zu entwickeln, obwohl die Hybridtechnologie an der Hochschule Aachen erfunden wurde – und zwar von zwei deutschen Professoren schon im Jahr 1972! Die hiesigen Autobosse reagierten jedoch typisch deutsch, aber wenig intelligent: »Hybrid? Kennen wir nicht, wollen wir nicht, machen wir nicht.« Aber jetzt haben es plötzlich alle furchtbar eilig mit der Umweltliebe und mit den Umweltautos. Denn Toyota, das sich durch die Aachener Professoren von den Vorteilen der Hybridtechnik schließlich überzeugen ließ, hat seinen »Prius«-Hybrid inzwischen zwei Millionen Mal verkauft. Ein Riesenerfolg, der auch zu vielen neuen Arbeitsplätzen in Japan führte. In den USA ist der »Prius« geradezu ein Kultauto geworden. »Hybrid« steht für die Kombination eines Elektromotors mit einem klassischen Benzinmotor, wobei das Auto den Strom über seine Abrieb- und Bremsenergie selbst produziert. In Hollywood ist das Fahren eines Hybridautos geradezu Voraussetzung, um noch auf den roten Teppich zu dürfen. »Eco is sexy«, sagt Kaliforniens grüner Terminator Arnold Schwarzenegger gerne. Er fährt selbst ein Hybridauto.

Die Umweltauflagen für Autos werden weltweit immer strenger – und das Benzin bald wieder teurer. Jetzt endlich wollen auch die deutschen Autobauer auf den bereits fahrenden Ökozug aufspringen. Auf dem Genfer Autosalon 2009 konnte ich die neuen deutschen Ökobemühungen besichtigen. Elektrisch, kleiner und leichter sollen die Autos der Zukunft werden. Unter den Herstellern von Elektroautos herrscht geradezu eine Goldgräberstimmung. Der Autoindustrie geht endlich ein Licht auf. Sie lernt jetzt das bisherige Fremdwort »öko« zu buchstabieren.

Bald dürfen in Europa nur noch Autos fahren, die nicht mehr als 120 Gramm CO_2 pro Kilometer ausstoßen. Der neue »Prius«-Hybrid von Toyota schafft es auf unter 90 Gramm. Wieder einmal zeigt sich: Deutsche Techniker waren zwar die ersten beim Entwickeln von Zukunftstechnologien, aber beim Umsetzen haben die Japaner die Nase vorn. Kein Wunder, dass Japan etwa die Hälfte der deutschen Arbeitslosenzahlen hat. Die Bundeskanzlerin sagt völlig zu Recht: »Wir haben überhaupt keine Erkenntnisprobleme, wohl aber Umsetzungsprobleme.« Die deutschen Bedenkenträger lassen grüßen.

Doch jetzt – mitten in der Krise – wollen auch die deutschen Autobauer endlich innovativer und zukunftsfähiger werden. Klaus Dräger, Vorstand von BMW: »BMW wird Wasserstoffautos bauen.« Thomas Weber, Daimler-Vorstand: »Unser Smart kommt bald mit Elektromotor.« Und Ulrich Hackenberg vom VW-Vorstand: »Unsere Modelle werden künftig über Antriebe verfügen, die *alle* Energieträger verdauen.« Brasilianische Autos machen das seit Jahrzehnten – auch die in Brasilien gebauten deutschen Automarken. Insgesamt jedoch spannende Zukunftsvisionen, wenn auch mindestens ein Jahrzehnt zu spät, aber vielleicht noch nicht zu spät. Die deutsche Verspätung erklärt zumindest einen Teil der jetzigen Krise der heimischen Autobauer mit Kurzarbeit, Entlassungen und einem Drittel weniger Autoverkäufe als noch vor einem Jahr.

Die erfolgreichste Zukunftsdevise heißt: Adieu, Oberklasse! Der Markt dreht sich jetzt massiv in Richtung Kleinwagen. Aber darauf sind die auf Spritfresser ausgerichteten deutschen Autobauer einfach nicht vorbereitet. Deshalb kommt die deutsche Abwrackprämie, finanziert vom deutschen Steuerzahler, vor allem italienischen und französischen Herstellern zugute, die schon immer vernünftigerweise kleinere und sparsamere Autos gebaut und damit große Geschäfte gemacht haben. So verkauft zum Beispiel Renault – begünstigt durch die hiesige Abwrackprämie – 2009 sechsmal mehr Kleinwagen in Deutschland als noch vor einem Jahr.

Die US-Autobauer – ebenfalls auf Riesenschlitten fixiert – stehen ohnehin vor der Pleite. Und selbst Toyota steckt in finanziellen Schwierigkeiten. Wir müssen das Auto für die Zukunft neu denken. Das Motto einer intelligenteren Mobilität kann nur heißen:

weit mehr attraktiven öffentlichen Verkehr als bisher mit intelligent vernetzten Bahn-, Bus- und Straßenbahnangeboten und den restlichen Verkehr mit sparsameren Autos anstatt mit den bisherigen Dreckschleudern.

Noch mal sei daran erinnert: An einem Tag verbrennen wir heute so viel Kohle, Gas, Öl und Benzin, wie die Natur in 500 000 Tagen geschaffen hat.

Aber schon in den nächsten Jahren werden viele Erfindungen die Autos umweltfreundlicher und sparsamer machen. Bislang galt beim Autobau der Grundsatz: größer, schwerer, leistungsfähiger. Künftig wird eher gelten: kleiner, leichter und verbrauchsgünstiger. An neuen Batterietechniken wird weltweit gearbeitet, ebenso an effizienteren Hybridlösungen und erst recht am Elektromotor oder an der Brennstoffzellentechnologie. Zunächst einmal soll der Elektroantrieb die angeschlagene Branche retten. Sie steht derzeit buchstäblich unter Strom.

Sauber in die Zukunft

Auch Daimler-Chef Dieter Zetsche sieht die weltweite Autoindustrie am Scheideweg: »2009 ist für die Autobranche ein Darwin-Jahr.« In diesem Jahr müssten die Weichen neu und richtig von denen gestellt werden, die sich in der »automobilen Evolution« behaupten wollen. Nicht die Stärksten würden überleben, sondern diejenigen, die notwendige Veränderungen meistern und rechtzeitig und besser als die Konkurrenz die Umweltherausforderungen annehmen. Bislang unerhörte Töne von Automanagern in Deutschland. Zetsche wörtlich: »Der Anfang vom Ende des Ölzeitalters ist da.« In der Tat wird immer mehr Öl nachgefragt, aber es wird seit einigen Jahren schon immer weniger gefördert. Der Höhepunkt der Ölförderung ist unwiederbringlich überschritten. Deshalb geht die Internationale Energieagentur in Paris davon aus, dass sich in den nächsten vier Jahren der Ölpreis gegenüber heute vervierfachen wird. Das wären etwa fünf Euro pro Liter Benzin.

Bei der jetzt anstehenden Selektion unter den Autobauern, so Zetsche, werde es Gewinner und Verlierer geben. Wer zu spät kommt, den bestraft das Leben!

Der Autosalon in Detroit 2008 wurde von Spöttern noch als »die Totenmesse für die Autoindustrie« bezeichnet. Doch im Frühjahr 2009 sah es in Genf schon wieder ein wenig nach Auferstehung aus. Die absehbare Rohölknappheit und der Klimawandel lassen – nach 100 Jahren Verbrennungsmotor – alternative Antriebe als einzig möglichen Ausweg aus dem Fahren mit dem Feuer erscheinen.

Das Auto der Zukunft ist still, es brennt nicht, raucht nicht und stinkt nicht. Es will nur noch fahren. Wunderbar. Eine Lösung der Mobilitätskrise zeichnet sich ab. Doch sie wird ordentlich Geld kosten. In Werbespots verabschiedet sich General Motors vom Verbrennungsmotor bereits so: »Liebes Öl, wir hatten bisher jahrzehntelang eine tolle Beziehung. Aber jetzt glauben wir, dass es für uns besser wäre, wenn wir uns nicht mehr so oft sähen.« Ciao Öl, tschüss Gas. Schwarzes Gold adieu! Leb wohl! Die mobile Gesellschaft schickt sich an, den Pfad der ökologischen Tugend zu beschreiten. Der Unternehmensberater Roland Berger hat ausgerechnet, dass schon 2020 jedes vierte neu zugelassene Auto in Europa mit Strom fahren wird. Eine der größten technischen Umwälzungen der 150-jährigen Industriegeschichte steht uns bevor. Und diese ist überlebensnotwendig. Denn zurzeit fließen jedes Jahr zwei Milliarden Tonnen Rohöl, knapp die Hälfte des gesamten Weltverbrauchs, in den Straßenverkehr. Die Milliardenvölker Indien und China, aber auch große Teile Südamerikas und die ersten Länder in Afrika stehen jedoch erst am bescheidenen Beginn ihrer Automotorisierung. Und warum sollten die Menschen in den Entwicklungsländern weniger Auto fahren dürfen als wir in den reichen Staaten? Die deutsche Bundeskanzlerin hat als erste Spitzenpolitikerin der Welt den Begriff der Klimagerechtigkeit in die politische Debatte eingeführt. Das heißt: Die Reichen müssen künftig und rasch ihre Treibhausgasemissionen reduzieren, während die Dritte-Welt-Länder noch etwas mehr, als zum Teil auch heute schon, Treibhausgase emittieren dürfen. Ein deutscher

Mensch verursacht im Schnitt heute elf Tonnen Treibhausgase – wir werden uns jedoch langfristig mit zwei Tonnen – das wird der Weltdurchschnitt sein – zufriedengeben müssen. Wohlstand wird in Zukunft nur möglich, wenn er ökologisch fundiert ist. »Ökologischer Wohlstand für alle«, so würde ein moderner Ludwig Erhard das politische Ziel für eine gute Zukunft formulieren. Und das heißt: Wir brauchen eine hunderprozentige solare Energiewende und eine ökologische Verkehrswende. Bei entsprechendem politischem Willen ist diese Wendepolitik in 20 bis 30 Jahren realisierbar. Mit Verzicht und Opfer hat diese Politik nichts zu tun, wohl aber mit ein klein wenig mehr Intelligenz und Verantwortung für unsere Kinder und Enkel.

XI. DAS JAHRHUNDERT DER UMWELT

Die Rettung des Weltklimas

Natürlich leben wir heute in einer Krisensituation. Aber wie jede andere Krise hat auch die Energiekrise ihre Chance. Das Geheimnis jeder starken Persönlichkeit ist, in der Krise zu lernen. Seit Freud und Jung wissen wir: Erkenntnis ist die Voraussetzung für Umkehr. Dieses geistige Naturgesetz gilt selbstverständlich auch in Wirtschaft und Politik. Also: Wo liegt die Chance der heutigen Finanz- und Energiekrise?

Die bemerkenswerteste Karriere der vielen erneuerbaren Energiequellen hat in den letzten Jahren der Elektrizitätslieferant Wind hingelegt. Auch die Wärmeproduktion aus Biomasse kommt gut voran, und Spitzenlaststrom aus Solarzellen könnte bald wirtschaftlich sein. All diese Energiequellen können Wasserstoff erzeugen – den ersehnten schadstofffreien Sprit der Zukunft, der zwar keine eigene Energiequelle, aber ein wichtiges Speichermedium ist.

Heute müssen Sonnen- und Windstrom noch gefördert werden, aber nur zu Bruchteilen von dem, was an Fördergeldern für Atomstrom und Kohleenergie fließen muss. Die Förderung, wie sie im beispielhaften Erneuerbare-Energien-Gesetz festgelegt ist, leistet gute Dienste: Die Massenproduktion schnellt nach oben, und die Preise sinken. Japan macht vor, wie die Preise für Solarstrom schneller fallen können als heute in Deutschland. In Japan gibt es zwar weniger Förderung für Photovoltaik als in Deutschland, dafür werden bei Neubauten schon viel mehr Solarzellen in die Gebäudehüllen integriert. Integrierte Solararchitektur ist ein Zauberwort für das künftige Bauen – in zehn bis zwanzig Jahren wird es ganz normaler Standard sein. Die Preisfrage hat sich dann erledigt.

Krisen meistern heißt staunend lernen und lernend staunen. Wir werden über technologische Fortschritte bei Erneuerbaren Energien, über Preisreduktionen durch Rationalisierungsfortschritte und überhaupt über das, was die natürlichen Energien zu leisten vermögen, noch sehr staunen. Das heißt freilich nicht, dass die solare Energiewende widerstandslos und problemfrei organisiert werden kann. Es gibt aber Strategien für einen klugen Umgang mit Krisen.

Natürlich gelingt die komplette solare Energiewende nicht in wenigen Jahren. Aber schon in den nächsten Jahren werden die umweltfreundlichen Energiequellen mit den umweltzerstörenden Energiequellen preislich konkurrieren können. Die komplette solare Energiewende kann in Deutschland und Europa bis 2040 gelingen. Energiekriege und Energiekrisen können dann der Vergangenheit angehören.

Klimaschutz ist spätestens seit dem 11. September 2001 mehr als Umwelt- und Energiepolitik. Klimaschutz ist Sicherheitspolitik.

Mehr Sicherheit durch Klimaschutz

Die Ölregionen wie Nahost, der Kaukasus, das Kaspische Meer und Zentralasien werden immer unsicherer. In dieser Situation weiter am Öl- und Gastropf hängenzubleiben ist unverantwortlich. Der politische und neuerdings auch militärische Preis ist zu hoch. Energiesparen, Energieeffizienz, Windräder, Wasserkraft, Erdwärme, Solarzellen, solarer Wasserstoff, Biogas- und Biomasseenergie sowie Strom und Wärme aus Energiepflanzen machen uns unabhängiger und sicherer. Die gesamte Palette einer dezentralen Energieversorgung ist die intelligenteste und effektivste Vorbeugung gegen Terror. 16 deutsche Atomkraftwerke sind 16 Einladungen an Terroristen, und das in einem der am dichtesten besiedelten Länder der Welt. Nur eine solare Weltwirtschaft ermöglicht für alle Zeit die Befriedigung des Gesamtbedarfs an Energie und Rohstoffen durch solare Energiequellen und solare Rohstoffe. Um Sonne und Wind werden keine Kriege geführt. Krieg um Öl oder Frieden durch die Sonne: Das ist die entscheidende sicherheitspolitische Frage des 21. Jahrhunderts.

Fünf namhafte europäische Forschungsinstitute (IRED, Paris; Faculté Polytechnique de Mons, Belgien; Roskilde University, Dänemark; Wuppertal-Institut, Wuppertal; Zentrum für Europäische Wirtschaftsforschung, Mannheim) haben im Auftrag der Europäischen Kommission in Brüssel ein Energieszenario über den Energieverbrauch zwischen 1990 und 2050 innerhalb der Europäischen Union erstellt. Danach ist die solare Energiewende zu fast 100 Prozent (5 Prozent Erdöl sind noch vorgesehen) bis zur Mitte unseres Jahrhunderts machbar und finanzierbar, wenn der politische Wille dazu vorhanden ist (siehe hierzu Grafik 23).

Ein Szenario ist eine Möglichkeit, keine Gewissheit. Die solare Energiewende kommt, wenn viele Menschen sie wirklich wollen. Nach diesem Szenario können wir bis zur Mitte des Jahrhunderts 60 Prozent des heutigen Energieverbrauchs durch Energieeinsparung, Energieeffizienz und Solararchitektur einsparen und die Restenergie fast ausschließlich über Sonne, Wasserkraft, Wind und Biomasse gewinnen.

Die Deutsche Telekom wies bereits in ihrem Nachhaltigkeitsbericht 2000/2001 nach, wie bei einem großen Unternehmen Energieeinsparung und Energieeffizienz funktionieren können: Von 1995 bis 2001 wurden der Energieverbrauch um 21 Prozent und die CO_2-Emissionen um 27 Prozent reduziert. Von 2000 bis 2001 wurde der Stromanteil aus regenerativen Quellen mehr als verdoppelt und der Atomanteil halbiert. Der größte Fortschritt bestand allerdings darin, dass innerhalb eines Jahres der Anteil des Stromverbrauches aus Kraft-Wärme-Kopplung von 22 Prozent auf 59 Prozent erhöht und der Strom aus fossilen Quellen von 41 Prozent auf 18 Prozent reduziert werden konnte. Das ist beispielhaft.

Nach diesem Szenario wird ein »Energiekuchen« in etwa 40 Jahren dann so aussehen können: Der Strom würde zu 40 Prozent aus Solarenergie gewonnen, zu 30 Prozent aus Biomasse, zu 15 Prozent aus Wind, 10 Prozent aus Wasserkraft, und nur mehr zu 5 Prozent aus Erdöl (siehe hierzu Grafik 24).

Wie kommen wir diesem Ziel der solaren Energiewende *konkret* näher? Wie finden wir den Fluchtweg aus dem Treibhaus?

Das solare Europa 2050

Die Weltkonferenz für Erneuerbare Energien, Renewables 2004 in Bonn, hat Ausbauziele für die Erneuerbaren formuliert, Finanzierungssysteme diskutiert und konkrete Aktionspläne beschlossen. Der weltweite Fortschritt bei Erneuerbaren Energien ist nicht nur ökologisch notwendig, sondern auch ökonomisch ein Gewinn. Von der Renewables 2004 in Bonn ging ein Signal zur solaren Energiewende in vielen Regionen der Welt aus.

Auch die Energieriesen entdecken inzwischen die Erneuerbaren Energien. Wie schon beschrieben, sind Shell und BP in die Produktion von Photovoltaikanlagen eingestiegen, aber auch E.ON, EnBW und RWE, Siemens, ABB und Thyssen verdienen bereits Geld mit Erneuerbaren Energien. RWE zum Beispiel hat angekündigt, seine Ökoenergie-Aktivitäten bis 2010 gegenüber 2002 zu verfünffachen. Personalmangel in Zeiten hoher Arbeitslosigkeit ist zurzeit das größte Problem in der Branche Erneuerbare Energien. Jahr für Jahr werden hier mehr Menschen Brot und einen sinnvollen Arbeitsplatz finden.

Die Atomkraft geht, und die Windkraft kommt: Allein dadurch sind bis 2008 über 35 000 neue Arbeitsplätze entstanden. Deshalb der neue Untertitel dieses Buches: Neue Energie, neue Arbeit, neue Mobilität! Das oben aufgezeigte EU-Szenario wird langfristig zu etwa fünf Millionen Arbeitsplätzen führen, vermutet Eurosolar, davon 1,1 Millionen allein für Deutschland.

Die Europäische Kommission setzt bei ihrer künftigen Energiepolitik auf Energiesparen, Energieeffizienz und auf Erneuerbare Energien im Gegensatz zu den USA, deren alte Regierung 2001 beschlossen hatte, über 1300 Kraftwerke für alte Energiequellen zu bauen.

In Europa werden schon in etwa zwanzig Jahren sämtliche Erdöl- und Erdgasquellen erschöpft sein. Außer der Kohle bleiben nur die Erneuerbaren Energien. Daher hat sich die Europäische Kommission das Ziel gesetzt, den Anteil der Erneuerbaren Energien am Primärenergieverbrauch von sechs Prozent im Jahr 1995 auf zwölf Prozent bis 2010 zu verdoppeln. Beim Strom sollen bis 2010 bereits 22,1 Prozent ökologisch gewonnen werden. 60 Prozent der neuen Energie sollen aus Biomasse und die restlichen 40 Prozent aus Wind, Wasser, Sonne und Erdwärme kommen. Die Hälfte des Zuwachses bei der Biomasse soll aus Energiepflanzen gewonnen werden. Bis 2010 sollen in der Europäischen Union 100 Millionen Quadratmeter Sonnenkollektoren und eine Million Biomasseheizungen installiert sein.

Die EU geht davon aus, dass zur Erreichung dieser Ziele rund 100 Milliarden Euro investiert werden. Nach den Vorstellungen der EU soll der Stromanteil an erneuerbaren Quellen zwischen 1997 und 2010 in den einzelnen europäischen Ländern so steigen:

	Strom aus Erneuerbarer Energie 1997 (in Prozent)	**Strom aus Erneuerbarer Energie 2010 (in Prozent)**
Belgien	1,1	6,0
Dänemark	8,7	29,0
Deutschland	4,5	12,5
Griechenland	8,6	20,1
Spanien	19,9	29,4
Frankreich	15,0	21,0
Irland	3,6	13,2
Italien	16,0	25,0
Luxemburg	2,1	5,7
Niederlande	3,5	9,0
Österreich	70,0	78,1
Portugal	38,5	39,0
Finnland	24,7	31,5
Schweden	49,1	60,0
England	1,7	10,0
Gemeinschaft	13,9	22,1

Quelle: Jahrbuch Erneuerbare Energien 2002/2003

Viele langfristige Energieszenarien zeigen, dass in den nächsten 30 Jahren in Europa und in den nächsten 50 Jahren weltweit alle Energie aus umweltfreundlichen erneuerbaren und preiswerten Quellen gewonnen werden kann. Die technische Machbarkeit dieser Szenarien ist weitgehend unbestritten. Politisch könnte der Weg in dieses skizzierte Solarzeitalter bis 2050 so aussehen:

- Bis 2010: Alle EU-Mitglieder übernehmen die hier vorgegebenen Ziele, indem sie sich am deutschen Erneuerbare-Energien-Gesetz orientieren. Heute tun dies bereits 16 von 27 Mitgliedstaaten.
- 2010 bis 2020: Das Wachstum der Erneuerbaren Energien wird sich stabilisieren, die alten Energieträger gehen kontinuierlich zurück.
- 2020 bis 2030: Die Ökoenergien sind alle preiswerter als die alten Energien. Wasserstoff als Speicherenergie spielt bereits eine wichtige Rolle, hauptsächlich im Verkehr. Ebenso Elektroautos. Die erneuerbaren Energieträger dominieren über die konventionellen.
- Ab 2030: Weltweit lösen Erneuerbare Energien die fossil-atomaren Energieträger in Haushalten, im Verkehr und in der Industrie zu 100 Prozent ab.

Es liegt an der Politik, an der Wirtschaft und an jeder Leserin und jedem Leser dieses Buchs, ob diese Visionen auch tatsächlich realisiert werden.

Welche Wirtschaft braucht die Natur?

Alle technischen, politischen und ökologischen Veränderungen helfen uns nicht viel, wenn wir nicht lernen, anders zu wirtschaften. Der Sozialökologe Hans Immler stellt die alles entscheidende Frage: Welche Wirtschaft braucht die Natur?

Spätestens seit dem Erdgipfel in Rio, an dem 180 Regierungschefs teilnahmen, wissen alle, die es wirklich wissen wollen:

- Wir vergiften die Atmosphäre,
- wir plündern das Grundwasser,
- wir verschmutzen die Meere,
- wir zerstören die Böden,
- wir dezimieren die Wälder,
- wir rotten die Artenvielfalt des Lebens aus.

Das alles ist heute weltweit unumstritten. Doch welche politischen Konsequenzen ziehen wir daraus?

Zur Beendigung dieses Weltkrieges gegen die Natur werden noch immer zu wenig Energie und Geld aufgewendet. Stattdessen geben die Regierungen noch immer jedes Jahr über 1000 Milliarden Dollar für das Vorbereiten und Führen von Kriegen aus; die Hälfte davon entfällt allein auf den Militär- und Kriegsetat der USA. Allein für die militärische Sicherung der großen Ölfelder geben die USA jedes Jahr weit über 100 Milliarden Dollar aus. Auch deshalb will Präsident Obama »weg vom Erdöl«.

101 Nobelpreisträger haben schon Ende 1992 von allen Regierenden eine »neue Ethik«, das heißt eine grundsätzliche Umkehr und Ökologisierung der gesamten Politik, gefordert.

Ökologie, sagte damals US-Vizepräsident Al Gore, ist das neue politische Organisationsprinzip. Konkret und praktisch heißt das zum Beispiel: Wir müssen den Militärapparaten das große Geld entziehen – zugunsten einer sozialen und ökologischen Politik. Wirkliche Ökologen sind Pazifisten, und wirkliche Pazifisten sind Ökologen.

Noch können wir fast alle ökologischen Probleme lösen. Aber nur, wenn wir lernen, naturverträglich und naturverstehend zu wirtschaften. Wir haben heute zwar alle notwendigen Kenntnisse, was andere Produktions- und Konsumprozesse angeht. Es fehlt allein die entsprechende Praxis. Die wichtige Frage »Welche Wirtschaft braucht die Natur?« war bisher in der klassischen Nationalökonomie überhaupt keine Frage. Das Überleben der Menschheit wird jedoch davon abhängen, ob wir lernen, dass die Natur der entscheidende Wirtschaftsfaktor ist. Wir Menschen transportieren und formen, aber nur die Natur produziert wirklich: Das Brot und den Baustoff unserer Häuser, die Energie und die Rohstoffe unserer Autos, die Wärme unserer Wohnungen und die Kälte unserer Kühlschränke – alles verdanken wir der Natur. Sie ist Urproduzentin und eigentlicher Arbeitgeber.

Seit 200 Jahren aber sind unsere industriellen Wirtschaftssysteme auf Naturzerstörung ausgerichtet. Der Dritte Weltkrieg gegen die Natur ist ein schrecklicher Krieg gegen uns selbst, gegen unsere eigene Natur. Wie müsste eine ökologische Wirtschaftsordnung aussehen, ein Friedensschluss mit der Natur und zugleich mit uns selbst?

Mit Sicherheit kann eine Wirtschaftsordnung der Zukunft nicht erfolgreich sein, wenn sie sich weiterhin so schizophren verhält wie bisher: Die Abteilung Ökonomie zerstört die Natur, und die Abteilung Ökologie versucht, die Zerstörungen zu reparieren. Der Umweltökonom und frühere CDU-Umweltpolitiker Lutz Wicke hat ausgerechnet, dass *ein* Euro, der heute vorbeugend in den Umweltschutz investiert wird, *vier* Euro für spätere Reparaturen erspart. Vorbeugender Umweltschutz ist nicht nur billiger als spätere Reparatur, er ist auch der einzige Umweltschutz, der diesen Namen verdient. Ein zerstörtes Klima und eine zerstörte Ozonschicht sind nicht zu reparieren. Wenn wir unsere industrielle Lebens- und Produktionsweise nicht in Verantwortung vor der Natur zu erneuern bereit sind, dann sollten wir ehrlich sein und nicht länger von Naturschutz und Verantwortung für unsere Kinder sprechen.

Auch wirtschaftliches Wachstum steht immer im Zusammenhang mit Werden und Vergehen. Wachstum und Absterben gehören zusammen. Grenzenloses Wachstum, das noch immer die offizielle Politik aller Industriestaaten ist, kennt die Natur nur als Krankheit, beispielsweise beim Wuchern von Krebszellen.

Unser Wachstum ohne Grenzen ist ungesund. Geistig, kulturell, seelisch können wir endlos wachsen, niemals aber materiell und ökonomisch. Je heftiger die Berliner Politik jetzt in der Wirtschaftskrise noch mit der alten Beschwörungsformel »wirtschaftliches Wachstum« den sogenannten Aufschwung herbeizubeten versucht, desto rascher wird sie den Tod der alten Branchen wie Kohle und Öl, Stahl und Atom, Dinosaurierautos und Dinosaurierflugzeuge erleben.

Die Natur – der einzige Produktionsfaktor

Wir leben heute verantwortungslos, weil wir die Zukunft unserer Kinder verbrauchen, indem wir die Schätze der Vergangenheit wegwerfen. Wir leben vom Kapital der Natur anstatt von den Zinsen. Erst wenn wir lernen, uns einzuklinken in den Kreislauf der Natur, können wir unser asoziales Verhalten überwinden. Eine Zukunft haben wir nur mit der Natur, niemals gegen sie. Ökonomie heißt haushalten. Also müssen wir unser Lebenshaus so gestalten, dass sich *alle* Bewohner darin wohlfühlen: Menschen, Tiere, Pflanzen, Wasser, Luft und Boden. Wenn es einem dieser Hausgenossen schlechtgeht, wird es allen schlechtgehen. Die Natur ist ein vernetztes System. Es ist sinnlos, eine Kuh zu schlachten und dann darüber zu jammern, dass sie keine Milch mehr gibt. Die bisherige industrielle Produktionsweise will beides sofort: Die Milch und das Fleisch derselben Kuh.

Da in der Vergangenheit der Produktionsfaktor Natur nicht eingerechnet wurde, gefährden wir jetzt Produkte und Produktivität der Natur. Wer fruchtbare Böden mit Giften vollstopft, bekommt nur einige Jahre eine reiche Ernte. Danach ist Schluss. Und wer seinen Apfelbaum überdüngt, bekommt nicht nur giftige Äpfel, sondern zuerst einen kranken Baum und irgendwann gar keine Äpfel mehr. Der kluge Bauer weiß, dass er von seinen Äpfeln nur leben kann, wenn er den Apfelbaum gut behandelt.

Wenn wir also längerfristig von den Produkten der Natur leben wollen, dürfen wir ihre Produktivität nicht gefährden. Die Natur braucht uns nicht, aber wir brauchen sie! Bevor wir sie vollends zerstören, wird sie sich unser entledigen und sich von uns wieder erholen.

Die Natur – der eigentliche Arbeitgeber

Als Konsumenten haben wir mehr Macht, als wir wahrhaben wollen. Je mehr wir ökologische Unternehmer und Unternehmerinnen unterstützen, umso eher werden sie mit ihren naturverträglichen Produkten Gewinne machen. Je mehr Gewinne sie machen, desto rascher werden andere ihnen folgen. Je teurer durch realistische Preise die alten Energien und die umweltzerstörenden Produkte werden, desto schneller erobern Naturprodukte und umweltfreundliche Energien die Märkte. Schon heute ist bei Nahrungsmitteln und Hygieneartikeln, bei Baumaterial und Medikamenten eine Ökologisierung der Märkte zu beobachten. Sogar eine Ökologisierung des Automarktes ist in Sicht.

Dinosauriertechnologien haben im Jahrhundert der Umwelt keine Zukunft. Zukunft haben Solarautos, die für eine 100-Kilometer-Fahrt so viel Energie verbrauchen, wie in einem Liter Benzin steckt. In absehbarer Zeit werden nur noch solche Unternehmer erfolgreich sein, die die Natur als wesentlichen Produktionsfaktor beachten, hegen und pflegen. Kapital und Arbeit werden Hilfskräfte des eigentlichen Produktionsfaktors und Arbeitgebers Natur. Auf dem Weg zu einer natürlichen Wirtschaftsweise spielen die natürlichen Energien die Schlüsselrolle. Und nur mithilfe des Arbeitgebers Natur können wir die immer bedrückender werdenden Probleme der Arbeitslosigkeit lösen.

Voraussetzung für langfristige Gewinne ist eine möglichst intakte Natur. Aufgrund des immerwährenden Konkurrenzdrucks werden Betriebe jedoch nicht aus moralischen Gründen naturverträglich produzieren, sondern nur dann, wenn ein entsprechender politischer Ordnungsrahmen vorgegeben ist. Ist aber das ökologische Unternehmen praxisfähig? Die Frage ist falsch gestellt, denn langfristig ist die gesamte Wirtschaft ohne die Produktion der Natur nicht lebensfähig.

Die sozialen Bewegungen der letzten 200 Jahre haben uns gelehrt, wie inhuman die Ausbeutung des Menschen ist. Jetzt müssen wir lernen, wie inhuman und langfristig ineffizient die Ausbeutung der Natur ist. Die Solarenergie zeigt, wie intelligent und lebensfreundlich es ist, naturverträglich Energie zu gewinnen, und wie dumm und lebensfeindlich, umweltzerstörerische Energiequellen zu nutzen. Was wir in der Energieproduktion lernen, gilt für alle Produktionsbereiche. Ökologisch schädliches Verhalten wird künftig so geächtet sein wie bei uns die Ausbeutung des Menschen.

Solare Zukunft aus Widerstand und Erneuerung

Ökologisch sensible Verbraucher werden ökologisch sensible Unternehmer heranziehen. Ökologische Produzenten und ökologische Konsumenten können leicht erkennen, dass uns umweltfeindliche Autos und umweltfeindliche Wohnungen schon auf mittlere Sicht wenig nützen, wenn wir bald keine natürlichen Lebensgrundlagen mehr haben. Ökologische Konsumenten wissen: Wer sich umweltfreundlich verhält, tut am meisten für sich selbst. Auch hier gilt die schlichte Erkenntnis aller klugen Egoisten: Liebe deinen Nächsten *wie dich selbst*! Und am nächsten ist uns die Natur.

Heute ist ein ökologischer Kurs in der Wirtschaft gerade noch finanzierbar. Je länger wir die Umwelt ausbeuten, desto teurer wird freilich ihre Wiederherstellung. Die Initiatoren des »Globalen Ökologischen Marshallplans« gehen davon aus, dass die Industriestaaten heute zur Wiederherstellung der Natur jährlich etwa 50 Milliarden Euro aufwenden müssten. Für die Bundesrepublik wären es vier Milliarden Euro. Wenn drei Cent pro Liter Benzin und Öl und pro Kubikmeter Gas sowie ein Cent pro Kilowattstunde Strom zweckgebunden und gezielt weltweit eingesetzt würden, könnten in etwa 50 Jahren das Weltklima gerettet, die Weltbevölkerung stabilisiert und die wichtigsten Tropenwälder erhalten sein. Mehr als das Zehnfache dessen, was die Realisation des »Ökologischen Marshallplans« kosten würde, geben wir noch immer für die Vorbereitung von Kriegen aus. Wie teuer eine nachträgliche Umweltreparatur werden kann, haben wir in den Neunzigerjahren in den neuen Bundesländern erlebt.

Die entscheidenden Fragen sind immer ganz einfach. Warum sollten wir nicht bereit sein, wenigstens ein Zehntel der Rüstungsausgaben für die Rettung der Umwelt auszugeben? Wenn der frühere amerikanische Vizepräsident Al Gore im Jahr 2000 Präsident der Vereinigten Staaten geworden wäre und das, was er in seinem Buch »Wege zum Gleichgewicht« schreibt, politisch umgesetzt hätte, dann hätten wir eine ökologische Weltpolitik. Von dieser Vision hatte ich bei der Erstausgabe dieses Buches 1994 noch geträumt. Nicht der US-Wahlausgang Ende 1999, aber die US-Energiewirtschaft hat die Realisierung dieser Vision verhindert. Jetzt beruht die Hoffnung auf Barack Obama.

Die ökologische Revolution, die nun ansteht, ist nicht in erster Linie eine technische Angelegenheit. Retten kann uns nur ein neues Verhältnis zur Natur. Ähnlich wie unsere Vorfahren vor 400 Jahren Abschied nehmen mussten von der Vorstellung der Erde als Mittelpunkt des Alls, müssen wir heute Abschied nehmen von der Vorstellung, dass der Mensch der Mittelpunkt der Natur ist. Wir sind ein Teil von ihr.

Diese Einsicht ist weit schmerzhafter und folgenreicher, als wir uns eingestehen wollen. Die katholische Kirche hat 375 Jahre gebraucht, bis sich der Papst bei Galileo Galilei entschuldigte. So viel Zeit zur Umkehr haben wir diesmal nicht. Wohl der Industrienation, die erkennt: Die Natur ist die Basis unseres wirtschaftlichen Reichtums. Erst dann kann die Ökologisierung der Wirtschaft die Quelle der Erneuerung werden.

Die Zukunftsfähigkeit dieser ökologischen Ökonomie kann besonders eindrucksvoll an der Solarenergie demonstriert werden. Die Anteile der Solarenergie am Gesamtenergieverbrauch werden stetig zunehmen, der Anteil der alten Energien – zumindest langfristig – abnehmen. Die Endlichkeit der umweltzerstörenden alten Energien ist den Regierten offensichtlich schon viel bewusster als den heute noch Regierenden. Wir alle wissen allerdings viel zu wenig über das beinahe unendliche Angebot an Erneuerbaren Energien.

In Grafik 25 zeigt der kleine schwarze Würfel rechts unten, wie viel Energie die Menschheit pro Jahr verbraucht. Links in der Mitte wird deutlich, dass uns theoretisch allein die Wasserkraft etwa genauso viel Energie anbietet, wie alle Menschen zur Zeit verbrauchen. Der größere Würfel darunter zeigt, dass uns die Biomasse etwa zehnmal so viel Energie zur Verfügung stellt, wie die Menschheit benötigt. Die Wellen- und Meeresenergie enthält etwa 40-mal mehr, die Windenergie 80-mal mehr, und wie schon beschrieben, schickt uns die Sonne etwa 15 000-mal mehr Energie, als wir heute brauchen. Das Angebot an Sonnenenergie wird durch den Gesamtwürfel symbolisiert.

Wir haben also unendlich viel »schlafende« Energie. Und zwar deshalb, weil es zu viele die Zukunft verschlafende Menschen gibt.

Ein qualitativer Wandel kann nur aus Widerstandskraft gegen die alten Energien und durch fortwährendes Lernen des Neuen entstehen. Wer will, dass sich etwas zum Positiven verändert, muss sich mit anderen Lernfähigen zusammenschließen. Nur wenn wir uns verbünden und Hilfe annehmen, werden wir handlungs- und wahrnehmungsfähig, lebensfroh und lebensmutig.

Vor bald 50 Jahren hatte John F. Kennedy einen Traum: »Get a man to the moon in ten years.« Die USA haben diesen Traum innerhalb eines Jahrzehnts realisiert. Warum sollte es nach den beschriebenen Voraussetzungen nicht möglich sein, dass Deutschland und Europa bis 2040 eine völlig neue Energiepolitik realisieren?

Der Kampf um Erneuerbare Energien gilt nicht einem abstrakt-philosophischen Idealismus, sondern er ist ein Kampf um die Selbsterhaltung der menschlichen Art. Die Realitätsverweigerer und Dogmatiker in den Chefetagen der alten Energielobby und ihre politischen Hilfstruppen in den alten Parteien zeigen einen Weg in den ökonomischen und ökologischen Abgrund. Es liegt jetzt an jeder Leserin und an jedem Leser dieses Buchs, ihnen die Gefolgschaft zu verweigern. Wir haben heute alle Voraussetzungen dafür, uns an der Organisation einer guten sonnigen Zukunft und an der Heilung des Planeten zu beteiligen.

Allein bewegen wir keinen Felsbrocken. Aber gemeinsam können wir Berge versetzen. Was können wir konkret und praktisch tun? Wir sollten

- die Energiefrage zum entscheidenden Kriterium in der Wahlkabine machen,
- Energiearbeitskreise gründen,
- Solarinformationen verbreiten,
- in Wahlversammlungen und Leserbriefen die Energiefrage stellen,
- in der Wohnung, in der Schule, an der Universität und am Arbeitsplatz Energie sparen,
- Heizenergie durch Wärmedämmung sparen,
- weniger Autos fahren und mehr öffentliche Verkehrsmittel benutzen,
- sparsame Benzinautos, Solarautos oder Biospritautos kaufen,
- mit Photovoltaikanlagen Strom und mit Sonnenkollektoren Warmwasser selbst erzeugen,
- uns an Windkraftanlagen beteiligen,
- als Landwirte Energiepflanzen anbauen,
- viel Energie (und Arztkosten) sparen durch weniger Fleischkonsum,
- statt wie bisher Atomstrom künftig Ökostrom beziehen,
- Bäume pflanzen – denn sie sind Symbol des Lebens und speichern CO_2.

Solange sich die Politik im Bund und in den meisten Bundesländern als Interessenvertreter und Schirmherr der alten Energie- und Atomwirtschaft versteht, wird sich an der heutigen kriminellen Energiepolitik nichts ändern – es sei denn durch Wählerinnen und Wähler. Dabei können wir nur hoffen, dass sich ökologisch orientierte Parteien wie die Ökologisch-Demokratische Partei (ÖDP) und die Grünen oder ökologisch sensible Politiker in den Volksparteien dann, wenn sie politisch stärker geworden sind, von der Energiewirtschaft weniger abhängig zeigen als die heute Mächtigen. Die heutige Energiepolitik in Deutschland ist schwach, abhängig und letztlich unpolitisch. Eine große Koalition von Feiglingen geht in Berlin und anderswo seit Jahrzehnten vor den Interessen der alten Energiewirtschaft in die Knie. In meinem Buch »Sonnige Aussichten« habe ich Namen und Firmen genannt.

Die Welt ist erneuerbar

Unsere Energiepolitik ist im Grunde verfassungswidrig. Sie verstößt gegen die Würde des Menschen, gegen das Recht auf Leben und in elementarer Weise gegen die allgemeinen Menschenrechte. Nur eine neue große Bewegung von unten, eine Volksbewegung für das Leben kann uns noch vor dem Untergang retten. Wir müssen die Rettung der Umwelt selbst organisieren.

Solare Zukunft wächst allein aus der Erneuerungskraft und Widerstandsfähigkeit vieler Menschen. Allerdings: Nicht nur über neue Techniken, sondern auch über spirituelle und ökologische Kreativität werden wir eine menschlichere Gesellschaft.

Warum ich trotz allem Hoffnung für das Überleben der Menschheit habe? Von Jesus und Buddha, von Lao Tse und von Krishna wissen wir, dass jeder Mensch ein Kind Gottes ist. Es wird die Zeit kommen, wo uns im Gehen und Stehen, bei Tag und Nacht, beim Wachen und Träumen diese heute verschüttete Urerkenntnis wieder selbstverständlich sein wird. Die Rettung wird uns zuwachsen, wenn wir wieder in allem Sein den göttlichen Ursprung erkennen: in der Luft und im Wasser, im Boden und im Grashalm, in Blumen und Tieren, in jedem Kind und in jedem Sterbenden. Als Kinder Gottes haben auch wir teil an der göttlichen Natur.

Mit diesem Empfinden werden wir in der Kraft der Sonne die göttliche Intelligenz wiedererkennen. Die daraus erwachsende neue Ehrfurcht vor allem Leben wird uns das Überleben und die Fülle des Lebens lehren. Die Rettung gelingt, wenn uns wieder die metaphysische Sonne aufgeht. Über diese göttliche Spur werden wir die Schöpfung neu lieben lernen. Was wir aber lieben, das wollen wir auch bewahren.

Weg mit dem Brett vor der Sonne! Mit Diogenes fordern wir heute: Geht uns aus der Sonne!

Die aktuelle Finanz- und Wirtschaftskrise ist ein Problem für die nächsten zwei, drei Jahre. Doch das Klima- und Energieproblem ist ein Problem für die nächsten Tausend Jahre.

Es ist das Jahrtausend-Problem.

Aktuelle Meldungen zu den Themen dieses Buches finden Sie täglich auf der Internetseite von Bigi und Franz Alt: www.sonnenseite.com. Über diese Internetadresse können Sie kostenlos einen wöchentlichen Newsletter beziehen mit wichtigen Nachrichten und Artikeln zu Zukunftsthemen.

Danksagung

Dr. Hermann Scheer, dem engagierten Präsidenten von Eurosolar in Bonn, Dieter Teufel, dem ideenreichen Leiter des Umwelt- und Prognose-Instituts in Heidelberg, dem Verkehrspolitiker Professor Heiner Monheim in Trier und Dr. Wolfgang Ständer, dem leider verstorbenen idealistischen Chef des Polytechnischen Instituts in München, danke ich sehr herzlich für viele Gespräche und fachkundigen Rat.

Den Lektorinnen des Piper Verlags, Renate Dörner, Annika Krummacher und Marlene Mügschl, verdanke ich wertvolle Anregungen und wichtige Korrekturen. Ohne die tatkräftige Hilfe, die kritische und liebevolle Begleitung meiner Frau wäre dieses Buch nicht zustande gekommen. Danke, Bigi!

Literatur

Alt, Franz: Deutschland ist erneuerbar, Gerhard-Hess-Verlag, Bad Schussenried 2006
Alt, Franz (zusammen mit Rosi Gollmann und Rupert Neudeck): Eine bessere Welt ist möglich, Riemann, München 2005
Alt, Franz: Krieg um Öl oder Frieden durch die Sonne, Riemann, München 2002
Alt, Franz: Der ökologische Jesus, Riemann, München 1999
Alt, Franz: Das ökologische Wirtschaftswunder, aktualisierte Neuausgabe, Aufbau, Berlin 2002
Alt, Franz: Schilfgras statt Atom, aktualisierte Neuausgabe, Piper, München 1999
Alt, Franz/Spiegel, Peter: Gute Geschäfte – Humane Marktwirtschaft als Ausweg aus der Krise, Aufbau-Verlag, Berlin 2009
Amery, Carl/Grefe, Christiane/Scheer, Hermann: Klimawechsel, Kunstmann, München 2001

Berger, Hartwig: Der lange Schatten des Prometheus, Oekom, München 2009
Binnig, Gerd: Aus dem Nichts, Piper, München 1989
Bosselmann, Klaus: Im Namen der Natur, Scherz, München/Bern 1992
Brown, Lester: Plan B2.0 – Mobilmachung zur Rettung der Zivilisation, Kai Homilius Verlag, Berlin 2007

Energiewende zur Nachhaltigkeit, herausgegeben vom wissenschaftlichen Beirat der Bundesregierung Globale Umweltveränderungen, Springer, Berlin 2003

Fox, Matthew: Die Revolution der Arbeit, Kösel, München 1996
Fox, Matthew: Schöpfungsspiritualität, Kreuz, Stuttgart 1993

Gege, Maximilian: Unterwegs zu einem ökologischen Wirtschaftswunder, EVA, Hamburg 2008
Gore, Al: Eine unbequeme Wahrheit, Riemann, München 2007

Gore, Al: Wege zum Gleichgewicht, Fischer, Frankfurt am Main 1992
Goris, Eva/Hutter, Claus-Peter: Die Erde schlägt zurück, Droemer, München 2009
Gruhl, Herbert: Himmelfahrt ins Nichts, Langen-Müller, München 1992
Guntern, Gottlieb: Im Zeichen des Schmetterlings, Scherz, München/Bern 1992

Hartmann, Thom: Unser ausgebrannter Planet, Riemann, München 2000
Hennicke, Peter u. a.: Die Energiewende ist möglich, Fischer, Frankfurt am Main 1985
Hilgers, Micha: Total abgefahren, Herder, Freiburg 1992
Hutter, Claus-Peter/Markert, Traugott/Ribbe, Lutz: Das Bahnhasserbuch, Droemer Knaur, München 2003

Immler, Hans: Welche Wirtschaft braucht die Natur?, Fischer, Frankfurt am Main 1993

Jahrbuch der Erneuerbaren Energien 2008, Bieberstein-Verlag, Radebeul 2008

Kronberger, Hans: Der sanfte Weg, Uranus, Wien 1995
Kronberger, Hans: Blut für Öl, Uranus, Wien 1998

Monheim, Heiner/Monheim-Dandorfer, Rita: Straßen für alle, Rasch und Röhring, Hamburg 1990
Monheim, Heiner/Zöpel, Christoph: Raum für Zukunft, Klartext-Verlag, Essen 2008

Ölwechsel!, herausgegeben von Global Challenges Network, Deutscher Taschenbuch Verlag, München 2002

Palmer, Boris: Eine Stadt macht blau, KiWi-Paperback, Köln 2009

Rahmstorf, Stefan/Richardson, Katherine: Wie bedroht sind die Ozeane? Fischer-Taschenbuch, Frankfurt am Main 2007
Rahmstorf Stefan / Schellenhuber, Hans-Joachim: Der Klimawandel, C. H. Beck, München 2007

Scheer, Hermann, Energie-Autonomie, Antje Kunstmann Verlag, München 2006

Scheer, Hermann: Solare Weltwirtschaft, Antje Kunstmann Verlag, München 1999
Scheer, Hermann: Das Solarzeitalter, Müller, Karlsruhe 1989
Scheer, Hermann: Sonnen-Strategie. Politik ohne Alternative, Piper, München 1993
Schindler, Jörg/Zittel, Werner: Geht uns das Öl aus? Herder, Freiburg 2009
Seifried, Dieter: Gute Argumente. Verkehr, Beck, München 1990
Staiß, Frithjof: Jahrbuch Erneuerbare Energien, Bieberstein, Radebeul 2003
Strom aus Sonnenlicht. Technik, Planung und Montage, Wagner & Co. Solartechnik, Marburg 2003, zu beziehen über www.wagner-solartechnik.de

Tributsch, Helmut: Energie, Zeit und Bewusstsein, Shaker Media, Aachen, 2008
Tributsch, Helmut: Rückkehr zur Sonne, Safari, Berlin 1979

Weizsäcker, Ernst Ulrich von/Lovins, Amory/Lovins, Hunter: Faktor Vier, Droemer Knaur, München 1995
Welzer, Harald: Klimakriege, Fischer, Frankfurt am Main, 2008
Werner, Klaus/Weiss, Hans: Das neue Schwarzbuch Markenfirmen, Deutike, Wien 2003
Winter, Carl-Jochen: Die Energie der Zukunft heißt Sonnenenergie, Droemer Knaur, München 1993

Zink, Jörg: Erde, Feuer, Luft und Wasser, Kreuz, Stuttgart 1986